트랜스로컬리티와 경계의 재해석

필자

이유혁(李裕赫, Lee, Yoo-Hyeok) 부산대학교 한국민족문화연구소 HK교수

다이아나 브라이던(Diana Brydon) 캐나다 마니토바대학교(Uni. of Manitoba) 석좌교수

조명기(曺鳴基, Cho, Myung-Ki) 부산대학교 한국민족문화연구소 HK교수

예동근(芮東根, Rui, Dong-Gen) 부경대학교 중국학과 교수

문재원(文載媛, Mun, Jae-Won) 부산대학교 한국민족문화연구소 HK교수

이혜진(李德珍, Lee, Hey-Jin) 울산여성가족개발원 부연구위원

부산대학교 한국민족문화연구소 로컬리티 연구총서 19

트랜스로컬리티와 경계의 재해석

초판인쇄 2017년 5월 20일 **초판발행** 2017년 5월 25일
지은이 이유혁 다이아나 브라이던 조명기 예동근 문재원 이혜진
펴낸이 박성모 **펴낸곳** 소명출판 **출판등록** 제13-522호
주소 서울시 서초구 서초중앙로6길 15, 1층
전화 02-585-7840 **팩스** 02-585-7848 **전자우편** somyungbooks@daum.net **홈페이지** www.somyong.co.kr

값 15,000원 ⓒ 부산대학교 한국민족문화연구소, 2017
ISBN 979-11-5905-167-8 94300
ISBN 978-89-5626-802-6(세트)

이 저서는 2007년 정부(교육과학기술부)의 재원으로 한국연구재단의 지원을 받아 출판되었음(NRF-2007-361-AL0001).

부산대학교 한국민족문화연구소
로컬리티 **연구총서** 19

트랜스로컬리티와
경계의 재해석

Trans-locality and the Reinterpretation of Border

이유혁 다이아나 브라이던 조명기 예동근 문재원 이혜진 지음

소명출판

책머리에

전 지구화 현상이 가속화되면서 각종 경계를 넘나드는 존재나 그 양상에 대한 관심 역시 고조되고 있다. 비록 나 자신이 경계 넘기의 당사자가 아니라 하여도, 우리 사회는 국제이주와 다문화를 주요한 현실적 상황으로 받아들이고 있으며 초국가주의나 트랜스내셔널이라는 시선을 통해 이러한 현상을 설명하고 있다.

이 책의 문제의식은, 초국가주의나 트랜스내셔널이라는 개념들에는 국민국가라는 존재에 대한 인정이나 강한 고착이 전제되어 있는데 이런 전제가 개방성·유동성과 혼종성 등을 특징으로 하는 다양한 문화 교섭 양상을 이해하는 데 있어 어느 정도 타당한가라는 의문에서 출발한다. 내셔널리티에 종속될 때 다양한 인간들은 동질적이고 단일한 존재로 인지되기에, 초超·트랜스trans라는 현상이나 해석 역시 상상된 동질성·단일성에 근거하여 생성되는 일종의 허상 적어도 절반의 분석일 수 있기 때문이다. 이주자를 포함해 경계를 넘는 자들을 글로벌화와 국가중심주의의 경쟁적 협력에 고삐 묶인 존재가 아니라 능동적 행위자로 이해하고 월경·이주가 불러오는 역동적 변화의 의미를 더욱 진취적으로 설명하기 위해서는, 국가 경계에 근거한 단일 문화와 삶의 총체라는 기존의 인식으로부터 이들을 탈출시켜 줄 물리적·인식적 근거가 필요하다. 이에, 이 책은 비동일적 가치와 삶·문화가 각종 공간적 관계망과 직조되면서 실현되고 있는 '지금 여기', 각종 권력들이 직접적으로 충돌·경합하고 타협하는 실천적 공간인 로컬local에 주목한다. 우리는 로컬이라는 이 물리적·인식적 공간을 통해 내셔널이나 글로벌에 내장되어 있는 폭력적이고 거대한 시선을 나 자신의 삶과 장소에 대한 관심으로 회귀할 수 있기를 그리고 월경·이주라는 현상을 새롭게 이해할 수 있기를 기대한다. 이를 테면, 트랜스내셔널이라는 시각을 견지할 때 월경·이주는 경계의 존재를 선험적으로 전제하며 경계의 의미는 내셔널 층위로 수렴되고 한정되지만, 트랜스로컬리티trans-locality는 경계의 의미를 내셔널 이외의 층위에서 재해석함으로서 월경·이주라는 역동적 현상을 이해하고 재구성하는 데 기여할 수 있을 것이다.

글로벌화와 국가중심주의의 경쟁적 공모라는 역설적이고 모순적인 관계 구도 아래에서 탄생한 트랜스내셔널리티라는 접근법은 우리들 각자의 삶과 문화를 획일성과 혼종성 사이 어디쯤에 배치해놓음으로써 우리를 상상적 타자로 추상화하는 경향이 있다. 월경과 이주의 각종 주체들이 경험하는 것들은 국가경계에 기초한 동질성과 이질성의 관계구도로 해석되며 이 구도로 해석되지 못하는 현상들은 특이한 예외로 처리되거나 무의미한 것으로 배제되기도 한다. 트랜스로컬리티가 새로운 관점이 될 수 있는 이유는, 내셔널 층위에 결박되어 있는 경계의 의미를 해체함으로써 무가치하거나 삭제되어버린 현상들을 재현해내고 월경과 이주의 각종 주체들을 능동적이고 역동적인 행위자로 복원시키는 데 의미 있는 역할을 할 수 있기 때문이다.

트랜스로컬리티의 가능성과 의미를 순차적으로 모색하기 위해 이 책은 3단계의 과정을 밟는다. 제1부에서는 경계의 의미를 내셔널·에스닉 층위에 고정시켜온 기존 태도에 문제를 제기하면서 이에 대한 재해석을 위해 로컬리티, 트랜스로컬리티를 제안하였다. 제2부에서는 중국 조선족의 트랜스로컬리티 현상을 실증적으로 연구함으로써 우리의 제안을 검증하고자 하였다. 제3부에서는 월경·이주의 주체가 경계의 의미를 재구성하면서 자신의 삶과 문화를 경영해가는 과정을 트랜스로컬리티의 관점에서 추적하였다.

제1부 '경계에 대한 재사유와 트랜스로컬리티'에는 두 편의 글이 실렸다. 「토마스 킹의 경계적 사유와 북미 원주민의 트랜스로컬리티의 문제」(이유혁)는, 토마스 킹의 단편소설과 에세이들을 분석함으로써 그의 경계적 사유의 특성들과 그가 탐색하는 트랜스로컬리티에 대해 연구한다. 특히 이 글은 유럽 이주자들에 의한 북미의 식민주의의 결과인 캐나다와 미국 사이에 만들어진 물리적인 경계와 북미에서 원주민들의 정체성의 문제와 관련하여 정체성의 경계에 주목을 한다. 이 글에서 경계borders or boundaries라는 단어는 가시적인 경계뿐만 아니라 비가시적이고 추상적인 경계를 의미한다. 더 나아가, 이 글은 이러한 킹의 경계적 사유를 논하기 위해 경계의 문제를 로컬리티의 문제와 연관지어서 고려한다. 특히 트랜스로컬리의 개념은 필자가 킹의 경계적 사유에서 다루는 세부 주제들─물리적 경계, 식민적 정체성의 경계, 사상적 세계의 경계 등─을 통해 그것이 초경계적transborder이고 탈식민적decolonial인 특징을 나타내는 것을 탐색하는데 도움을 준다. 이를 통해 이 글에서는 사회과학 특히 지리학에서 주로 사용되는 개념인 트랜스로컬리티가 인문학에

서 문학 연구와 문화 연구를 위해 유용한 개념적 틀이 될 수 있음을 살펴보고자 한다. 구체적으로 트랜스로컬리티의 '트랜스trans'의 비평적 함축성에 주목하며 이를 통해 트랜스로컬리티의 경계의 틀을 가로지르는 가능성에 초점을 맞춤으로써, 이 글은 종종 수직적인 방식으로 압제적으로 강요되는 경계라는 식민적 프레임을 의문시하고 극복하는데 기여할 수 있는 비판적 개념으로서 트랜스로컬리티의 경계를 확장할 수 있는 잠재성을 탐색한다. 이를 통해 이 연구는 북미의 원주민들의 문화지형학에 대한 다른 인식적 지도그리기가 어떻게 가능해질 수 있는지를 보여주고자 한다.

　「정신의 단일문화 너머의 유동하는 로컬리티」(다이아나 브라이던)는, 동시대의 탈식민적이고 토착적인 이론의 통찰을 이용함으로써 홈, 정체성, 그리고 "여기"라고 명명하는 것의 정치학이 지구적 세계가 어떻게 이해될 수 있는가에 대한 암시와 함께 복잡한 "유동하는 로컬리티"로서 드러나고 있음을 논한다. 유럽중심적인 관점들이 보편성에 대한 유일한 주장을 할 수 있도록 이끌었던 데카르트적인 논법은 이제 보아벤추라 수사드 산토스가 "지식의 생태학"이라고 부른 것에 면밀한 주의를 기울이는 체제를 통해 로컬리티를 이해하는 탈식민적 관점들에 의해 도전을 받고 있다. 지구적 세계에서 단 하나의 정의를 고수하는 것은 점차적으로 상상력의 실패를 가져온다. 즉 다문화적인 세계에서 "정신의 단일문화." 많은 이들에게 로컬리티는 이제 트랜스로컬리티의 한 형태일 수도 있다. 거기에서 공간과 시간에 대한 대안적인 이해가 때때로 동시적으로, 또한 다른 때에는 새로운 이해를 형성하기 위해 혼합되면서 공존한다. 이 글은 도시적 시민의 공간을 재타협하고 있는 두 개의 동시대의 캐나다 텍스트들―크리족의 시인인 마빈 프란시스의 『도시 조약―장시』와 트리니다드안―캐나다인 디온 브랜드의 『우리 모두가 갈망하는 것―소설』―을 분석함으로써 지구적 세계에서 로컬리티를 이해함에 있어서 하나의 수정된 모델을 제안하고자 한다. 브랜드와 프란시스에 의해 제시되는 로컬에 대한 수정된 시각들은 로컬리티를 기원의 결정적 장소라기보다는 살아있고, 유동하고, 변형하는 공간으로 이해하기 위한 잠재성을 지닌다고 설명한다.

제2부 '트랜스로컬리티와 상상의 경계들'에는 중국 조선족을 실증적으로 연구한 두 편의 글이 실렸다. 「고향의식을 매개로 한 한국 로컬과 중국 동향마을의 트랜스로컬리티 양상과 비대칭성」(조명기)은 한국 로컬과 중국 동향마을 사이에 전개된 트랜스로컬리티의 양상과 배경을 살피고 트랜스로컬리티에 개입하는 내셔널과 글로벌의 영향과 비대칭성을 고찰한다. 한국 로컬들은 중국의 동향마을에서 원형·전통으로서의 로컬 정체성을 발견하기를 기대하는데, 이 기대의 목적은 한국 로컬로 회귀하는 데 있다. 한국 로컬이 동향마을이라는 로컬의 소멸을 통해 자신의 기대를 수월하게 투사할 수 있는 배경을 확보한 데 반해, 동향마을은 경제적 기회 확대를 요구했다. 한국 로컬의 장소지향성과 동향마을의 경제적 기회지향성은 트랜스로컬리티 과정에서 교환되었다. 한편, 한국의 로컬은 내셔널 층위의 해석을 부가함으로써 동향마을과의 트랜스로컬리티가 갖는 의의를 확대하고자 했다. 이로 인해 트랜스로컬리티는 내셔널리티와 로컬리티의 중층적 해석·비대칭성이 드러나는 장이 되었고, 동향마을은 이중으로 소외되는 공간이 되고 있다고 결론 맺는다.

「중국의 도시에 거주하는 조선족들의 트랜스로컬리티에 대한 연구」
(예동근)는 중국 북경과 연길에 거주하는 조선족들의 이동을 탐문한다.
중국 조선족들이 오늘날에 집중 거주하는 도시지역은 그냥 하나의 '작
은 서울'로 포착하기보다 그 도시의 역사성과 장소성을 함께 살펴볼 때
그 로컬리티 또는 트랜스로컬리티는 단순한 서울의 복제품이 아니라는
것을 발견할 수 있다. 연길이란 공간은 조선족들이 국경을 넘는 이주와
현지화 과정이라는 긴 시간을 거쳤으며, 그 공간의 형성은 단순히 종족
공간으로 보기도 힘들고, 장기간 역사과정에서 형성되면서 일본, 청나
라, 중화민국, 러시아, 조선 등 다양한 다국적 요인들이 도시공간에 녹
아나면서 형성한 트랜스로컬리티이다. 트랜스로컬리티는 이동을 통해
'고체화'되어 있는 것이 아니라, 항상 변화되면서 다양한 특성을 갖는
'흐름'의 공간과 연결로 바라볼 때 우리의 내면에 굳어진 '민족'의 상상
력에서 벗어나 새로운 연대를 찾을 수 있다고 주장한다.

마지막 제3부 '트랜스로컬리티와 이주민의 주체성'에는 월경·이주
를 진행했거나 현재에도 진행 중인 개인 주체를 끈질기게 따라가는 두
편의 글이 실려 있다. 「트랜스로컬리티와 정체성의 정치」(문재원)는 기
존의 로컬로부터 이동하여 국경을 넘어 복잡한 층위들이 횡단하는 지점
에서 중층적으로 위치하고 있는 이주민들의 실천적 행위를 트랜스로컬
주체성으로 설명하고 있다. 이때 트랜스로컬 주체성은 국민국가의 경계
를 넘나들며, 기존의 관행을 비틀고 자신들의 로컬과 관계에 대한 새로
운 의미를 만들어내면서 트랜스로컬리티의 공간을 확장시켜 나가는 과
정으로 드러난다. 특히 트랜스로컬 주체에 대한 이해는 '탈장소화된 주
체의 트랜스 국가적인 거침없는 경계 넘기에 초점을 맞출 것이 아니라,

장소화된 주체의 다중적인 소속감과 감정이 새겨진 경계 넘기에 주목할 필요가 있음을 강조했다. 이러한 관점을 전제하면서 국경을 넘어온 이주민 A씨의 이동경로를 추적했다. 이 과정에서 부딪치는 다양한 사건들과 갈등과 협상하면서 자신의 위치를 재조정해나가는 행위실천 전략을 통해 트랜스로컬리티의 공간이 어떻게 확장되고 있는지를 확인했다.

「'불법 체류'라는 경험과 트랜스로컬리티」(이혜진)에서는 '불법 체류'의 경험을 가진 일본의 한국인노동자 김씨의 생애이야기를 소재로 '불법성'을 담지한 이주자의 생활세계를 분석하고 있다. 한국에서의 노동적 삶이나 일본에서의 이주노동의 경험 그리고 공권력으로부터의 단속을 피해 살아가던 김씨의 구체적인 생활세계를 통해 '불법성'이 이주자의 삶에 어떻게 재현되는지 제시한다. 부조리한 것으로 보이는 이주공간에서의 삶을 자신만의 합리적인 결정에 따라 삶을 영위하는 트랜스로컬 주체성의 발로를 이동 속의 공간 인식 혹은 자신의 위치 인식의 결과로 이해해 볼 수 있다. 김씨는 27년간의 일본에서의 이주생활에 마침표를 찍고 한국으로 돌아오게 되지만, 이주를 경험한 주체는 이동으로 인해 공간에서의 배치가 달라지더라도 자신이 속한 사회의 구조적인 제약 속에서 여전히 현재진행형의 이동성을 살아가고 있음을 보여준다. 이를 통해 트랜스로컬 주체성에 대한 과도한 해석이나 기대에 대한 거리두기의 계기를 제공한다.

이 책은 월경·이주의 각종 양상들과 경계의 의미를 트랜스로컬리티라는 시각에서 재해석하고자 하였다. 기존의 인식적 고착을 발견하면서 재성찰하고 나아가 새로운 방향을 제시하고자 하는 의욕에서 비롯되었지만, 이 책은 논리와 구성 면에서 많은 빈틈을 안고 있다. 관심 있는 관련 전문가·독자와의 활발한 토론 그리고 후속 연구 등을 통해 이 빈틈이 메워지기를 바란다.

차례

2부 — 트랜스로컬리티와 상상의 경계들

3부 — 트랜스로컬리티와 이주민의 주체성

1부

경계에 대한 재사유와
트랜스로컬리티

이유혁 토마스 킹의 경계적 사유와 북미 원주민의 트랜스로컬리티의 문제

다이아나 브라이먼 정신의 단일문화 너머의 유동하는 로컬리티

토마스 킹의 경계적 사유와
북미 원주민의 트랜스로컬리티의 문제*

이유혁

1. 킹의 경계적 사유와 트랜스로컬리티
- 탈경계적 · 탈식민적 사유의 가능성에 대한 탐색

이 글은 토마스 킹Thomas King의 단편소설과 에세이를 통해 그의 원주민 서사에 대해 분석을 하며, 이를 통해 먼저 그의 경계적 사유의 특징을 검토하고, 이러한 그의 경계적 사유의 특징을 통해 킹이 지속적으로 천착하는 북미에서 원주민의 로컬리티의 문제를 살펴보는 데 그 목적이 있다.[1] 킹이 천착하는 경계(영어로는 border 또는 boundary)의 문제 가운데 이

---

* 이 글은 동일한 제목으로『영어권문화연구』9(3), 2016.12.31, 141~174쪽에 출판되었으며, 여기에서는 약간의 수정 · 보완이 이루어졌다.

[1] 국내에서 킹에 대한 연구는 세 편의 논문(민태운 1편, 오민석 2편)이 지금까지 출판되었다. 오민석의 논문들은 킹의 작품들에 나타난 서사적 전략들에 초점을 맞추어서 연구하였고, 민태운은 원주민의 정체성의 문제를 다루었다. 민태운, 「『푸른 초원, 흐르는 강물』에서 '진짜 원주민'의 문제」, 『현대영미소설』 17-1, 한국현대영미소설협회, 2010, 7~27쪽; 오민

글에서는 물리적인 경계(미국과 캐나다 사이에 그어진 국경으로서의 경계)와 정체성의 경계(북미 원주민의 정체성과 관련하여)에 초점을 맞추어서 고찰한다. 이러한 경계의 문제들과 이와 관련된 그의 사유적 고민들은 북미에서 식민화와 국민국가의 형성 과정에서 주류 백인들에 의해서 강제로 부여되는 경계 — 눈에 보이는 물리적인 국경이라는 경계를 포함하여 — 가 원주민들의 삶과 정신세계에 미치는 지속적인 영향력과 밀접하게 연관된다. 특히 그는 자신의 글들에서 물리적인 경계와 눈에 잘 보이지 않는 경계들 — 정체성의 문제를 포함하여 — 의 식민성의 문제를 드러낼 뿐만 아니라 원주민들의 삶의 중요한 양상, 즉 한 국가에 종속되어 있는 것이 아니라 대륙적이라는 (또는 트랜스로컬하고 트랜스내셔널 한 특징을 나타내는) 본원적인 특징을 강조한다. 북미에서 물리적인 경계와 원주민의 정체성의 경계의 문제를 의문시하고 극복하려는 그의 시도들은 경계를 정하고 나누고 그 안에 가두려는 정신적인 식민성을 비판할 뿐만 아니라, 더 나아가 정신의 탈식민화를 지향하는 '탈식민적' 사유의 가능성을 모색하는 것이다.[2]

석, 「전복의 수사학—토마스 킹의 『한 좋은 이야기, 그 이야기』」, 『영미문화』 9-3, 한국영미문화학회, 2009, 141~166쪽; 오민석, 「경계를 넘어서, 소수문학의 서사전략—토마스 킹의 『캐나다 인디언의 짧은 역사』」, 『새한영어영문학』 53.1, 2011, 47~66쪽.

2 여기서 '탈식민적'이라는 용어를 통해서 필자가 의미하는 것은 영어로 'decolonial' 혹은 'anticolonial'로 표현될 수 있으며, 이는 'postcolonial'의 한글 번역으로 종종 사용되는 탈식민적이라는 단어와는 그 의미가 유사한 측면도 있지만 상당히 차이가 있다. 이러한 용어 선택을 하는 이유는 킹은 북미 원주민의 현 상태와 관련하여 '포스트식민적 혹은 탈식민적 (postcolonial)'이라는 용어의 사용을 반대하며 오히려 'decolonial' 혹은 'anticolonial'이 그의 입장을 간략하면서도 좀 더 정확하게 정리해 주고 있기 때문이다. 왜냐하면 그가 보기에 북미 원주민의 현 상황은 이전의 상황과는 외적으로는 다르지만 여전히 다른 방식의 식민주의적인 지배하에 있는 것과 같기 때문이다. 이에 대해서 「고질라 대 포스트-콜로니얼(Godzilla vs. Post-Colonial)」에서 자신의 입장을 자세히 밝히고 있다. Thomas King, "Godzilla vs. Post-Colonial", *Unhomely States : Theorizing English-Canadian Postcolonialism*, 1990; Ed. Cynthia Sugars, Peterborough, Ont. : Broadview Press, 2004, pp.183~190. 이 글에서

이 글에서 킹의 경계적 사유의 특징에 대한 연구는 로컬리티와 경계라는 주제와 연결하여 논의될 것이며, 특히 트랜스로컬리티의 개념을 통해 킹의 경계적 사유가 경계의 문제 — 물리적인 경계, 정체성의 경계를 포함한 사유적인 경계 등 — 를 고민하고 넘어서는 '탈경계적'이고 '탈식민적'인 사유의 가능성을 보여줄 수 있는지를 탐색한다.[3] 이러한 논의는 또한 지리학을 중심으로 사회과학에서 주로 사용되는 개념적 용어로서 트랜스로컬리티를 문학적 · 문화적인 텍스트의 분석을 위한 비판적인 개념적 틀로서 확장할 수 있는 가능성을 모색하는 데 도움을 줄 것이다. 즉 트랜스로컬리티의 '트랜스trans'의 경계적 한계 넘기의 가능성에 초점을 맞추어 고민함으로써 식민적이고 억압적인 경계적 틀의 한계를 의문시하고 이것의 극복을 모색할 수 있는 사유적 가능성으로서의 트랜스로컬리티의 개념적 확장을 모색해 보고자 한다.

2. 킹의 경계적 사유의 특징적 양상들

경계의 문제가 킹에게 있어서 얼마나 핵심적인 주제인가는 그의 작품들에서 지속적으로 이 주제가 다루어지는 것을 통해서 알 수 있다. 예를 들면, 그는 자신의 장편 소설인 『푸른 초원, 흐르는 물*Green Grass, Running Water*』[4]과

도 필요한 부분에서 이에 대한 논의가 이루어 질 것이다. 이 글에서 특별히 다른 언급이 없으면 탈식민적이라는 단어를 통해 'decolonial' 혹은 'anticolonial'을 의미한다.

3 이 글에서 로컬리티(locality), 트랜스로컬리티(translocality)를 지역성, 초지역성과 같은 한국어로 번역하지 않고 영어식으로 표기하는 이유는, 이 글에서 필자는 이 용어들을 통해 구체적인 지역을 의미하기도 하지만 추상적인 의미에서 북미 원주민들의 소수자성의 문제와도 연결하고자 하기 때문이다.

『진실과 맑은 물*Truth and Bright Water*』[5]과 자신의 단편소설 모음집인 『한 좋은 이야기, 그것*One Good Story, That One*』[6]에서 위도 49도선을 따라 그어진 캐나다와 미국을 가로지르는 국경선의 문제를 다루고 있다. 아놀드 데이비드슨 Arnold E. Davidson, 프리쉴라 월턴Priscilla Walton, 그리고 제니퍼 앤드루스 Jennifer Andrews는 킹의 작품 세계에 대한 그들의 비평서인 『경계 넘기*Border Crossings : Thomas King's Cultural Inversions*』에서 킹의 작품 세계의 이러한 특징을 그의 전기적인 배경과 연결하여 논한다.[7] 즉 그들에 의하면 킹이 그의 작품 세계에서 경계의 문제를 지속적으로 천착하는 것은 그의 혼혈적인 태생적 배경이 큰 영향을 미쳤다는 것이다. 그의 아버지는 북미의 인디언 체로키족 후손이고 그의 어머니는 독일계 그리스인 후손으로서 킹은 백인과 북미 원주민의 혼혈이다. 뿐만 아니라 그의 삶의 궤적을 추적해 볼 때 그는 미국에서 태어났고 미국 국적을 유지하지만 나중에 캐나다로 이주하여 캐나다 국적을 취득하게 되며 그곳에서 최근에 은퇴할 때까지 교수로서 재직하며 동시에 작가로서의 자신의 명성을 구축하게 된다. 그의 법적·민족적 정체성은 어느 하나로 확정되지 않고 이렇게 다양한 경계선에 걸쳐 있다. 그리고 그는 체로키라는 원주민 아버지의 후손이지만 이는 역사적으로 미국에 기반을 둔 원주민 부족이기에 캐나다에서는 법적으로 원주민으로 인정되지 않는다. 또한 그는 어린 시절 어머니의 돌봄 하에 자라면서 (자신의 글에서 자신이 아주 어렸을 때부터 아버지가 집을 나갔으며 아버지의 삶의 말년에서야 비로소 그와 다시 만나게 되었다는 비극인 가족사를 언급하기도 한다) 비록

---

4   Thomas King, *Green Grass, Running Water*, Bantam Books, 1993, 1994.

5   Thomas King, *Truth & Bright Water*, Grove Press, 1999.

6   Thomas King, *One Good Story, That One*, U of Minnesota P, 1993, 2013.

7   Arnold E. Davidson, Priscilla L. Walton, and Jennifer Andrews, *Border Crossings : Thomas King's Cultural Inversions*, U of Toronto P, 2003, pp.4~10.

그의 어머니가 주기적으로 자식들에게 체로키 원주민들의 삶을 경험하도록 노와주었지만 원주민 언어도 잘 하지 못하고 원주민의 삶에 대해서 삶을 통한 직접적인 체험을 하지 못하면서 자랐다.[8] 이러한 그의 삶의 요소들이 그로 하여금 삶 속에서 늘 눈에 보이는 혹은 보이지 않는 경계들에 대한 자의식을 갖지 않을 수 없게 만들었음을 짐작할 수 있다.

데이비드슨, 월턴, 그리고 앤드루스가 킹의 경계의 문제와 관련하여 특히 주목하는 것은 그의 중간자적인 입장in-betweenness이며 — 이는 어느 한쪽에 완벽하게 속할 수 없으며 둘 사이의 경계를 넘나들며 경계라는 고정된 틀을 끊임없이 의문시하는 상태[9]— 이것이 가져다 줄 수 있는 대항적인 혹은 대안적인 관점에 대한 것이다.[10] 이 글에서는 킹의 몇 편의 글들을 물리적인 경계의 문제와 정체성의 경계의 문제라는 두 개의 소주제로 나누어서 분석함으로써 그의 중간자적인 입장이 가져다주는 경계적 사유의 특징을 살펴보고자 한다. 비록 이렇게 두 개의 소주제로 나누어서 논하지만 이 두 가지는 서로 밀접하게 연관되어 있는 것이기도 하다. 이러한 논의를 통해 킹의 경계적 사유가 제시하는 대항적인 혹은

---

8 Ibid., p.4.
9 자신의 법적·민족적 이중적 정체성과 관련하여 킹은 한 인터뷰에서 이러한 중간자적인 입장이 작가로서의 그의 입장에서는 하나의 유리한 전략적인 위치가 될 수도 있지만, 동시에 이러한 지점이 미국이나 캐나다라는 한 쪽의 독자들에 의해서 정확하게 파악되지 않을 수도 있음을 지적한다. Jennifer Andrews, "Border Trickery and Dog Bones : A Conversation with Thomas King", *SCL/ELC* 24.2, 1999, p.164. 이는 한편으로 킹의 글에 대한 접근이 쉽지 않음을 말해주기도 하며 다른 한편으로 그의 글의 다문화적인 복잡한 특징을 나타낸다. 더 나아가 이러한 그의 중간자적인 입장은 실제로 그로 하여금 곤혹스럽고 힘들고 혼란스럽게 만들기도 하였다. 이에 대해서 티모씨 글렌(Timothy Glenn)이 잘 요약해주고 있다. Timothy Glenn, "Cultural Resistance and 'Playing Indian' in Thomas King's 'Joe the Painter and the Deer Island Massacre'", *Western American Literature* 45.3, 2010, p.243.
10 Davidson, Walton, and Andrews, op.cit., p.15.

대안적인 관점의 양상들을 이해할 수 있을 것이다. 더 나아가 킹의 경계적 사유에서 생성되는 이러한 대항적인 혹은 대안적인 관점이 바로 그의 작품 세계의 특징을 탈식민적인decolonial 것으로 범주화 할 수 있는 설득력 있는 근거가 될 수 있음을 논한다. 그 이유는 식민의 과정에서 중요한 특징 중의 하나는 식민지와 식민지배의 상황에 놓인 사람들의 삶에 대한 다양한 경계—물리적인 경계와 정신적인 경계를 포함하여—를 식민주의자들의 필요에 따라 새롭게 설정하는 것이다. 이를 통해 그들의 삶의 다양한 실제적인 영역들을 통제할 뿐만 아니라 그들의 정신세계도 통제하고자 한다. 이것은 캐나다의 경우에는 과거에 종종 군사적인 무력을 통해 이루어지기도 하였지만 20세기에 들어와서는 종종 다양한 방식의 강제적인 혹은 '합법적인' 정치적·경제적·문화적 정책과 실천을 통해서 이루어졌다.[11] 킹은 자신의 글쓰기를 통해서 이러한 강제화 된 경계의 식민성을 깊이 의문시하고 이에 대한 대항적인 혹은 대안적인 사유적 가능성을 보여준다. 이런 측면에서 킹의 글쓰기가 추구하는 것은 응구기 와 티옹고Ngugi Wa Thiong'o가 오래 전에 제시한 '정신의 탈식민화 Decolonizing the Mind'의 한 방식이 될 수 있다.

---

11 예를 들면, 킹의 『불편한 인디언(*The Inconvenient Indian*)』은 이러한 북미 원주민이 과거에 경험했던 식민적인 역사적 사건들을 현재의 여러 사건들과 연결하여 서술하고 있는 에세이집으로서 그의 탈식민적 사상을 드러내준다. 이 글의 본문에서 이 책의 일부분이 자세하게 논의될 것이다. Thoma King, *The Inconvenient Indian : A Curious Account of Native People in North America*, U of Minnesota P, 2012, 2013.

1) 물리적인 경계의 문제

최근 북미의 남쪽에 위치한 미국과 멕시코를 나누는 국경선의 문제가 정치·문화·경제적으로 중요한 이슈로 대두되고 있다. 물론 9/11 이후에 북미의 북쪽에 있는 국경선에 대해서도 여러 가지 말이 많았지만 남쪽의 경계와는 여전히 상황이 아주 다르다.[12] 어떤 의미에서 북미의 북쪽의 국경은 남쪽의 경계에 비해서 잘 보이지도 않고 ― 남쪽의 경계와 같이 눈에 보이는 그런 방식의 장벽은 현재까지는 존재하지 않는다.[13] ― 그렇게 심각한 문제가 아닌 듯이 보인다. 킹의 단편소설 「경계들Borders」은 이러한 잘 보이지 않고 그래서 존재하지 않는 것 같은 물리적인 경계가 원주민들의 삶에 미치는 영향력에 대해서, 그리고 이러한 식민적인 경계에 대한 원주민의 저항의 가능성과 한계에 대해서 보여준다.

「경계들」에 등장하는 주요 인물은 원주민 어머니와 아들이며 이야기는 아들의 시각에서 서술되고 있다. 이들은 북미의 국경의 북쪽 캐나다에 살고 있는데 아들이 12살 혹은 13살 되었을 즈음에 자신의 어머니와 함께 미국 솔트 레이크 시에 살고 있는 자기 누나를 방문할 때 국

---

12 9·11 이후 급변하는 정치지형학적인 상황에서 미국과 캐나다 사이의 경계의 문제에 대한 연구보서 『상벽들을 넘어서(*Beyond Walls*)』가 주목할 만한 연구이다. Victor Konrad and Heather N. Nicol, *Beyond Walls : Re-inventing the Canada-United States Borderlands*, Hampshire, Ashgate, 2008.

13 그런데 2011년 미국의 관세 및 국경 보호청의 한 보고서에 따르면 미국과 캐나다 사이의 국경에도 미국과 멕시코에 설치되는 것과 비슷한 식의 장벽이 설치될 필요가 있다는 제안이 언급되어 있기는 하다.(「뭐, 미-캐나다 국경에 철조망을?」,『주간동아』, 2011. (http://weekly.donga.com/List/3/all/11/92974/1) 그렇지만 아직까지 구체적으로 어떤 눈에 띄는 장벽을 설치했다는 소식은 들리지 않는다.

경 검문소에서 경험한 이야기를 기억하는 방식으로 이야기는 시작한다. 이들이 국경의 미국 쪽 검문소에 이르렀을 때 어머니가 자신의 국적을 캐나다인이라고 하지 않고 블랙풋Blackfoot이라는 자신의 원주민 정체성을 끝까지 고수함으로써 이들은 미국에 들어가지 못한다. 어쩔 수 없이 한참이 지난 후에 다시 캐나다 쪽 검문소에 돌아오지만 여기서도 그녀는 자신의 원주민 정체성인 블랙풋을 고수함으로써 이들은 캐나다 쪽에 있는 자신들의 집으로 돌아가지 못하고 두 개의 국경 사이에 있는 면세점의 주차장에 머무를 수밖에 없게 된다.

이 이야기는 표면적으로는 캐나다와 미국 사이에 그어진 국경이 원주민들에게 미치는 식민성의 문제를 다루지만, 이와 관련하여 정체성의 경계의 문제도 다루고 있으며, 이런 측면에서 「경계들」은 경계 만들기의 식민성과 폭력성의 문제에 관한 이야기라고 할 수 있다. 일차적으로 원주민 어머니의 국경선과 그로 인해 만들어 진 국가적 정체성에 대한 저항적 행동을 통해 유럽에서 온 식민주의자들에 의해서 만들어 진 국경선의 식민성과 폭력성을 비판하고 들추어낸다. 그녀의 저항적 행위는 유럽에서 식민주의자들이 북미 대륙으로 이주해 오기 오래 전부터 그곳에서 자신들의 삶을 유지하던 블랙풋이라는 원주민 부족의 삶—이들은 오늘날 미국과 캐나다의 국경을 가로지르는 광범위한 지역에 걸쳐 이 국경이 만들어지기 오래 전부터 그들만의 삶을 유지하고 있었다.— 이 인위적으로 그어진 국경선에 의해 어떻게 나눠지고 단절되어 다른 삶을 살게 될 수밖에 없는가를 극적으로 보여준다.[14] 원주민 아들의 아

---

14 미국과 캐나다 사이의 국경이 그어지기 전에 원주민들의 삶이 어떻게 북미 대륙에 분포되어 있었는가에 대한 대략적인 문화정치적 지형학을 보여주는 지도를 참조할 때 현재와는

버지는 국경의 남쪽에서 태어난 원주민의 후손으로서 법적으로는 미국인이며 이는 그의 누나가 오래 전에 일을 하기 위해 미국 쪽으로 이주하면서 언급하는 중요한 근거가 되기도 한다.[15]

비록 원주민 어머니의 행동이 영웅적이라고도 할 수 있지만(원주민 어머니와 아들이 이틀 밤을 보냈던 주차장이 위치한 면세의 직원은 그녀의 행동이 자기에게 영감을 준다고 추켜세우기도 한다),[16] 그녀의 저항의 '성공'은 지극히 개인적이고 개별적이고 일회적인 것으로 보인다. 왜냐하면 실제적으로 어떤 외적인 변화나 그러한 가능성의 암시가 보이지 않기 때문이다. 비록 그녀가 자신이 원하는 대로 자신의 원주민 정체성을 고수하면서 식민적인 경계를 넘어서 미국으로 갔다가 다시 캐나다로 돌아오면서 이야기는 끝나지만, 그럼에도 불구하고 국경선은 여전히 저기에 존재하고 있다. 물론 이러한 경계를 의문시하고 비판하고 그것에 저항을 하지만 그것을 없앤다는 것은 현실적으로 상당히 어려운 과제이다.

그러나 다른 한편으로 원주민 어머니가 식민주의자들에 의해 강요된 경계의 문제 — 국경선과 국가적 정체성 — 에 저항하기 위해서 자신의 원주민으로서의 민족적 정체성을 집요하게 고수하는 것도 다시 생각해 볼 문제이다. 이에 대해 킹 자신도 한 인터뷰에서 다음과 같이 언급한다. "이렇게 완전히 인접한 경치 바로 한 가운데 누군가가 하나의 선을 긋고 한쪽은 캐나다이며 이는 미국 쪽과는 매우 다르다는 그 사

상당히 다른 경계들을 볼 수 있으며 이는 원주민들의 삶에 대한 전혀 다른 상상을 불러일으킨다. 예를 들면, Native American Culture Areas라고 명명된 지도를 참고하기 바란다. 웹주소는 다음과 같다.
http://infomapsplus.blogspot.kr/2013/04/native-americas-first-nations.html

15 Thomas King, *One Good Story, That One*, p.133.
16 Ibid., p.147.

실. 경계들은 우리가 여러 다른 방식으로 우리의 삶에서 급조하는 매우 인공적이고 주관적인 장벽들이다. 국가적 경계들은 우리가 삶에서 만들어 내는 그런 종류의 경계들의 표시일 뿐이다. 나는 「경계들」이라고 불리는 단편소설에서 이러한 주제들을 어머니가 하나의 경계를 만들어 내는 실제적인 문제로서 다룬다. 그녀는 블랙풋이지만 거기에서부터 이동할 수가 없다. 그녀는 미국으로 건너가거나 캐나다로 들어가지 않을 것이다."[17] 이 인용문에 따르면, 킹의 이야기는 식민주의자들에 의해 만들어진 경계의 식민성에 대해 비판적이면서도 동시에 그것이 원주민에게 영향을 미치며 하나의 반작용으로 원주민이 자신만의 민족적 정체성이라는 경계를 만들어 그 안에 갇혀 있는 한계적인 모습을 또한 지적한다.

이를 통해 생각할 수 있는 것은 킹이 「경계들」이라는 이야기를 통해 미국과 캐나다 사이의 물리적인 경계를 비판할 뿐만 아니라 블랙풋으로 자신을 한정하는 원주민의 경계 짓는 행위의 문제점을 또한 비판한다. 결국 그의 이야기는 단순히 원주민과 백인 주류라는 이분법적인 대립에 대한 이야기를 넘어 경계를 만든다는 것의 인위성, 정치성, 폭력성 등을 비판하는 이야기이며, 원주민이라고 하는 역사의 피해자도 어떤 식으로든지 이러한 경계 만들기의 한계 안에 갇혀 자신을 오히려 더욱 고립시킬 수 있음을 보여준다. 그러므로 그의 이야기의 제목이 「the border」가 아니라 'borders'라는 것도 이런 맥락에서 주목할 만하다. 표면적으로 코믹하고 유머러스한 북미의 원주민의 문제를 다루는 짧은 이야기의 이

---

17 Jennifer Andrews, op.cit., p.172.

면에 다양한 형태의 경계를 만드는 인간의 보편적인 문제를 다루는 깊이 있고 심각하고 심지어는 철학적인 주제가 담겨 있다. 이런 측면에서 「경계들」은 킹의 문학적인 궤적을 이해하는 데 중요한 위치를 차지한다.

여기서 경계의 문제와 관련하여 킹의 중간자적인 입장이라는 측면에서 그의 「경계들」을 어떻게 분석할 수 있을지를 고려할 필요가 있다. 이와 관련하여 데이비드슨, 월턴, 그리고 앤드루스는 호미 바바가 하이데거를 인용한 것 — "경계는 어떤 것이 멈추는 지점이 아니라 (…중략…) 경계는 그곳에서 어떤 것이 자신의 존재를 시작하는 지점이다"[18] — 을 주목하면서 다음과 같이 그들의 논지를 제시한다. "경계들을 단지 방어적인 표지들로서 이해하기보다는 (…중략…) 이러한 (나누는) 선들(혹은 경계들)은 또한 다양한 관점들의 표현을 위한 공간을 만들어낸다."[19] 이 인용문이 제시하듯이, 필자가 주목하는 깃은 바로 경계가 만드는 닫힘과 열림의 이중적인 작용이며 이 과정에서 생겨나는 공간과 그곳에서 생성되는 다양한 관점들에 대해서이다.

이 주제와 관련하여 에벌린 메이어Evelyn P. Mayer는 원주민 어머니의 행동에 초점을 맞추어 이를 긍정적으로 부각시킨다. 메이어는 특히 원주민 어머니와 아들이 어쩔 수 없이 이틀 밤을 머무르게 되는 미국과 캐나다 국경 검문소 사이에 위치한 면세점의 공간을 중간적인 공간in-between space으로 간주하며, 어머니가 아들에 들려주는 옛적부터 구전으로 전해 내려오는 — 아마 어머니도 자신의 어머니에게서 들었을 것이다

---

18 Homi Bhabha, *The Location of Culture*, Routledge, 1994, p.1; Martin Heidegger, "Building, Dwelling, Thinking"1971, *Poetry, Language, Thought*, Harper Perennial, 2001, pp.143~159.
19 Davidson, Walton, and Andrews, op.cit., p.15.

— 원주민의 창조 이야기에 주목을 한다. 이 공간을 그녀는 "원주민의 틈새 공간"[20] 또는 "난민, 혼종, 그리고 제삼의 공간의 장소"로 묘사하며,[21] 특히 그녀가 아들에게 들려주는 그 원주민 이야기가 두 경계 사이에 갇혀 있는 그들의 상황을 해결하는 데 어떤 중요한 역할을 하고 있음을 지적한다.[22] 물론 그 다음 날 아침 여러 명의 취재 기자들이 그들이 있는 곳에 몰려드는 바람에 결국 그들은 당국자들의 정치적인 고려에 의해서 어머니가 원주민 정체성을 고수함에도 불구하고 미국으로 입국한 뒤 나중에 다시 캐나다로 무사히 돌아오게 된다. 메이어의 분석에서 필자가 발견하는 것은 주차장이라는 공간 / 장소에서 원주민 어머니가 원주민의 창조 이야기를 아들에게 들려주며 두 번째 밤을 보내는 것과 취재진이 몰려와 정치적인 고려에 의해 결국 그들의 두 경계 사이에 갇힌 문제가 해결되는 것 사이의 인과관계에 대한 그녀의 해석에서 너무 논리적인 비약이 심하다는 느낌이다.[23]

　오히려 필자가 보기에는 원주민 아들의 입장이 좀 더 킹의 입장과 근접하고 그가 추구하는 중간자적인 입장을 시사해 주는 듯이 보인다. 먼

20　Evelyn p.Mayer, "Indigenous Interstitial Spaces : Liminality in Thomas King's 'Borders'", *Liminality and the Short Story : Boundary Crossings in American, Canadian, and British Writing*, Eds. Jochen Achilles and Ina Bergmann, Routledge, 2015, p.268.

21　Evelyn p.Mayer, "Beyond Border Binaries : Boderlines, Borderlands, and In-Betweenness in Thomas King's Short Story 'Borders'", *International Journal of Canadian Studies* 43.1, 2011, p.78.

22　Evelyn p.Mayer, "Indigenous Interstitial Spaces", p.272; Evelyn p.Mayer, "Beyond Border Binaries", pp.79~80.

23　실제로 킹의 「경계들」에서 원주민 어머니가 아들에게 들려주는 원주민의 창조 이야기에 대한 부분은 아주 짧으며 어떻게 보면 언급되지 않은 부분들이 너무 많다고 할 수 있다. 그렇기에 필자가 보기에 메이어의 두 편의 논문에서 제시되는 논지를 좀 더 설득력 있게 만들기 위해서는 킹의 다른 글들에서 그가 제시하는 유사한 방식의 접근에 대한 부분들 — 특히 중간적인 공간에 대한 것과 원주민 창조의 이야기의 역할에 대한 것 — 이 많이 상호 참조되어 덧붙여질 필요가 있다.

저 앞에서 킹의 인터뷰 인용문에서도 드러나듯이, 킹은 원주민 어머니의 입장에 비판적이다. 또한 다른 인터뷰에서 킹은 자신의 입장을 다음과 같이 드러낸다. "추측하건대 내가 미국과 캐나다 사이에 존재하는 그 선을 믿는다고 말할 것으로 예상되지만, 내게 그것은 하나의 상상의 선이다. 그것은 누군가 다른 사람의 상상력에서부터 온 하나의 선이다."[24] 여기서 킹은 미국과 캐나다 사이에 놓인 눈에 보이는 국경이 미치는 영향력 특히 상상력의 경계를 제한시키는 영향력에 대해서 지적한다. 원주민 어머니의 입장은 또 다른 경계의 한계를 정함으로써 오히려 서로에게 적대적인 경계의 부정적인 영향을 드러낸다. 원주민 아들은 「경계들」의 이야기 전체를 회고하면서 서술하는 입장에 있지만 이 이야기 속에서 진행되는 사건에서 주도적인 입장이 되지는 못하고 그의 역할은 아주 제한적이며 어머니가 주도하는 이야기의 흐름에 끌려가는 존재로 그려진다. 물론 이는 그가 당시에 아직 미성년자였기에 그럴 수밖에 없었을 것이다. 그럼에도 불구하고 그가 미국 국경 검문소에서 이러지도 저러지도 못하는 상황에서 미국인 검문소 직원에게 "우리는 블랙풋이고 캐나다인이다"라고 선언하는 것은 의미심장하다.[25] 물론 그 당시 그가 아직 성인이 아니어서 그의 이 말은 공식적으로 인정되지 않는다.

비록 아주 짧은 한 마디이지만 원주민 아들이 위에서 언급한 것은 킹의 중간자적인 입장을 잘 요약해 준다. 예를 들면, 킹이 유명한 탈식민주의postcolonialism에 대한 비판적 입장에 대한 그의 에세이 "Godzilla vs.

24 Davidson, Walton, and Andrews, op.cit., p.13 재인용; Constance Rooke, "Interview with Tom King", *World Literature Written in English* 30.2, 1990, p.72.
25 Thomas King, *One Good Story, That One*, p.139.

Post-Colonial"에서 그는 비록 탈식민postcolonial이라는 시각이 유럽중심적이고 식민적임으로 인해 적극 반대하지만 그렇다고 해서 오랜 유럽의 식민주의자들에 의해 만들어진 현실을 완전히 부정하지는 않는다.[26] 간단히 정리하면, 그는 '원주민 문학'을 다른 그가 '캐나다 문학' 혹은 '비원주민 문학'이라고 하는 유럽에 의한 식민주의 역사 이후에 구축된 문학과 수평적인 위치에 놓고 그것의 독특한 가치를 평가해야 한다고 주장한다. 이런 맥락에서 블랙풋 혹은 캐나다 인이 아니라 블랙풋이고 캐나다인이라는not either A or B but both A and B 선언은 킹의 중간자적인 입장에서 갖게 되는 경계적 사유의 특징과 상통한다. 물론 이러한 특징은 이 글의 앞에서 언급된 것처럼 인종족 / 민족적, 문화적, 정치적으로 경계를 가로지르는 그의 전기적 배경과도 상당히 연관된다.

정리하면, 식민적인 경계인 국경선과 식민주의자들에 의해 강요된 국가적인 정체성을 거부하고 아들에게 오래 된 옛적부터 구전으로 내려오는 원주민 이야기를 전해 주려는 어머니의 노력은 과거 회귀적이고 낭만적으로 보인다. 물론 이것이 전혀 무가치한 것은 아니지만 식민의 역사 이후에 형성된 원주민들의 다양한 모습 — 전통적인 그들의 삶의 모습을 유지하는 집단들도 있지만 실제로 상당히 많은 수의 원주민들이 도시로 이주하여 백인을 포함하여 다양한 다른 소수민족들과 섞여서 혼종된 문화를 형성하며 살고 있고, 이러한 혼종성은 식민의 역사를 통해 형성된 원주민 문화의 중요한 측면이기도 하며, 킹 자신이 이러한 혼혈 원주민의 후손이다 — 은 순수함보다는 오히려 혼종적인 것

---

26 Thomas King, "Godzilla vs. Post-Colonial", *World literature written in English* Vol.30 No.2, pp.183~190.

이 원주민 문화의 주된 특징 중의 하나이다.[27] 이런 측면에서 위에서 언급된 아들의 입장은 현실적인 상황을 인정하고 거기에서 출발하는 것이면서 원주민의 '주체적인' 입장에서 자신의 정체성을 스스로 규정하고 그에 따라 삶을 추구하고자 하는 것이다. 이는 현실적이고 현재적이며 미래지향적이다.

원주민 어머니는 블랙풋이라는 한 가지 정체성만을 고집하지만 오히려 킹은 「경계들」에서 원주민 어머니와 아들의 두 가지 입장을 통해 경계─국경선이라는 물리적인 경계를 포함하여─가 고정된 것이 아니고 열려 있고 유동적인 것─경계 넘기가 가능하고 혼종이 가능함─을 암시할 뿐만 아니라 정체성의 경계도 이와 유사한 방식임을 나타낸다. 예를 들면, 아들을 통해 블랙풋이면서 동시에 캐나다인이라는 그들의 정체성의 실존적인 모습에 대한 선언, 또한 「경계들」에서 그저 잠시 언급될 뿐이지만 아들의 원주민 아버지의 정체성도 또한 하나에 고정된 것이 아니라 이중적이고 유동적이다. "'우리 아버지는 미국 쪽에 있는 록키보이 출신이다. 아빠는 미국인이야, 래티티아가 어머니에게 말했다. '그래서 내가 원하는 대로 오고 갈수 있다.'"[28] 이러한 어떤 특정한 한 가지 범주로 한정된 경계보다는 열려 있고 유동적인 경계를 지향하는 킹의 경계적 사유의 특징은 다음 절에서 원주민의 정체성의 문제에 대한 그의 본격적인 논의를 살펴봄으로써 좀 더 자세하게 논의될 것이다.

---

27 그런데 킹에 의하면 다른 북미의 이주자들의 혼종적 정체성은 별문제 없이 인정되었지만, 원주민의 혼종적 정체성만이 북미 역사를 통해 볼 때 제대로 인정되지 않고 있으며 오히려 지속적으로 주류 백인들이 정해놓은 기준에 따라 '순수함'이 유지되기를 강요받는다는 것이다. 이에 대해서는 『이야기들에 관한 그 진실(The Truth about Stories)』, pp.31~60과 pp.148~149를 참고하기 바란다.
28 Thomas King, op.cit., p.133.

2) 정체성의 경계의 문제

킹은 다수의 글들에서 원주민 또는 인디언의 정체성의 문제를 다루고 있다.[29] 그에게 정체성의 문제는 두 가지 차원에서 다루어지고 있다. 앞에서 간단히 언급한 자신의 개인적인 가족사와 자신의 삶을 통해서 갖게 된 개인적인 경험으로 인해 지속적으로 자신의 정체성에 대한 질문에 천착하고 자신의 문학 작품들과 에세이들에서 이에 대해서 직접 혹은 간접적으로 서술한다.[30] 더 나아가 킹은 전체로서의 북미 인디언의 과거의 역사와 현재의 경험을 연결하여 인디언의 정체성의 문제를 진지하게 재고한다. 이 글에서 다룰 『불편한 인디언The Inconvenient Indian』에서 킹은 북미 인디언과 유럽 백인 이주자들 / 식민주의자들의 만남이라는 주제로 과거의 역사적 사건들을 현재의 상황들과의 밀접한 연관성 속에서 서술하고 있다. 이를 통해 킹이 의도하는 것은 "일종의 대안적인 역사 쓰기로서 서구적인 역사의 재현을 거부하는 아메리카 인디언들에 대한 대안적인 재-서술을 창조하는 것이다."[31] 이를 논하기 위해서 먼저 킹이 『불편한 인디언』에서 제시하는 '죽은 인디언들Dead Indians' '살아 있는 인디언들Live Indians' '법적인 인디언들Legal Indias'이라는 세 가지 범주의 용어들

---

29 킹은 자신의 글들에서 북미의 원주민들을 가리키기 위해서 구체적인 인디언 부족 — 예를 들면, 블랙풋과 같은 — 의 이름을 사용하기도 하고 인디언이라는 전체적인 용어를 사용한다. 이 절에서 다루는 텍스트에서 킹이 사용하는 용어가 인디언임으로 필자도 이 용어를 사용한다. 그러나 이 글 전체에서 원주민과 인디언이라는 용어는 동일한 민족 집단들을 가리키기 위해서 사용한다.

30 예를 들면, 『이야기들에 관한 그 진실(The Truth about Stories)』의 두 번째 장 「당신은 내가 생각한 그런 인디언이 아니다("You're Not the Indian I Had in Mind")」에서 이에 대해서 자세히 서술하고 있다. Thomas King, The Truth About Stories : A Native Narrative, U of Minnesota P, 2003, 2005, pp.31~60.

31 Timothy Glenn, op.cit., p.231.

을 통해 인디언의 정체성의 범주의 경계가 어떻게 정해지는 가에 관해서 살펴보고자 한다. 그리고 나서 이 세 가지 용어들 중에 킹의 중간자적인 입장에서 형성된 경계적 사유의 특징과 맞닿아 있는 '살아 있는 인디언들'이라는 용어의 개념적 특징을 통해 그의 단편소설 「화가 조와 디어 아일랜드 학살Joe the Painter and the Deer Island Massacre」에서 킹이 시도하는 대안적인 역사쓰기의 특징에 대해 분석한다.

킹이 위에서 언급된 세 가지 용어들로 북미 원주민들의 정체성의 범주화에 대해서 설명하려는 이유는 북미의 대중문화에 '야만적' '고상한' '죽어 가는 인디언들'과 같은 스테레오타입적인 이미지들이 여기저기에 존재하지만, 그가 보기에 실제 삶에서 북미의 인디언들은 오히려 '죽은 인디언들' '살아 있는 인디언들' '법적인 인디언들'로 범주화되는 경향이 있기 때문이다. 킹에 따르면, '죽은 인디언들'은 물리석인 생명이 죽은 것과는 상관없다. 그리고 이는 그의 책에서 지속적으로 논하는 인디언들이 역사를 통해서 주류 백인 식민주의자들에게 어떻게 귀찮은inconvenient 존재로 취급되는 것과도 상관이 없다. 오히려 '죽은 인디언들'은 북미의 사람들이 자신들의 경험을 통해, 그리고 집합적인 상상력과 두려움에서부터 생각해내고 만들어 낸 스테레오타입들과 상투적인 문구들 등과 같은 것들과 연관된다.[32] 예를 들면, 인디언들이 사용하고 착용했던 문화적인 파편들 ─ 깃털머리장식, 구슬이 달린 셔츠, 술 장식이 있는 노루가죽 드레스들, 얼굴 페인트, 뼈로 된 목걸이 등 ─ 이 인디언들에 대한 본질을 대체하는 '기표signifiers'의 역할을 한다.[33]

[32] Thomas King, *The Inconvenient Indian*, p.53.
[33] Ibid., p.54.

또한 다양한 인디언들의 이름들이 본래적인 맥락과 의미와는 전혀 상관없는 곳에서 사용되고 소비되고 있다. 킹은 북미의 문화 속에서 다양한 이러한 인디언들과 관련된 — 특히 그들의 과거의 삶과 관련된 — 기표들이 얼마나 북미 인들의 삶에 편재하며 원주민들의 삶과 관련하여 본질이라고 믿어지는, 즉 '기의'라고 할 수 있는 것을 재현하는 데 중요한 역할을 하는가를 지적한다.

킹이 말하는 '살아 있는 인디언들'은 앞에서 언급한 '죽은 인디언들'과는 달리 물리적으로 살아 있는 인디언들을 가리킨다. 유럽에서부터 이주민 / 식민주의자들이 이주해 오기 전에도 북미에 살고 있었고 식민주의 과정에서도 그러했고 그 이후부터 오늘날에 이르기까지 여전히 살아서 존재한다. 유럽인들이 북미로 이주한 처음부터 이들은 그들에게 "호기심을 자아내고, 당혹케 하고, 성가신" 존재들이었다.[34] 북미 인디언들에 대한 백인 주류적인 입장에 대해서 킹은 다음과 같이 요약한다. "문제는 살아 있는 인디언들이 죽어 없어지지 않았다는 것이다. 그럴 것으로 기대되었는데 그렇지 않았다. 북미(의 사람들에게) 그 죽은 인디언이 이미 존재했기 때문에, 살아 있는 인디언들이 필요치도 않았고 요구되지도 않았다. 그들은 관계가 없는 것이었고, 19세기에서 20세기로 전환되었을 때 살아 있는 인디언들은 잊혔고, 캐나다와 미국의 시골 벽지나 도시 중심가에 흩어졌거나 보호구역들에 안전하게 보관되어 있었다. 보이지 않으면, 잊힌다. 잊히면, 보이지 않는다."[35] 정리하면, 유럽 식민주의자들에 의한 북미 원주민들에 대한 식민 정책은 때로는 무

---

34 Ibid., p.59.
35 Ibid., p.61.

력을 통해 때로는 '합법적인' 정책들을 통해 원주민들을 고립시키거나 주변화하거나 주류 문화에 동화되도록 만들어서 궁극적으로는 사라지게 만드는 것이(었)다. 보이지 않게 함으로서 잊히도록 만들고, 잊히도록 함으로써 보이지 않게 만드는 것이다.[36]

그럼에도 불구하고, 여전히 원주민들은 존재한다. 이러한 여전히 존재하는 북미 인디언들을 향한 백인 주류의 태도는 오늘날에도 별반 다르지 않다. 킹에 의하면 북미에 거주하는 모든 원주민들이 '살아 있는 인디언들'이지만 대다수의 북미 인들은 동시대의 원주민들을 보면서도 이들을 인디언들로 보지 않는다.[37] 즉 그들의 정체성을 있는 그대로 인정하지 않는다. 이는 앞에서 언급한 과거의 특정 이미지에 기반을 둔 인디언들에 대한 스테레오타입이 얼마나 강력한 영향을 미치고 있는지를 말해준다. 또한 그들은 있지만 없거나 별로 중요하지 않은 존재처럼 취급당하며, 단지 어떤 특정 부류의 인디언들만을 공식적으로 인디언들로 인정하며 이들은 '법적인 인디언들'로 취급된다.[38] 이들은 현재 '살아 있는 인디언들'의 일부이지만 정부에 의해 공식적으로 인정된다는 점에

---

36 이러한 잊히고 보이지 않게 만드는 인종적 문화정치학의 운용원리는 북미의 원주민들뿐만 아니라 북미의 다른 소수자들에 대한 주류 백인들의 관계에서도 드러나는 현상이기도 하다.

37 Thomas King, op.cit., pp.61~62.
    Ibid., pp.68~69. 여기서 국가에 의해 공식적으로 인정되는 혹은 '법적인 인디언들'로 간주되는 어떤 특정 부류의 인니언들이라는 표현에 의해서 필자가 의도하는 것은 인디언이라는 인종적 / 민족적 개념이 정치적 지배 논리에 의해 종종 결정되고 있음을 지적하고자 함이다. 예를 들면, 캐나다에서 메티부족(Metis)은 유럽인의 북미로의 이주 초창기부터 주로 원주민 여성들과 유럽 정착민 남자들 사이의 결혼에 의해 생겨난 혼혈족 후손들로 구성된 부족이었는데, 바로 이런 이유로 1982년에서야 비로소 공식적으로 법적인 인디언들로 인정되었다. 아직도 캐나다에서는 이러한 원주민들의 혼혈 문제로 인해 누구를 법적인 원주민으로 인정하고 누구는 그렇지 않아야 하는 문제가 상당히 복잡한 사회 · 정치적 문제로 남아 있다.

서 다른 인정되지 않는 인디언들과는 차이가 있다. 그러나 '법적인 인디언들'이라는 개념은 합법의 이름하에 수행되는 식민 정책에 지나지 않는다.[39]

여기서 필자가 특히 주목하는 것은 킹의 세 가지 용어들 사이의 관계이며 이것의 기저에 놓인 이데올로기적인 운용원리에 대한 것이다. 킹은 이 세 가지 용어들이 북미에서 어떻게 받아들여지는지를 다음과 같이 묘사한다. "한편으로 북미(의 사람들)이 죽은 인디언을 사랑하고 살아 있는 인디언을 무시하면서, 법적인 인디언을 증오한다."[40] 비록 세 가지로 범주화되었지만 이들은 크게 '죽은 인디언'과 '살아 있는 인디언'의 관계로 좁혀질 수 있다. '법적인 인디언'은 '살아 있는 인디언'의 범주에 포함될 수 있기 때문이다. 살아 있으면 무시하고 완전히 다 그렇게 할 수는 없으니 적당히 일정 수의 원주민만을 자신들의 '관리 하에'(이는 통제의 다른 표현에 불과하다) 둔다. 북미의 인디언들은 무시되고 관리 받아야할 존재에 불과한 것이다. 이러한 관계의 기저에 놓인 이데올로기적인 운용원리에 대한 킹의 설명은 다음과 같다.

죽은 인디언의 신성함의 숭배를 유지하기 위해서 북미(의 사람들)은 살아 있는 인디언들이 오늘날 진짜 인디언들일 수 없다고 결론을 내렸다. 이러한 정서는 기독교의 토대들 중의 하나인 순수와 원죄라는 관념을 기묘하게 다시 가공한 것이다. 죽은 인디언들은 에덴동산의 변종적인 인디언들이

---

39 이에 대한 킹의 자세한 비판에 대해서는 『이야기들에 관한 그 진실』, 148~151쪽을 참고하기 바란다. 물론 이러한 인디언들에 대한 북미의 정책은 캐나다와 미국에서 공통적인 부분도 있지만 과거와 현재에 이르기까지 상당히 다른 방식으로 적용되어 왔다.

40 Thomas King, op.cit., p.69.

다. 순수하고, 고상하고, 순결하다. 완벽하게 진짜이다. 장자크 루소적인 인디언들이다. 깃 하나도 제 위치에 있지 않은 것은 없다. 살아 있는 인디언들은 타락한 인디언들이며, 현대적이고, 동시대적인 복사본들이며, 전혀 진정한 인디언들이 아니며, 단지 생물학적으로만 연관이 있을 뿐이다.[41]

원주민들에게 죽은 인디언들과 살아 있는 인디언들 사이의 구분은 거의 유지하기 불가능하다. 그러나 북미(의 사람들)에게는 이런 문제가 없다. 그들이 해야 할 일은 그저 두 인디언들을 빛에 비추어 보는 것이다. 죽은 인디언들은 위엄이 있고, 고상하고, 침묵하며, 적절하게 옷을 입고 있다. 그리고 죽어 있다. 살아 있는 인디언들은 보이지 않고, 제어하기 어렵고, 실망스럽다. 그리고 숨을 쉬고 있다. 전자는 영웅적이지만 허구적인 과거를 낭만적으로 생각나게 하는 것이다. 후자는 단지 불쾌한 동시대의 놀라움일 뿐이다.[42]

위의 인용문에 따르면 '죽은 인디언들'은 순수하고, 고상하고, 때 묻지 않는 완벽하게 진정한 존재들이다. 이에 반해 '살아 있는 인디언들'은 타락하였고, 현대적이며, 동시대적인, 원래의 인디언의 복사본들이고, 혈통적으로만 연관이 있을 뿐이다. 그러나 전자는 영웅적이고 허구적인 과거에 대한 것이지만, 후자는 그것을 목격하는 이들을 불쾌하게 하고 놀라게 하는 동시대의 놀라움이다. 이러한 '죽은 인디언들'이라는 관념의 허구성에도 불구하고 그것의 이데올로기적인 영향력은 막대하

---

41 Ibid., pp.64~65.
42 Ibid., p.66.

다. 이에 대해서 킹은 다음과 같이 고백한다. "어떻게 전혀 존재하지 않는 어떤 것 — 그 인디언 — 이 형태와 영향력을 가지는 데 살아 있고 저항하는 어떤 것 — 인디언들 — 은 보이지 않는가?"[43]

여기서 필자의 주목을 끄는 것은 킹이 자신의 글들에서 보이지 않는 존재로 주변화 되는 동시대의 '살아 있는 인디언들'의 삶의 양상들에 대해서 재현하는 방식에 대한 것이다. 물론 이러한 동시대의 '살아 있는 인디언들'의 삶의 모습은 위의 인용문에서 언급된 것과 같이 순수하고 고상하고 이상적이기보다는 혼종적이고 때 묻고 세속적인 측면들이 있다. 하지만 '살아 있는 인디언들'의 삶의 바로 이러한 측면이 킹의 중간자적인 입장에서 형성되는 경계적 사유의 입장과 서로 교차되는 지점이다. 즉 킹은 '죽은 인디언들'과 '법적인 인디언들'이라는 공식적으로 인정되는 원주민의 정체성의 개념이 아니라 살아서 현존하지만 보이지 않는 존재로 숨겨지고 주변화 되고 억압된 '살아 있는 인디언들'의 살아 있음의 다양한 양상들을 부각시킴으로써 기존의 공적으로 인정되는 인디언들의 정체성의 경계의 한계를 의문시하고 극복하기 위한 대안을 제시한다.

이러한 '살아 있는 인디언들'이라는 개념적 특징은 킹의 단편소설 「화가 조와 디어 아일랜드 학살」에서 한 무리의 인디언들이 마을 축제의 연극에 참여하여 공연을 하는 것을 통해, '죽은 인디언들'이라는 스테레오타입을 극복하고 '살아 있는 인디언들'로서 자신들의 정체성을 적극적으로 만들어 가는 과정을 이해하는 데 도움을 준다. 킹의 작품은

---

43 Thomas King, *The Truth About Stories*, p.53.

특히 '살아 있는 인디언들'이라는 용어에서 '살아 있다'는 것의 의미가 살아 있지만 죽은 것이나 다름없는 상태에서 살아 있다는 것의 존재의 의미를 적극적으로 선포하는 것으로 전환되는 과정을 보여준다. 다시 말해, 「화가 조와 디어 아일랜드 학살」에서 킹은 원주민들이 보이지 않고 목소리가 없는 존재의 상태에서 자신들의 목소리를 찾아가며 이를 통해 자신들의 정치적 주체성을 어떻게 형성하고 드러낼 수 있는가에 대한 가능성의 한 양상을 보여준다.

화가 조Joe the Painter라고 불리는 주인공이 어느 날 신문에서 자기 마을 설립 100주년을 기념하는 야외극pageant 공연 시합이 있을 것이라는 기사를 자신의 가장 친한 그가 추장Chief이라고 부르는 인디언 친구와 공유한다. 둘은 의기투합하여 이 시합에 참가하기로 하고 조는 연극대본을 준비하고, 그의 인디언 친구는 조가 다수의 인디언들이 연극에 필요하다는 말에 자신의 인디언 친구들을 모으는 일을 한다. 어느 날 조는 자신이 준비하는 연극의 내용에 대해서 추장과 공유한다. 제목은 〈매튜 라슨과 디어 아일랜드 학살Matthew Larson and the Deer Island Massacre〉이고 그 내용은 라슨과 50명 정도 되는 그의 백인 가족들이 인디언들이 살고 있는 곳으로 이주하여 자신들을 위한 정착민 마을을 건설하던 중인 1863년에 발생한 랄슨을 중심으로 한 백인 이주민들에 의한 인디언 대량 학살에 관한 것이다. 연극의 내용에 대해서 들은 추장은 과연 자신의 원주민 친구들이 동족들의 비극적인 역사에 대한 연극을 좋아할지, 그것에 적극적으로 참여할 지에 대해 의문을 가지게 된다. 이에 대해 조는 다음과 같이 대답한다. "뭘 좋아한다고? 모든 것이 역사야. 네가 역사에 간섭할 수는 없어. 그것은 항상 우리가 좋아할 수 있는 그런 식이 될 수는 없어, 저기에 있을 뿐이지. 바꿀 수도 없어."[44]

이와 함께 조의 입장과 관련하여 또 한 가지 주목할 부분은 그가 연극을 준비하는 과정 중에 추장에게 그의 인디언 친구들이 인디언들처럼 보이지 않는다고 불평을 한다.[45] 그 이유는 그들 중에 아무도 긴 머리를 가지고 있지 않기 때문이라는 것이다.[46] 계속해서 조는 다음과 같이 말한다. "그들이 모두 상고머리를 하고 있어! 제기랄, 상고머리를 하고 있는 인디언은 안 돼. 1863년에 인디언들이 상고머리를 했다는 것을 아무도 믿지 않을 거야. 그들이 땋은 긴 머리를 하고 있어야 해 (⋯중략⋯) 모두가. 우린 가발을 찾아야 해."[47]

역사에 대한 접근과 관련하여 조는 현재의 시점에서 과거의 역사적인 사건에 개입할 수 있는 여지가 없으며 있는 그대로 받아들일 수밖에 없다는 것이다. 그리고 인디언들의 외모와 관련하여 그는 과거의 어떤 이미지에 근거한 스테레오타입에 기초하여 인디언들을 '바르게' 재현해야 한다는 것이다. 이러한 조의 입장은 킹이 '죽은 인디언들'이라는 용어를 통해 제시한 것과 서로 통한다. 이는 현재의 입장에서 해석의 여지를 차단하는 것이고 인디언의 과거의 역사를 박물관과 같은 시공적으로 제한된 곳에 박제화 시켜 놓은 대상처럼 여기는 것에 불과한 것이다. 이러한 입장은 과거의 역사를 현재의 시점에서 재현할 때 그것의 현재적 전유를 통한 역사 다시 쓰기의 가능성을 차단하는 것이다.

그런데 실제로 인디언들이 연극에 참가하고 공연을 하면서 드러나

---

44 Thomas King, *One Good Story, That One*, p.108.

45 Ibid., p.112.

46 Ibid.

47 Ibid.

는 것은 인디언들의 역사가 "유동적으로 새로워지는 과정"을 보여준다.[48] 몇몇 학자들은 이 과정에서 킹이 조라는 인종적으로 백인이지만 그 마을에서 주변화 된 인물 — 어떤 측면에서는 원주민들과 더욱 가까운 존재라고도 할 수 있는 인물 — 을 통해 이러한 과정을 보여주는 데 상당히 주목을 한다.[49] 이런 조를 통해 킹의 중간자적인 경계적 사유의 특징의 어떤 측면을 살펴볼 수 있는 가능성의 여지는 있다. 하지만 오히려 필자가 보기에 연극을 실제로 준비하고 공연하는 전 과정을 통해 더욱 부각되고 있는 것은 원주민들이 자신들의 목소리를 찾아가는 과정이다. 인디언들은 다수인 백인 주민들과 백인 시장 앞에서 소위 개척기라고 하는 때에 유럽에서 이주해 온 백인들이 인디언들의 땅에 와서 살면서도 그들이 절대로 내어 줄 수 없는 중요한 땅까지 빼앗으려고 밤을 틈타 몰래 기습하여 죽이는 그 살육의 현장을 상당히 실감나게 재현한다. 무엇보다 눈길을 끄는 것은 처음에 주저했던 그들과는 달리 인디언 아이들, 여자들, 남자들에 이르기까지 모두가 적극적으로 즐기면서 연극에 몰입하는 현장의 광경을 킹이 묘사하고 있다는 것이다.[50]

이러한 그들의 모습은 그들이 더 이상 억압되고 주변화 된 '피해자들'로만 남아 있는 것이 아니라 오히려 자신들의 존재의 의미를 적극적으로 드러내고 선언하는 것이다. 물론 이것의 효과는 연극 공연이라는 과정으로 인해 더욱 극대화된다. 즉 평소에는 권력을 장악하고 있는 다수의

---

48 Timothy Glenn, op.cit., p.235.
49 예를 들면, Dee Alyson Horne, *Contemporary American Indian Writing : Unsettling Literature*, Peter Lang, 1999, pp.20~22과 Davidson, Walton, and Andrews, op.cit., pp.130~132를 참고하기 바란다.
50 Thomas King, op.cit., pp.116~118.

백인들 앞에 나서기도 쉽지 않고, 심지어는 그들 앞에서 금기와도 같은 그 마을에서 일어났던 백인들에 의한 인디언들의 대량 학살이라는 숨겨진 불편한 진실을 공적으로 말하는 것조차 가능하지 않는 상황이었지만, 연극이라는 수단은 그들로 하여금 과거의 인디언과 백인의 만남 — 그것이 낭만적이고 영웅적이라기보다는 백인들에 의한 인디언들의 일방적인 살육이었음 — 을 다시 기억하고 재현할 수 있는 기회를 주었다.

또한 연극을 통해 과거의 사건을 재현하는 현재의 순간에 소수자들인 원주민들과 다수의 백인들이 다시금 만나게 되는 극적인 효과가 적지 않다. 적어도 연극이 공연되는 동안에 원주민 참여자들은 자신들의 정치적 목소리를 분명하게 드러내어 밝힐 수 있는 기회를 가질 수 있으며, 주류 백인들은 자신들이 전혀 기대하지 않은 과거의 숨겨진 불편한 진실을 그저 바라볼 수밖에 없는 상태에 놓이게 된다. 무엇보다 필자가 여기에서 더욱 의미 있게 생각하는 것은 원주민들이 '살아 있는 인디언들'로서 자신들의 정체성과 정치적인 주체성을 발견해 가는 과정이다. 다시 말해, 그들이 살아 있지만 죽은 것이나 다름없는 상태에서 자신들의 살아 있음 — 자신들의 존재의 가시성visibility과 정치적인 목소리의 표명 — 을 보다 적극적으로 드러내는 것으로 전환된다는 것이다. 이를 통해 그들은 주류 백인들을 불편하게 하고 놀랍게 하는 존재들, 즉 '살아 있는 인디언들'로서의 자신들의 정체성을 부각시킨다.

정리하면, 필자는 이 절에서 킹의 '살아 있는 인디언들'이라는 용어가 그의 경계적 사유의 특징과 어떻게 맞닿아 있는가 하는 것을 논하였다. '살아 있는 인디언들'은 '죽은 인디언들'이라는 범주와 '법적인 인디언들'이라는 범주에 속하지 못한 다양한 보이지 않고 주변화 된 수많은 원주민들을 가리키는 용어이다. 이는 고정된 것이라기보다는 역동성을 그 특징으로 한다. 그래서 필자는 킹이 '살아 있는 인디언들'이라는 용어를 통해 원주민의 정체성 정치학의 역동성 — 원주민의 정체성의 경계의 닫힘과 열림 — 을 어떻게 보여주는 지에 주목하였다. 물론 여기에서는 그의 여러 작품 중에 한 작품을 통해서만 구체적으로 분석하였지만 킹은 그의 다양한 글들을 통해 '죽은 인디언들' 혹은 '법적인 인디언들'이라는 공식적으로 인정되는 인디언들의 범주 바깥에 놓인 다양한 인디언들의 현재적 삶의 모습을 보여줌으로써 인디언이라는 정체성의 경계의 억압적인 방식의 범주화를 의문시하고 비판한다. 이를 통해 그는 백인 주류에 의해 주도된 북미의 인디언들에 대한 문화정치학에 대한 대안으로서 탈식민적·탈경계적인 문화정치학의 한 가능성을 보여준다.

3. 북미 원주민의 트랜스로컬리티
─ 정신의 탈식민화를 위한 대안적 상상력을 지향하며

앞의 논의를 통해 드러났듯이, 북미 원주민의 문화정치적 위치에 대한 킹의 입장은 그들이 비록 지속적인 — 과거부터 현재까지 이르는 — 식민의 역사로 인해 미국이나 캐나다라는 국민국가에 속할 수밖에 없고, 그 안에서도 예를 들면 원주민 '보호구역'이라고 하는 곳에 갇힌 삶을 살거나 다양한 강압적 혹은 '합법적인' 식민 정책 하에서 철저히 주변화 되고 점점 보이지 않는 존재로 전락하게 되는 상황에서, 그들의 인종적 / 민족적 정체성의 경계에 대한 새로운 관점을 제시하고자 한다. 하지만 이러한 그의 추구의 특징은 유럽 이주민들에 의한 식민의 경험 이전으로 회귀하는 것도 아니고, 현재의 식민 체제를 급진적인 수단을 통해 전복하려는 것도 아니다. 그는 식민의 역사에 의해 탄생한 국가적 정체성에 대해 심각하게 의문을 제기하면서 이러한 국가적 정체성을 넘어설 수 있는 가능성을 고민한다.[51] 구체적으로 앞의 본문에서 킹의 단편소설과 에세이에 대한 분석을 통해 필자는 그가 국경이라는 물리적인 경계와 함께 부여된 국가적 정체성의 경계와 국가에 의해서 강제적으로 부여되는 원주민들의 정체성에 대한 경계의 인위성과 폭력성, 그리고 무엇보다 그것이 정신의 식민화에 미치는 영향에 대해서 논하였다. 킹의 경계적 사유의 특징인 중간자적인 입장, 즉 이분법적인 대립에서 두 가지를 비판적으로 보면서 동시에 다른 제3의 대안을 제시하는 입장은 이러한 정신의 식민화의 극복을 향한 대안적인 상상력의 가능성을 보여준다.

이렇게 킹이 논하는 북미 원주민의 문화정치적 위치를 '트랜스내셔널'한 것으로 특징지을 수 있다. 트랜스내셔널transnational하다는 말의 개념적 특징은 국가와 국가 사이의 경계를 넘는 혹은 가로지르는 공간적인 이동의 개념이라는 의미를 포함하며, 이것은 또한 추상적으로 백인 주류를 중심으로 하는 국가에 의해 주도되는 민족주의적인 이데올로기적 패러다임에 대한 비판과 극복이라는 의미도 포함한다. 이런 측면에서

---

51 이러한 킹의 탈식민적인 입장, 특히 그의 에세이 「고질라 대 포스트―콜로니얼(Godzilla vs. Post-Colonial)」을 통해 제시된 그의 입장이 충분히 급진적이지 않다는 이유로 인해 그는 일군의 캐나다 비평가들로부터 신랄한 비판을 받기도 하였다.(Marta Dvorak, "The Discursive Strategies of Native Literature : Thomas King's Shift from Adversarial to Interfusional", *Ariel* 33.3~4, 2002, p.214)

앞에서 킹의 에세이와 단편소설에 대한 분석을 통해 그의 경계적 사유가 어떻게 트랜스내셔널 한 양상을 보이는지를 분석하였다. 즉 「경계들」은 두 국가 사이의 물리적인 경계와 이와 관련된 강요된 국가적 정체성에 대한 비판과 넘어서기의 가능성과 한계를 보여주고 있고, 『불편한 인디언』에 나오는 킹의 에세이와 또 하나의 단편소설 「화가 조와 디어 아일랜드 학살」은 국가에 의해서 강요된 인디언에 대한 두 가지 정체성의 경계의 범주화 — '죽은 인디언들' 혹은 '법적인 인디언들' — 를 비판하고 넘어설 수 있는 열린 개념으로서 '살아 있는 인디언들'이라는 용어의 가능성을 보여준다. 이 두 가지 예는 필자가 지적한 원주민의 문화정치적 위치의 '트랜스내셔널'한 특징을 다른 방식으로 드러내고 있다.

이러한 논의와 관련하여 제니퍼 앤드루스Jennifer Andrews와 프리실라 월턴Priscilla L. Walton이 그들의 공동 논문에서 제시하는 주장은 상당히 흥미롭고 주목할 만하다. 이들은 북미 원주민의 문화정치적 위치의 트랜스내셔널 한 특징을 논하면서 단순히 미국과 캐나다라는 북미의 북쪽 경계를 중심으로 한 문화정치적 지형에만 주목할 것이 아니라 이를 확대하여 북미의 남쪽 경계도 포함할 것을 제안한다. 이들이 이렇게 제안하는 이유는 북미 원주민들의 삶은 "항상 이미 반구적hemispheric이기" 때문이라는 것이다.[52] 그런데 더욱 더 필자의 주목을 끄는 것은 그들이 이러한 '반구적'이고 '트랜스내셔널' 한 특징을 원주민들의 북미 대륙적인 삶의 오랜 특징이며 이것이 또한 원주민성indigeneity의 핵심에 놓여 있다고 주

---

[52] Jennifer Andrews and Priscilla L. Walton, "Rethinking Canadian and American Nationality : Indigeneity and the 49th Parallel in Thomas King", *American Literary History* 18.3, 2006, p.602.

장하는 것이다. 물론 이 때 트랜스내셔널 하다는 것을 통해 의미하는 것은 일차적으로 앞에서 언급한 식민의 역사에 의한 결과로서 생성된 캐나다와 미국이라는 (혹은 미국과 멕시코라는) 국민국가의 경계를 비판하고 이것의 넘어서기를 지향하는 것을 말한다. 또 다른 측면은 북미의 개별적인 국가 내에서 원주민들의 개별적인 민족적 / 종족적 차원과 이것을 극복하고 넘어서려는 움직임을 말할 때 트랜스내셔널이라는 용어가 사용될 수 있다. 이때 개별적인 한 원주민 집단이 하나의 민족nation으로 간주될 수 있는 것이다. 예를 들면, 캐나다에서는 원주민들이 'First nations'라고 불린다. 앤드루스와 월턴은 이러한 관점의 유용성과 필요성에 대해 논하면서 유럽적인 국가적 개념의 담론 —그것의 식민성 — 의 영향하에 원주민들의 독특한 개별적인 차원의 집단적 정체성의 특징들이 약화되고 삭제 혹은 동화되는 것을 극복하기 위해서는 트랜스내셔널 한 관점에서 그들의 민족 / 종족적 정체성과 연대를 상상하고 모색할 필요가 있다고 논하기도 한다.[53]

그런데 앤드루스와 월턴이 지적한 북미 원주민들의 원주민성의 중요한 양상을 드러내는 반구적이고 트랜스내셔널 한 특징을 이해함에서 있어서 필자가 트랜스로컬리티의 개념에 초점을 맞추어서 논하고자 하는 이유는 이것이 앤드루스와 월턴이 제시하는 논지를 좀 더 명확하게 파악할 수 있는 유용한 개념이 될 수 있기 때문이다. 트랜스로컬리티는 원래 지리학을 중심으로 한 사회과학에서 주로 사용되고 있는 개념으로서 이에 대한 논의는 많이 진행되어 왔다. 여기에서는 이 글의 논지

---

53 Ibid., pp.601~602.

와 관련하여 몇 가지 특징들을 간략하게 언급하고자 한다. 이제까지 필자의 연구에 의하면 트랜스로컬리티는 한편으로 국가와 국가의 경계를 가로지르고 넘어서는 트랜스내셔널 한 특징을 가지고 있다. 이것이 트랜스내셔널리즘과 차이나는 지점은 트랜스내셔널리즘은 국가와 국가라는 거시적인 패러다임 차원의 경계 넘기의 특징을 주로 드러낸다면, 트랜스로컬리티는 트랜스내셔널 한 차원에서 민족주의적인 패러다임을 비판적으로 바라볼 수 있는 지점이 될 뿐만 아니라 한 국가 단위의 하부에서 일어나는 하나의 로컬과 다른 로컬 사이에서 발생하는 경계를 가로지르고 넘는 현상들에 대한 분석의 틀이 될 수 있다.(여기서 또한 한 국가와 다른 국가의 경계를 넘으면서도 국가적인 차원의 영향을 최대한 배제하면서 다른 두 개 이상의 로컬적인 차원서 서로 연결되는 움직임도 생각해 볼 수 있다) 여기서 주목할 것은 국가 단위의 수평적이고 수직적인 층위와 국가 단위 하부, 즉 로컬 단위의 수평적이고 수직적인 층위가 복잡한 방식으로 엮여 있다는 것이다. 트랜스로컬리티를 트랜스내셔널리즘과 구분 짓는 또 한 가지 중요한 특징은 전자가 구체적인 장소 — 대개는 국가 단위 하부의 차원에서의 지역 또는 장소 — 에 기반을 두고 있다는 것이다. 이러한 트랜스로컬리티는 국가의 중심적이고 수직적이고 억압적인 영향에 대항하여 로컬의 좀 더 미시적인 차원에서 생성되는 저항적이고 대안적인 문화정치적 지형학의 역동적인 움직임들을 이해하는 데 유용한 개념이 될 수 있다.[54]

---

[54] 이러한 트랜스로컬리의 특징을 트랜스내셔널 혹은 트랜스내셔널리즘과 비교·연구한 것에 대한 좀 더 자세한 논의는 필자의 두 편의 논문을 참고하기 바란다. 이유혁, 「트랜스로컬리티의 개념에 대해서—트랜스내셔널리즘과의 차이와 개념적 응용성을 중심으로」, 『로컬리티인문학』 13, 2015, 265~275쪽; Lee, Yoo-Hyeok, "Toward 'Translocal' Solidarities

이러한 트랜스로컬리티의 개념적 특징을 통해 킹이 말하고자 하는 북미 원주민의 독특한 정체성 — 트랜스내셔널하고 반구적인 특징을 나타내는 원주민성 — 을 다시 고려할 때 다음 두 가지 측면을 새롭게 해석할 수 있다. 첫째, 앤드루스와 월턴이 지적하듯이, 미시적인 차원에서의 로컬과 거시적인 차원에서의 반구적이고 트랜스내셔널한 것으로 묘사될 수 있는 이중적인 층위에 놓여 있는 원주민들의 삶과 저항에서 핵심적인 이슈는 땅(거주지, 고향 등의 의미를 함축하고 있다)의 문제(이는 로컬리티 논의에서 장소성의 문제를 다룰 때 핵심적인 주제다)인데, 이는 원주민들의 개별적인 집단적 정체성의 구축과도 밀접하게 연결된다. 킹의 단편소설 「경계들」에서도 원주민 어머니의 저항도 구체적인 지역(역사적으로 내려오는 블랙풋이라는 원주민 민족 / 종족의 땅)에 밀착된 원주민들의 정체성의 문제와 직접적으로 연관된다. 이러한 그들의 땅을 빼앗는 것이 과거뿐만 아니라 지금까지도 북미 백인 식민주의자들의 궁극적인 목적임을 비판하고 적나라하게 드러내는 것이 킹의 『불편한 인디언』의 핵심 주제이다. 그렇기에 식민주의 역사에서 원주민들을 그들의 원래 땅에서 그들의 삶과 상관없는 특정 보호구역으로 강제 이동시키거나 원주민 아이들을 부모로부터 강제 이동하여 기숙학교에 수용하는 것이 중요한 식민 정책이었다. 이는 원주민들의 정체성의 고유한 특징들 — 그들의 땅과 거기에 기반을 둔 그들의 문화, 언어 등 — 을 말살하고자 함이었다. 또한 「화가 조와 디어 아일랜드 학살」에서도 땅을 빼앗으려는 것이 백인들에 의한 원주민들의 살육의 근본 원인이 된다. 이러한 땅에 기반을 둔 구체적인 로컬리

: the 'Comfort Women' Issue and the Spatial Politics of Resistance", *Localities* 5, 2015, pp.159~169.

티를 충분히 고려하면서 트랜스내셔널하고 반구적인 특징을 드러내는 북미 원주민들의 원주민성의 특징을 이해하고자 할 때, 로컬에 기반을 두면서 동시에 트랜스로컬하고 트랜스내셔널한 특징을 파악할 수 있는 개념적 틀인 트랜스로컬리티의 유용성이 설득력 있게 드러난다.

둘째, 앞의 본문에서 자세히 논하였듯이 킹이 말하는 원주민들의 정체성의 특징은 캐나다 혹은 미국이라는 국민국가의 중심적이고 억압적이고 식민적인 영향에 대한 비판과 저항에 기반을 둔다. 앤드루스와 월턴은 이러한 저항의 과정에서 원주민들의 개별적인 차원에서 민족 / 종족의 정체성에 기반을 둔 저항의 움직임을 지나치게 강조하는 것도 부정적인 측면이 있음을 지적한다. 이는 특히 탈식민적 저항에 있어서 소수자 집단이 어떤 전략을 모색하는 것이 효율적인가와 연관되는 문제이나. 킹도 사신의 글들에서 원주민들의 개별적인 차원과 십단석인 차원에서의 저항의 모색에 대해서 직간접적으로 언급하기도 한다. 이는 예를 들면 북미에서 60년대 이후 소수자 인종들의 저항의 모색과정에서 각 인종집단의 개별성도 중요하지만 집단적 저항의 모색이 필요하고 효율적임을 주장하는 것과 비슷한 맥락에서 생각해 볼 수 있는 문제이다. 여기에서 필자가 강조하고 싶은 것은 국가적인 것의 중심에서 수직적으로 가해지는 식민적인 억압에 대항하여 로컬적인 블록으로서의 원주민 집단들의 로컬적인 — 개별적인 차원이 아니라 중심에 대항하는 개별성의 합이라는 차원의 로컬적인 연합 — 차원에서 형성될 수 있는 수평적인 차원의 저항의 연대 모색이라는 측면에서 생각할 때 트랜스로컬리티의 개념의 유용성이 드러난다. 즉 중심(적인 국가의 억압과 폭력의 식민성)에 대한 소수자적 저항의 모색을 위한 로컬/로컬리티의 연합으로서 트랜스로컬리티를 생각해 볼 수 있다. 이는 북미에서 원주민들의 삶이 근본적으로 트랜스내셔널하고 반구적이라는 특징으로 인해 이들의 저항의 모색도 종종 트랜스로컬하고 트랜스내셔널한 방식으로 추구되며, 이러한 원주민들의 저항의 트랜스로컬리티는 이들의 저항의 정치문화적 지형학의 근원적인 특징적 양상이다.

마지막으로 앞에서도 제시하였듯이 식민적이고 억압적인 경계적 틀(예를 들면, 주류 지배 계급에 의한 민족주의와 그것의 영향)의 한계를 의문시하고 이것의 극복을 모색할 수 있는 사유적 가능성으로서 트랜스로컬리티를 고민할 때 이는 킹의 경계적 사유의 특징과 밀접하게 연결된다. 이러한 사유가 북미의 인디언들에 대한 문화지형학적 위치에 대한 '다른' 인식적 지도그리기를 가능하게 해주기 때문이다. 간단히 정리하면, 킹의 경계적 사유는 물리적인 경계, 정체성의 경계를 포함한 사유적인 경계 등을 고민하고 넘어서고자 한다는 측면에서 '탈경계적'이고, 이는 또한 억압적이고 식민적인 경계 짓기를 비판하고 넘어서고자 한다는 측면에서 '탈식민적'이고, 더 나아가 또 다른 대안적인 길을 제시하려한다는 측면에서 '대안적'이다. 예를 들면, 앞에서 자세히 논하였듯이, 「경계들」에서 킹이 주변화 된 목소리이지만 원주민 아들의 목소리를 통해서, 그리고 『불편한 인디언』의 에세이와 또 다른 단편소설 「화가 조와 디어 아일랜드 학살」에서 '살아 있는 인디언들'이라는 용어를 통해 이러한 특징이 어떻게 드러나는지를 보여주었다. 이런 측면에서 볼 때, 북미 원주민들의 트랜스로컬리티 ― 즉 그들의 정체성의 경계가 로컬적이면서 동시에 반구적이고 트랜스내셔널한 방식으로 구성되어 있다 ― 는 원주민들의 북미적 정체성의 특징이며, 이는 또한 백인 주류의 원주민들의 정체성에 대한 억압적이고 식민적인 경계 짓기의 틀을 극복하고 대안적인 관점을 제시한다는 측면에서 탈경계적이고 탈식민적이다. 이러한 정신의 탈식민화는 원주민들의 북미적 삶과 정체성에 대한 다른 인식적 지도그리기의 출발점이 될 수 있다는 점에서 의의가 있다.

참고문헌

민태운, 「『푸른 초원, 흐르는 강물』에서 '진짜 원주민'의 문제」, 『현대영미소설』 17-1, 한국현대영미소설학회, 2010.

오민석, 「전복의 수사학-토마스 킹의 『한 좋은 이야기, 그 이야기』」, 『영미문화』 9-3, 한국영미문화학회, 2009.

_____. 「경계를 넘어서, 소수문학의 서사전략-토마스 킹의 『캐나다 인디언의 짧은 역사』」, 『새한영어영문학』 53-1, 새한영어영문학회, 2011.

이유혁, 「트랜스로컬리티의 개념에 대해서-트랜스내셔널리즘과의 차이와 개념적 응용성을 중심으로」, 『로컬리티인문학』 13, 부산대 한국민족문화연구소, 2015.

Andrews, Jennifer. "Border Trickery and Dog Bones : A Conversation with Thomas King." *SCL/ELC* 24.2, 1999.

Andrews, Jennifer and Priscilla L. Walton, "Rethinking Canadian and American Nationality : Indigeneity and the 49th Parallel in Thomas King", *American Literary History* 18-3, 2006.

Bhabha, Homi. *The Location of Culture*, Routledge, 1994.

Davidson, Arnold E., Priscilla L. Walton, and Jennifer Andrews, *Border Crossings : Thomas King's Cultural Inversions*, U of Toronto P, 2003.

Dvorak, Marta. "The Discursive Strategies of Native Literature : Thomas King's Shift from Adversarial to Interfusional.", *Ariel* 33.3-4, 2002.

Glenn, Timothy. "Cultural Resistance and 'Playing Indian' in Thomas King's 'Joe the Painter and the Deer Island Massacre'", *Western American Literature* 45.3, 2010.

Heidegger, Martin. "Building, Dwelling, Thinking", *Poetry, Language, Thought*, Harper Perennial, 1971, 2001.

Horne, Dee Alyson, *Contemporary American Indian Writing : Unsettling Literature*, Peter Lang, 1999.

King, Thomas, *One Good Story, That One*, U of Minnesota P, 1993, 2013.

_____, *The Inconvenient Indian : A Curious Account of Native People in North America*, U of Minnesota P, 2012, 2013.

_____, *The Truth About Stories : A Native Narrative*, U of Minnesota P, 2003, 2005.

_____, "Godzilla vs. Post-Colonial", *Unhomely States : Theorizing English-Canadian Postcolonialism*. Ed. Cynthia Sugars, Broadview Press, 2004.

_____, *Truth & Bright Water*, Grove Press, 1999.

_____, *Green Grass, Running Water*, Bantam Books, 1993, 1994.

Konrad, Victor and Heather N. Nicol. *Beyond Walls : Re-inventing the Canada-United States Borderlands*. Hampshire, Ashgate, 2008.

Lee, Yoo-Hyeok, "Toward 'Translocal' Solidarities : the 'Comfort Women' Issue and the Spatial Politics of Resistance", *Localities* 5, 2015.

Mayer, Evelyn P, "Indigenous Interstitial Spaces : Liminality in Thomas King's Borders", *Liminality and the Short Story : Boundary Crossings in American, Canadian, and British Writing*, Eds. Jochen Achilles and Ina Bergmann, Routledge, 2015.

_____, "Beyond Border Binaries : Boderlines, Borderlands, and In-Betweenness in Thomas King's Short Story Borders", *International Journal of Canadian Studies* 43-1, 2011.

Ngugi Wa Thiong'o. *Decolonising the Mind : The Politics of Language in African Literature*. Portsmouth, Heinemann, 1986.

Rooke, Constance, "Interview with Tom King", *World Literature Written in English* 30-2, 1990.

「뭐, 미-캐나다 국경에 철조망을?」, 『주간동아』, 2011.
http://weekly.donga.com/List/3/all/11/92974/1. Web. 2016.10.13 접속.

정신의 단일문화 너머의 유동하는 로컬리티[*]

다이아나 브라이던(Diana Brydon)

1. 서론–나는 내가 생각하는 곳에 존재한다.(월터 미뇰로) 여기는 어디인가?(노쓰롭 프라이)

이 논문은 위의 두 인용문을 함께 읽는 것을 통해 지구적 변화 하에서 로컬리티가 의미하는 것의 동시대적 이해를 어떻게 설명할 수 있는지를 제안하는데 그 목적이 있다.[1] 특히 아메리카 대륙 내의 나의 위치에서

[*] 이 논문은 "Mobile Localities Beyond Monocultures of the Mind"라는 제목으로 *Localities* Vol. 4, 2014에 실렸으며, 영어 원문의 한글 번역은 이유혁 교수가 하였다. 영어 논문은 다음 웹주소에 접속하여 확인할 수 있다.
http://www.localities.kr/sub_pg/img/A-1.pdf.

[1] 이 논문에 대한 연구는 부분적으로 캐나다 연구 석좌 교수 프로그램에서 지원을 받았다. 이 논문의 초고를 발표할 기회를 주고 청중들로부터 예리한 질문들을 통해 도움을 받게 된 것으로 인해 2014년 6월 19~20일에 한국 부산대에서 개최된 "타자와 공생의 로컬리티" 학술대회의 조직위원들에게 감사를 표한다. 나는 또한 내게 도움을 준 나의 연구보조원 치그보 아써 아나두바에게도 감사를 표한다.

나는 이전에 작인作因, agency이 없다고 여겨졌던 사물들의 작인에 대한 동시대의 과학적 인정의 범주 내에서 장소의 작인에 관한 토착적 이해가 어떻게 공명되고 있는지를 고려한다. 먼저 나는 나의 모국 캐나다와 나의 도시 위니펙을 예로 들어, 탈식민적 관점에서 로컬리티를 재고해 봄에 있어 나의 제목의 용어들이 어떤 함축적인 의미를 담고 있는지를 살펴볼 것이다. 캐나다가 어떤 방식으로 독특한 정착 식민지settler colony로 묘사되는 일이 점점 늘어나고 있는지를 설명함에 있어서, 아메리카 대륙의 다른 지역과 마찬가지로 유럽의 모험가들에 의해서 이곳이 처음 "발견"되었을 때 이미 토착민들이 정착해 있었다는 사실을 인정해야 한다. 먼저 나는 홈home,[2] 정체성, 그리고 "이곳"을 복잡한 크로노톱chronotope[3]과 "유동적 로컬리티"[4]로서 명명하는 정치학에 관해서 다루고 나서, 거야트리 스피박[5]이 반다나 쉬바에게서 차용한 "정신의 단일문화"[6]라고 비탄했던 것에 도전하기 위해서, 재영토화하는 코스모폴리탄적 도시[7]를 통해 대안적인 루트를 추적하는 사스키아 사쎈Saskia Sassen의 "지구적 도시" 모델을

---

[2] 역주 : 역자는 이 논문에서 '홈(home)'을 한글로 '집' 또는 '고향'으로 번역하지 않고, 영어식 발음대로 홈으로 번역하였다. 그 이유는 여기서 브라이던이 의미하는 '홈'은 물리적인 의미의 집 또는 추상적인 의미의 고향을 다 포함하는 철학적인 의미를 내포하고 있기 때문이다.

[3] 캐럴 에머슨(Caryl Emerson)과 개리 몰슨(Gary Saul Morson)은 "가능한 혹은 있을법한 행위에 대한 한 장르의 복잡성이 크로노톱을 구성하고, 바흐친이 그 자체가 항상 진행 중이고 변하고 있는 다양한 장르적인 크로노톱의 역사를 분석하고 추적한다고" 설명한다.(93) The Johns Hopkins Guide to Literary Theory & Criticism. Second Edition. (Ed.); Michael Groden, Martin Kreiswirth, and Imre Szeman, The Johns Hopkins University Press, 2005, pp.89~55에 그들의 목록 "Bakhtin, Mikhail"을 보라.

[4] Leigh K. Jenco, Recentering Political Theory : The Promise of Mobile Locality, *Cultural Critique* 79, 2011, pp.27~59.

[5] Gayatri Chakravorty Spivak, *An Aesthetic Education in the Era of Globalization*, Havard University Press, 2012.

[6] Vandana Shiva, Monocultures of the Mind, *Trumpeter*, 1993, p.25. 월터 미뇰로가 반다나 쉬바가 일찍이 이 용어를 사용한 것을 지적해 준 것에 대해서 나는 그에게 감사를 드린다.

[7] 이 표현은 Emily Johansen에서 차용한 것이다.

넘어서는 새로운 도시적 상상력에 관한 몇 가지 문학적 예들에 주목한다. 유럽적 관점들이 보편성에 대한 유일한 주장이 되도록 확립시킨 데카르트적 세계관이 이제는 로컬리티를 새롭게 조명하는 탈식민적, 토착적 관점에 의해 도전을 받고 있다. 나는 이 논문을 캐나다 토착민 크리족 시인인 마빈 프란시스Marvin Francis의 『도시 조약―장편 시City Treaty : A Long Poem』와 트리니다드계 캐나다인 디온 브랜드Dionne Brand의 『우리 모두가 간절히 바라는 것 : 소설What We All Long For : A Novel』에 대한 간략한 설명으로 끝을 맺을 것이다. 이 작품들은 보아벤츄라 수사 드 산토스Boaventura Sousa de Santos 가 "지식의 생태학"[8]이라고 명명한 것을 지향하는 지역에 기반을 둔 캐나다적 텍스트로서 읽힐 것이다.

인식과 평가의 과정에 있어서 로컬리티의 중요성을 인식하는 일은 그 함축적 의의가 매우 크며 학계 전반에 걸쳐 여전히 연구가 진행되고 있는 주제이다. 예를 들어, 지역 언어의 사용이나 종교적인 행위들은 대영제국 시대 내내 식민지에서는 금지되었다. 캐나다와 같은 정착 식민지의 토착 민족들에게도 그러하였다. 많은 곳에서 그러한 억압된 전통들과의 관계를 다시 형성하려는 시도들은 여전히 초기 단계에 머무르고 있으며, 아주 느린 속도로 연구 프로토콜과 교육과정의 설계를 변화시키기 위해 학교제도에 도입되고 있다. 오늘날 국제대학 순위 시스템과 인용 색인들이 영어권 국가들의 우월함과 흥미롭고 중요한 것에 대한 그들의 평가에 의해서 여전히 왜곡되고 있다. 어떤 로컬리티가 다른 로컬리티보다 더 중요하게 여겨진다. 영어를 사용하는 캐나다인은

---

8 Boaventura de Sousa Santos, *Another Knowledge is Possible : Beyond Northern Epistemologies*, Verso, 2007.

이 시스템 내에서 언어적으로 혜택을 누리고 있으나, 이 시스템의 중재자들은 전지구적 이슈들에 대한 캐나다적인 주제들이나 캐나다적인 관점들에는 별로 관심을 보이지 않는다. 이러한 전지구적 고등 교육 체제는 그 기반이 잘 확립되어 있는 듯 보이나, 그것의 편협함으로 인해 소외된 모든 사람들의 상상력에 대한 투자는 점점 줄어들고 있다. 비평가들은 이러한 상황에 대응하면서 로컬과 글로벌을 단순히 대립시키는 것을 지양하며 오히려 사람들로 하여금 전지구적으로 생각하면서 로컬적으로 행하라고 권고하거나, "로컬의 장소들에서 전지구적인 연결망들의 일상적인 경험을 고려할 수 있도록 이끄는 영토화하는 코스모폴리타니즘과 이에 대한 인정에서 생겨나는 코스모폴리탄적인 윤리"에 주목한다.[9] 이런 맥락에서 데카르트의 문구를 미뇰로가 바꾸어 표현한 것을 나는 캐나다 이론가인 노쓰롭 프라이가 제시한 유명한 질문 — 이는 내가 다룰 주제이기도 하며 캐나다에서 잘 알려져 있다 — 과 대화적인 방식으로 연결시킨다.

2. 내가 생각하는 곳에 내가 존재한다면, 그곳은 어디인가? "여기는 어디인가?"(프라이)

오래된 단어들은 우리를 좌절시킨다. 단어는 다른 맥락에서 다른 의미를 가지게 된다. 그리고 새로운 이해를 반영하기 위해 새로운 단어가

---

[9] Emily Johansen, *Cosmopolitanism and Place : Spatial Forms in Contemporary Anglophone Literature*, Palgrave Macmillan, 2014, p.3.

만들어 진다. 지구화 시대, 우리 모두는 다중언어적 가능성, 즉 여기, 어디, 홈home과 같은 매우 단순한 단어들조차도 경험, 언어, 로컬리티의 다양한 초국가적 맥락 속에서 다른 의미를 나타내는 방식들을 인식할 필요가 있다. 각각의 단어는 우리가 세상에서 어떻게 알고 어떻게 사는 가에 대한 가정을 포함하고 있다. 지구화 시대에 오직 한 가지 정의만을 고수한다는 것은 상상력의 실패, 즉 다문화 시대에 "정신의 단일문화"를 나타낸다.[10] 차이들을 가로질러 이야기하기 위해서, 몇몇 페미니스트들은, 초기의 아드리엔 리치Adrienne Rich처럼, "공통된 언어"에 대해서 꿈을 꾼다.[11] 하지만, 우리들의 꿈은 "바벨탑 쌓기builing babel" — 이것은 독자들에게 결론을 열린 방식으로 남겨놓은 그녀의 실험적인 소설의 제목이다 — 에 제시된 수니티 남조쉬Suniti Namjoshi의 방향을 따를 가능성이 더 많다. 불순종한 세상에 대한 징벌로 의도된 바벨탑은 사람들을 다양한 정신의 단일문화로 나뉘었지만, 언어의 다양성이 지금에 와서는 달리 해석되고 세계의 다양성과 더욱 풍부하고 더욱 진실된 만남을 제공하는 것으로 여겨지고 있다. 이러한 변화는 단순히 단어들의 문제에 국한된 것이 아니라, 단어들이 세상과 연결되고, 세상에 거주하고, 다른 세상들로 나아가는 방식들에 대한 양립적인 이해들을 포함한다. 이것들은 중첩되면서도 분리되어 있는 사람들의 공동체가 의미를 만들어내는 방식들에 대한 논쟁이다. 애나 로웬홉트 칭Anna Lowenhaupt Tsing은 "사람들이 사용하기로 합의할 때조차도 단어들이 경계를 가로질러 어떤 다른 것을 의미하게 되는 어설픈 계약 지대"에 대해서 설명한다.[12] 이러한 세계 속

---

10 Spivak, *An Aesthetic Education*, p.25.

11 Janet Neigh, "Dreams of Uncommon Languages : Transnational Feminist Pedagogy and Multilingual Poetics", *Feminist Formations* 20-1, 2014, pp.70~92를 보라.

12 Anna Lowenhaupt Tsing, *Friction : An Ethnography of Global Connection*, Princeton University

에서 현재 캐나다로 불리는 지역들 내에서 영국 식민지 정부와 캐나다의 토착민 사이에 조인된 조약들이 성립되었다.

'퍼스트 네이션즈First Nations'라는 용어는 이 땅에서 토착민들의 앞선 정착과 그 땅을 관리하기 위한 앞선 지배 체제를 강조하기 위해 20세기 말에 채택되었다. 조약들에 의해 제시된 그 지역들은 너무 자주 오직 한 가지, 유럽중심적인 해석이 지배하는 인식적 폭력의 장소임이 입증되었다. 지금은 캐나다로 불리지만 실제로는 지정학적으로 그보다 작았던 이 지역이 처음 국민국가로 공식화 된 것은 1867년 브리티시 북아메리카 법에 의해서였다. 헌법은 1982년 대영제국에서 본국으로 보내졌다.[13] 이러한 과거 때문에 어떤 사람들은 캐나다의 역사를 식민지에서 국가로의 변모 과정이라고 묘사하기도 한다. 본래 여러 다양한 토착 민족 집단들의 영토였던 이 땅이 프랑스와 영국의 모피 무역상들과, 동부에서는 세인트 로렌스 강을 따라 올라온, 서부에서는 죠지 밴쿠버와 같은 탐험가의 방문 이후에 서부 해안을 따라 서서히 이주한 정착민들에 의해 식민지화 되었다. 그들 사이의 전쟁을 겪으면서, 그리고 미국 독립전쟁 중에, 프랑스와 미국은 토착민들과 동맹을 맺었다. 비록 항상 인정되지는 않지만, 영국 여왕과 여러 토착 민족들에 의해 조인된 조약들이 서명한 당사자들 간에 통치 제도를 위한 법적 기초가 되고 있다. 토착민들의 사회 운동에 대응하여, 이중적인 프랑스 / 영국 문화가 기반임을 강조하던 캐나다의 국가적 정체성이 최근에 세 개의 주요 민족 집단으로 구성된 "조약

Press, 2005, xi.

13 역주 : 이는 영국이 캐나다에 대한 사법적 권한을 완전히 넘김으로써 캐나다가 사법적 주권을 완전히 획득하게 되었다는 것을 의미한다.

국가treaty nation"로 바뀌었으며, 여기서 토착민들이 프랑스계와 영국계와 함께 그들 간의 상호작용을 통해 새로운 국가를 설립한 것으로 인정된다. 건국 서사에 대한 이러한 초점은 국가의 초기 시절부터 그들의 참여가 지워져버린 수많은 타자들 — 예를 들면 노예로 왔다가 해방이 된 아프리카계 캐나다인들과 철도를 건설하기 위해 온 아시아계 캐나다인들 — 에 의해, 그리고 과거부터 현재까지 지속적으로 캐나다를 자신들의 홈home으로 만들기 위해 세계 여러 지역들에서 오는 사람들에 의해 도전을 받고 있다. 국민국가가 국민들에 의해서 구성되고, 캐나다는 항상 지속적인 방식의 이민에 의해서 형성되는 다민족 국가였기 때문에, 국민국가의 정체성은 계속해서 새롭게 되고 있다.

이러한 토착민과 새로 온 사람의 관계를 형성함에 있어서 이러한 조약들이 중요하기 때문에, 동시대의 이론가들은 애메 크래프트Aimee Craft가 『스톤 포트 조약에 생명을 불어 넣기—트리티 원에 대한 아니시나비적 이해Breathing Life into the Stone Fort Treaty: An Anishinabe Understanding of Treaty One』에서 그렇게 하듯이, 이전에 침묵을 강요당한 관점들을 회복하기 위해 이러한 조약들의 다시 읽기를 수행한다. 프란시스Francis의 시 『도시 조약City Treaty』은 이러한 역사적인 재해석을 시를 통해서 수행한 것으로 읽혀 질 수 있을 것이다.[14] 자메이카 작가인 어나 브로드버Erna Brodber가 식민주의의 결과로 "결코 이야기 되지 않은 반"[15]이라고 명명한 것을 되찾는 시도들에는 아주 긴급한 질문이 암시되어 있다. 인식적 폭력을 고려한다면 인지적 정

---

[14] 크리 서사 기억이 어떻게 작용하는가에 대해서는 또한 맥클러드(McLeod)를 보라. "서사들이 변하는 경험과 맥락의 관점에서 지속적으로 재해석되고 재창조되고 있다."(11); "열린 결말"은 이러한 과정의 중심적 특징이다.(13)

[15] Erna Brodber, *Myal*, New Beacon, 1998, p.35.

의가 어떻게 상상될 수 있을 것인가?

　인식적 폭력에 초점을 맞춘다는 것은 다른 형태의 제도적·물리적 폭력을 경시하는 것은 아니며, 이들이 어떻게 서로 얽혀 있는지를 인정하자는 것이다. 이렇게 얽힌 것이 풀린다고 할지라도, 인식론적 쟁점이 무시될 수는 없다. 스피박은 "세계는 욕망들을 재조정할 수 있는 인식론적 변화를 필요로 한다"고 주장한다.[16] 그러한 변화는 어떤 "정신의 단일문화"라는 감옥 또는 정신적 구속을 벗어나기 위해 필요한 것이다.[17] 1963년에 가이아나 소설가인 윌슨 해리스Wilson Harris는 "존재의 중심에 있는 할러퀸적 우주의 후손"을 인정할 필요가 있음을 주장했다.[18] 오늘날 포르투갈 이론가인 보아벤츄라 수사 드 산토스와 그의 동료들은 아래로부터의 지구화를 재고하는 "지식의 생태학"의 포용을 지지한다. 이들을 통해 이들은 지배와 배제보다는 순환과 교환의 관계 속에서 로컬의 지식을 통해 매개된 다양성을 만들어 내고자 한다. 지식의 생태학이라는 사상은 라틴 아메리카의 토착적 우주론과 라틴 아메리카의 탈식민 사상가들이 제시한 유럽의 근대성 비판에 상당히 빚을 지고 있다. 이 모델에서 다양성은 보편성을 대체한다. 그러나 다양성은 문화적 상대주의는 아니다. 오히려 일상적이고 전문화된 학문적 사고라는 상식을 구성하는 토착화된 이원론 중의 많은 것들 — 자연 / 문화, 인간 / 비인간, 지역적 / 지구적 — 을 거부하면서 동시대 사상의 기본적인 구성 요소들에 대한 상당히 급진적인 재고를 한다. 이런 측면에서, 이는 문화를 고정적

16　Spivak, *An Aesthetic Education*, p.2.
17　ibid, p.25.
18　Wilson Harris, *The Womb of Space : the Cross-Cultural Imagination*, Greenwood, 1983, pp.92~93.

이고 한계가 정해진 것으로 보는 것을 거부하는 비판적 다문화주의 이론들과 비교될 수 있다. 이러한 이론들은 문화가 어떻게 "사람들의 실재 삶에서 기능하는지, 즉 문화의 역동적이고 다원적이고 논쟁의 여지가 있는" 측면을 강조한다.[19]

"우리가 어디에서, 누구와, 어떤 목적을 위해 생각하는지에 관한 질문들이 사회과학과 인문학적 사고의 중요한 요소들이다"[20]라는 것에 대해서 탈식민주의 이론과 페미니스트 이론은 상당 부분 일치한다. 상황이 얼마나 중요한가에 대해 주목하는 것은 대부분의 학문적 실천의 일부분이지만, 더욱 중요한 문제는 그것에 대한 주목이 어떻게 이루어지고 있고, 그것의 실천이 어떻게 이해되는가 하는 것이다. 자기 반영성과 조심성은 현재 우리 중의 많은 이들이 연구를 하는 방식 중의 일부이다. 하지만 이 자체로는 충분하지 않을지 모른다. 라틴 아메리카의 탈식민적[21] 입장에서 근대성을 연구하고 있는 미뇰로는, "나는 생각한다. 고로 나는 존재한다"라는 데카르트의 명제를 변형시켜, 자신의 탈식민적 관점에서 다음과 같이 표현한다. "내가 생각하는 곳에 나는 존재한다."[22] 프랑

---

19 LuMing Mao, Beyond Bias, Binary, and Border : Mapping our the Future of Comparative Rhetoric, *Rhetoric Society Quarterly* 43.3, 2013, p.214.

20 Arturo Escobar, *Afterword to Globalization and the Decolonial Option*, Walter D. Mignolo and Arturo Escobar (eds.), Routledge, 2010, p.392.

21 『지구화와 탈식민적 선택(*Globalization and the Decolonial Option*)』의 서문에서 미뇰로는 탈식민적 사고를 탈식민적 이론과 동시대의 자본주의적 상상력에 대한 대안으로서 제안한다. 그는 다음과 같이 설명한다. "인식론과 정치학에서 탈식민적 선택은 다른 종류의 사고 (…중략…) 직선적이지 않고 연대기적이며(하지만 공간적인) 인식적 틈을 요구한다. 이는 경계적 인식론(예를 들면, 인식적 불순종), 비자본주의적인 정치 경계, 복수-민족적(다시 말해, 단수적이지 않은 민족) 국가의 개념을 요구한다."(2) 『지구화에 관한 50명의 핵심적인 사상가들(*Fifty Key Thinkers on Globalization*)』에서 윌리암 콜만(William D. Coleman)과 알리나 사제드(Alina Sajed)는 탈식민성을 "초근대적 삶을 지향하며 근대화와 단절하고자 하는 공통점을 가지고 있는 로컬 공동체에 기반을 둔 다양한 프로젝트들을 추구하는 전지구적으로 연결된 정치적 사회에 주도되는 운동으로 설명한다."(162)

수아 리오넷Francoise Lionnet과 수-메이 쉬Shu-mei Shih는 미뇰로의 표현을 좀 더 자세하게 설명하면서, 이것은 "전기('나는 존재한다'), 지리학('어디'), 지식('나는 생각한다') 간의 친밀한 연관성"을 잘 나타내 준다고 논한다. 미뇰료의 수수께끼 같은 말은 이러한 학문 분야들의 범주를 구분 짓던 장벽을 허물어 버림으로써, 사실 이들이 얼마나 서로 얽혀 있었는지를 시사하고 있으며, "내"가 누구이고, 무엇이며, 어떤 것인가에 대한 자동적인 이해를 문제시한다. 리오넷과 쉬에 따르면, 미뇰로는 "서구적 사고의 보편성의 가식"을 노출시키고, '다양성'을 향한 움직임으로서 인식론적 민주화의 과정을 작동시키고자 한다. 다양성이 온전히 구현되려면, 횡단적 교환, 즉 "주변에서부터 주변으로의" 문화 간의 대화를 포함하는 움직임들이 필요하다.[23] 다양성과 횡단성을 연결하는 이러한 이중적 움직임은 의미와 그 의미가 만들어 지는 방식에 대한 자민족 중심적 가정들에 도전한다. 이런 방식으로, "내가 생각하는 곳에 나는 존재한다"는 로컬을 생각하고, 로컬을 너머서 생각하는 새로운 방식을 나타내는데, 이러한 이해를 전달하기 위한 단어들을 찾기란 쉽지가 않다. 나는 이것을 *Localities* 저널과 부산대학교 로컬리티 인문학 연구단이 조직하는 학술대회들에서 감당해야 할 도전 과제 중의 하나로 남겨둔다.

20세기 중엽, 캐나다인 비평가 노쓰롭 프라이는 이렇게 썼다. "캐나다인의 감수성이 상당히 동요되고 있는 것은 우리의 유명한 정체성의

---

22 Walter D. Mignolo, "I am Where I Think : Remapping the Order of Knowing", *in The Creolization of Theory*, Francoise Lionnet and Shu-mei Shih, (eds.), Duke University Press, 2011, pp.159~192.
23 Enrique D. Dussell, "Transmodernity and Interculturality : An Interpretation from the Perspective of Philosophy of Liberation", *Transmodernity Journal of Peripheral Cultural Production of the Luso-Hispanic World* 1-3, 2012, p.54.

〈사진 1〉 치그보 아써 아냐두바(Chigbo Arthur Anyaduba)

문제 — 물론 이는 중요한 것이지만 — 때문이라기보다는, 그러한 정체
성을 직면할 때 가지게 되는 일련의 역설들에 의한 것인 듯이 보인다. 이
것은 '나는 누구인가?'라는 질문에 의해서보다는, '여기가 어디인가?'
라는 수수께끼에 의해서 당혹스럽게 된다."[24]

　프라이에게는[25] 이것은 낯선 환경의 유럽적 식민화에서 발생하여, 그
후 새로 들어온 사람들이 새로운 '홈'에 적응하기 위한 시간을 허용하지

---

[24] Northrop Frye, "Conclusion to a Literary History of Canada", *The Bush Garden : Essays on the Canadian Imagination*, UTP, 1945.

[25] 역주 : 치그보 아써 이냐두바가 캐나다 비평가 노쓰롭 프라이 동상 옆에 앉아 있다. 브라이던 교수를 통해 사진의 사용을 허락한 아냐두바에게 감사를 드린다.

않는 급속한 기술 발전으로 이어지는 지극히 캐나다적인 질문이었다. 그들은 이 땅의 전통적인 거주민들, 즉 토착민들을 원시적인 것 이외의 어떤 것으로도 볼 수 없었다. 프라이는 캐나다 토착 민족들에 대한 던컨 캠벨 스캇Duncan Campbell Scott이 20세기 중반에 쓴 시 중의 하나에 대하여 이렇게 언급하였다. "영문학에서 문화의 조화롭지 못한 충돌을 목격하기 위해 우리는 앵글로 색슨 시대까지 거슬러 올라가야 한다."[26] 탈식민주의 이론가들은 문화 충돌의 모델들, 즉 다른 문화 체계들의 동시대성을 부정하는 가정들을 거부한다. 이러한 제국주의적 모델들은 아메리카 대륙의 토착적 문화들에 의해 고안된 체계들을 유럽의 과거와 일치되는 것으로 추정되는 그런 모델 속에 위치 지우려 했다.

오늘날 이론가들이 지구화와 플래니테러티planetarity에 대해 논하면서, 깊이 있는 지구적 역사의 모델들을 제시하려 하면서, 앵글로색슨 시대로 돌아가 보라고 한 것은 지나친 비약은 아닌 듯하다. 프라이의 수수께끼는 오늘날에 와서 새로운 반향을 만들어 내고 있다. "여기는 어디인가?"는 더 이상 단순히 정착 식민지로서 캐나다의 국가적 차원만의 문제는 아니다. 이것은 이제 세계적인, 시대를 초월한 질문이다. "여기"는 복잡한 크로노톱chronotope이다. 내가 어렸을 때에는 프라이적 질문의 틀을 받아들이기 어려웠는데, 나이가 좀 더 든 지금에 와서는 그 복잡성을 이해할 수 있다. 지난 세기의 전환점에 나는 프라이의 수수께끼(그의 부인에도 불구하고)를 본질적인 정체성의 질문으로 읽는 비평가들을 반대하였다. 대신에 나는 진정한 질문은 항상 "우리가 여기에서 무엇을 하고

---

26 Frye, *Conclusion to a Literary History of Canada*.

있는가?"[27]라고 주장하였다. 이것은 국가가 어떻게 더욱 윤리적으로 책임감 있는 미래를 집합적으로 만들어 낼 수 있는가에 주의를 기울일 수 있는 정착민 식민지의 죄의식과 "새로운 형태의 질문들"의 필요성에 주목하도록 이끌어 내는 양날의 검을 가진 질문으로 의도되었다. "우리의 선택으로 우리는 자신들을 위치시킨다. 우리의 행위들은 강제된 것이지 우리의 위치에 의해 미리 정해지지는 않는다"라고 나는 주장하였고, 폴 길로이Paul Gilroy(그는 그 당시의 유명한 노래를 인용하였다)를 인용하였다. "당신이 어디에서부터 온 것이 아니라, 당신이 어디에 있는가 하는 것이다."[28] "당신이 어디에 있는가"는 당연히 주어진 장소가 아니라 오히려 장소의 생산을 위한 적극적인 지향성을 나타내기 위한 "여기"의 구어체적인 재표현으로서 미뇰로의 명제를 프라이의 질문과 연결시킨다.

지구화 이론가인 울리히 벡Ulrich Beck이 "초국가적 장소적 다혼성"[29]의 하나로 묘사한 현 시대에서, 우리가 생각하고 있는 그곳을 묘사하기란 쉽지 않다. 어떤 은유들은 우리를 좌절시킨다. 나는 "장소적 다혼성"이라는 표현에 매력을 느낀다. 그 이유는 성별, 소속, 충성, 이성애, 금기에 관한 서로 얽혀있는 가정들을 절묘하게 집약하고 있기 때문이다. 하나의 장소, 하나의 언어, 하나의 홈에 대한 오래 된 가정들은 사람과 장소 간의 관계를 여성의 결혼에 비유한다.(벡은 이중 국적적 충성의 의무를 가진 한 여성을 보고서 위의 표현을 생각해 냈다) 이것은 "시민권에 대한 혼인 비유의 탁월함"[30]이라는 보니 호니그Binnie Honig의 의견에 신빙성을 가져

---

27 Diana Brydon, "It's Time for a New Set of Questions", *Essays in Canadian Writing* 71, 2000. p.54.
28 Brydon, *It's Time for a New Set of Questions*, p.54.
29 Ulrich Beck, *What is Globalization?*, Polity, 2000, p.73.

다준다. 다혼성을 인용하면서 벡의 은유는 더 복잡한 소속의 관계에는 스캔들 같은 무엇이 있다는 것을 암시한다.[31] 그러나 많은 사람들에게, 로컬리티는 로컬리티나[32] 또는 트랜스로컬리티의 형태로 나타날 수 있으며, 여기에서는 시간과 공간에 관한 대안적인 이해들이 공존하거나 또는 때때로 동시에 여러 곳에서 존재할 수도 있으며, 그리고 때때로 이런 것들이 합쳐져서 새로운 이해를 형성 할 수도 있다.

동시대의 위니펙, 그리고 캐나다가 바로 그러한 곳이다. 이곳은 토착문화와 이민자의 문화가 계속해서 상호 작용하며, 장소에 대한 깊은 인식이 마빈 프란시스Marvin Francis와 같은 시인들로 하여금 그 도시의 포장도로 아래서 분출하는 "머스케그 은유의 위험스러운 탄생"[33]을 이야기 하게 하고, 국가적·전지구적 상상력과의 논쟁을 통해 도시 공간을 재타협으로 이끌고자 하는 그의 의도가 이야기 되는 장소이다. 머스케그Muskeg는 복잡한 북방의 유동적인 상상력을 위한 완벽한 은유이다. 크리Cree 언어에서 온 단어로서 이는 다층으로 형성된 불안정하고 스펀지같이 물이 밴 토양을 묘사한다. 내가 속한 대학교의 총장은 연설을 할 때마다 도시의 다층적인 역사를 인정함으로써 시작한다. 그것은 아니쉬나비 부족, 메티 부족, 크리 부족, 다코타 부족, 오지 크리 부족의 교차지점에 있는

---

30 Bonnie Honig, *Democracy and the Foreigne*, Princeton University Press, 2001, p.112.
31 나의 이러한 암시에 대한 충분한 설명에 대해서는 Brydon, A Place on the Map of the World : Locating Hope in Shani Mootoo's *He Drown She in the Sea* and Dionne Brand's *What We All Long For, MaComère* 8, 2006, pp.94~110를 보라.
32 롤랜드 로버트슨(Roland Robertson)은 완전히 자동적인 공간으로서 로컬을 글로벌과 분리하는 견해들에 도전하기 위해 "글로컬라이제이션"이라는 개념을 소개하였고, 이를 통해 로컬과 글로벌이 지구화의 영향 하에 상호간에 구성적인 것으로 더욱 적절하게 이해될 수 있음을 논하였다.
33 Marvin Francis, *City Treaty : A Long Poem*, Turnstone, 2002, p.58.

트리티 원 영토라는 것이다. 레드 강의 메티 부족은 토착 크리족과 프랑스 및 스코틀랜드 무역상들 간의 종족 간 결혼으로 인해 생겨난, 공식적으로 인정된 특별한 민족이다. 이들은 1869년에 레드 강 계곡, 즉 오늘날 마니토바 지역에서 루이 리엘Louis Riel의 지도하에 자신들의 정부를 수립하였다. 이것은 동부의 새로운 캐나다 정부에 의해 반역으로 몰려 강제로 진압되었고, 리엘은 교수형에 처해졌다. 그러나 리엘은 오늘날 영웅으로 기억되고 있고, 사람들은 그의 이름을 딴 지방 기념일을 기린다. 정착 식민지로서 캐나다는 늘 이주민을 환영하였고, 2차 대전 후로는 더 다양한 이주민의 물결을 받아들였다. 트루도 수상(아버지 트루도를 가리킨다)때, 캐나다는 공식적으로 다문화 국가로서의 정체성을 수용하였다. 지리적으로 캐나다의 중심부에 자리 잡은 위니펙은 매년 전 세계에서 많은 새로운 이주민들을 받아들인다. 토착적, 다문화적, 초문화적, 탈식민적 상상력의 집합소라고 할 수 있는 이러한 장소에서 시작하여, 본 논문의 나머지 부분에서는 오늘날 로컬리티를 넘어 그리고 로컬리티를 통해서 적용될 수 있는 수정된 모델들을 발전시켜 보고자 한다.

3. 홈home

지구화가 증대함으로써 우리가 우리의 홈으로서의 전 세계를 어떻게 바라보아야 하는가에 대해 많은 이들이 질문을 던진다. 스피박은 글로벌에 대한 대항 개념으로 플래니테러티planetarity를 제안한다.[34] 스피박에게 플래니테러티는 "초국가적 리터러시"를 개발함으로써 성취될 수 있는 초국가적 자본의 논리에 대한 대안적인 논리를 가지는 것이다. 다시 말해, 이는 차이와 공모에 주의를 기울이는 대안적인 형태의 의미 만들기와 같은 것이다. 그녀의 유토피아주의는 "대위적 읽기contrapunctal reading"를 가능하게 하는 일종의 세속적 휴머니즘을 수반하는 사이드의 세속성과 대조된다. 이러한 읽기는 지배적인 메트로폴리탄적 논리와 이것이 종속시키는 변형된 현실의 논리에 주의를 기울인다. 미뇰로는 "경계적 사고"를 통해 성취된 비판적 코스모폴리타니즘을 옹호한다. 이는 이해의 대안적인 방식들이 공존할 수 있는 공동체들 사이의 접촉 지점에 주의를 기울인다. 벡Beck은 출발점으로서 경계가 정해진 국가를 가정하는 "방법론적 민족주의"를 그러한 경계들을 가로질러 사고하는 방식인 "방법론적 코스모폴리타니즘"으로 대체하기를 권고한다. 또한 다른 이들은 "글로벌 도시들"(사쎈Sassen)의 증대와 유럽 연합과 같은 지역적 지형으로 주의를 이끈다. 『트래젝토리즈—인터 아시아 문화 연구Trajectories : Inter-Asia Cultural Studies』의 서문에서, 쿠안-씽 첸Kuan-Hsing Chen은 1998년 당시에 "여러 지정학적 맥락에서 문화 연구의 역사적인 형성들"을 문제시하는 것의 독창성을 지적한다.[35] 한편 예전에 교수들은 자신들의 맥락들을 "상당히 보편적이거나 절대적으로 중요한" 것으로 여겼을지 모르며, 또는 전지구적 정치적, 경제적 세력의 침투에 대한 고려를 하지 않은 채로" 그저

---

[34] 콜만(Coleman)과 사제드(Sajed)가 설명하듯이, "스피박은 글로벌라이제이션을 시장에 의한 지구의 통합으로 본다."(227) 『학문의 죽음(Death of a Discipline)』에서 그녀는 "지구의 자본주의 이전의 문화들로부터 가장 잘 상상되어 질 수 있는" 플래니테러티를 하나의 대안으로 제시한다.(101) 그녀는 또한 자신은 "플래니테러티에 대한 공식적인 접근법을 제시할 수는 없으며, 아무도 그렇게 할 수 없다고 덧붙인다."(78) 그녀가 이 용어에 대한 충분한 정의를 내리고 있지 않기 때문에 더 나은 발전을 위한 여지는 남아 있다.

[35] Kuan Hsing Chen(ed.), Introduction to the Decolonizing Question, *Trajectories : Inter-Asia Cultural Studies*, Routledge, 1998, xv.

"토착 문화 보호주자가" 될 수도 있었지만,[36] 이 저널에서 첸은 "로컬로부터 기인한 것"이지만, 동시에 국제적 / 지구적인 고려를 해야 함을 인정하였다.[37] 다시 말해, 비서양권의 실천들을 "그 지역만의 고유의 것으로 보고" 서양적 실천들을 보편적인 것, 어디에나 적용 가능한 것으로 보는 이분법을 거부할 때가 되었다는 것이다.[38] 이러한 상황의 새로운 지형 속에서 홈에 대해 이해하려 할 때 어떤 변화가 생기는가?

우리 중에 사전을 펴서 홈의 정의를 살펴보는 사람은 드물 것이고, 만약 그렇게 한다면, 흥미로운 주제를 발견하게 된다. 레이먼드 윌리암스 Raymond Williams는 1976년 자신의 *Kyewords*에 홈을 포함시키지 않았다. 그러나 토니 베넷Toni Bennett을 포함한 저자들이 출판한 2005년 *New Keywords*에 그것이 등장한다. 그러면 확장된 정의가 필요한 새로운 키워드로서 홈이 포함되게 된 이유는 무엇인가? 베넷의 홈에 대한 정의가 답을 제시한다. 홈은 "휴식과 움직임, 사적인 것과 공적인 것" 이곳과 저곳의 관계를 매개한다.[39] 이는 여전히 논쟁적인 상태에 있는 여러 방식으로 진행되는 지구화 과정에 의해 붕괴되는 듯이 보이는 관계들이다.[40] 이들은 가족의 미시적 단계에서, 더 넓은 커뮤니티 형태의 거시적 단계에서 작용한다. 우리 시대의 책이라고 할 수 있는 『해석될 수 없는 것들

---

36 Chen, introduction, xv~xvi.
37 Chen, xv.
38 번역 이론을 위한 그러한 전환에 대한 암시에 대해서는 Judy Wakabayashi, Response in Translation Studies Forum : Universalism in Translation Studies, *Translation Studies* 7.1, 2014, pp.97~101를 보라.
39 Tony Bennett, Lawrence Grossberg, and Meaghan Morriss,(eds.), *New Keywords : A Revised Vocabulary of Culture and Society,* Blackwell, 2005, p.63.
40 이러한 다섯 개의 문장에 대한 하나의 변형이 Brydon, "Migrating Literacies : Redefining Knowledge Mobility for the Digital Age"에도 나온다.

에 대한 사전*The Dictionary of Untranslatable*』은 존재론적 Heimat(문자적으로 홈)라는 것과 계보학적 Vaterland(조국)라는 것 사이의 긴장을 탐색하는데, 이를 통해 이 개념들이 국가적 소속을 해방시킬 수도 있고 또한 그 권리를 빼앗을 수도 있다는 것을 우려한다. 그보다 더 문제시되는 표현인 'unheimlich'는 영어로 'uncanny' 또는 'unhomeliness'로 부적절하게 번역되는데, 이는 'homely'의 중심에 자리 잡고 있는 불안정성을 지적한다.[41] 살만 러쉬디*Salman Rushdie*가 할리우드 영화 〈오즈의 마법사*The Wizard of Oz*〉의 결말 부분에서 — "홈 같은 곳은 없다"[42] — 라고 말하면서 도로시의 마법적 주문의 이중적인 의미를 반복해서 지적할 때 이러한 딜레마를 잘 포착하고 있다. 러쉬디에게 홈을 떠나려는 갈망은 꿈이 실현될 수 있을지도 모르는 홈을 찾는 그러한 꿈만큼 강하다. 동시에 그런 종류의 홈, 이상적인 홈은 하나의 장소로서 존재하지 않기 때문에 실제로 홈과 같은 장소는 없다.[43]

스피박은 여러 언어 간에 번역할 수 없는 성질을 지적함으로써 그녀의 사상을 위한 홈이라는 개념의 복잡성에 대해 설명한다. "뱅갈어 단어 'ghar'는 '홈'을 의미하지 않는다. 그것은 힌디어가 그렇게 의미하지 않는 방식으로 '방'을 의미한다."[44] 스피박은 또 이렇게 말한다. "나는 어디에 있든지 편하며, 어떤 곳에서도 편하지 않다."[45] 그녀에게, "홈은 일종의

---

41 Barbara Cassin, *Dictionary of Untranslatables : A Philosophical Lexicon*, Princeton University Press, 2014를 보라.

42 Salman Rushdie, *The Wizard Oz*, BFI, 살만 러쉬디(Salman Rushdie)는 이러한 주문을 "영화에 대해 가장 잘 설득하지 못하는 아이디어"(14~16)라고 하며, 동시에 도로시(Dorothy)의 노래 "Over the Rainbow"를 "탈출의 찬양" "다른 곳으로의 찬송"이라고 지적한다.(23)

43 Brydon, "Storying Home : Power and Truth"에서 나는 홈에 관한 질문을 길게 다루었다.

44 Swapan Chakravorty, Suzana Milevska, and Tani E. Barlow, *Conversations with Gayatri Chakaravorty Spivak* (sic), Seagull, 2006, p.7.

방향이다."⁴⁶ 그것은 "유연하고"⁴⁷ "많은 홈과 같은 기반을 갖는 것은 (… 중략…) 상상력을 번성하게 하는 한 방법이다."⁴⁸ 이것은 제가 홈을 바라보는 관점이다. 어떤 사람은 이러한 홈과의 관계를 지구적 지성인만이 누리는 특권으로 생각하여 인정하지 않을지도 모르지만, 제가 보기에는 여기에서 스피박이 심오한 무엇인가를 제시하고 있다고 생각한다. 홈이 어떤 이를 위한 정신적인 단일문화일 필요는 없다. 그 이유는 그것이 정적인 상태보다는 방향성을 통해서(즉, 관계들의 유동성을 통해서) 형성되기 때문이다.

지그문트 바우만Zygmunt Bauman은 지구화의 과정들이 오늘날 모든 사람을 여행객 또는 방랑자가 되게 한다고 제시한다.(1998) 다시 말해, 이러한 구분 짓기는 출생지 또는 거주지가 어디인지 보다는, 그들이 얼마나 여러 곳을 옮겨 다니는지, 즉 "특권 또는 처벌"⁴⁹의 관계들에 의해 차이가 생기게 되는 사람들의 이동성에 의해 결정된다는 것이다. 반면에, 폴 길로이Paul Gilroy는 시민권 지위의 권력에 대한 접근이 4세대에 걸쳐 그들의 출생이라는 우연에 의해서 차이가 나는 두 집단을 확인한다. "이러한 도식에서 시민들은 일종의 사회적 황혼기에 있는 데니즌들을 마주하게 된다"라고 길로이는 적는다.⁵⁰ 시민들과 데니즌들은 동일한 로컬 공간의 두 가지 거주 형태를 나타내지만 이 둘은 이동성에 대한 다른 관

---

45 Chakravorty et al., *Conversations*, p.19.
46 ibid, p.20.
47 ibid, p.21.
48 ibid.
49 Sherene Razack, *Looking White People in the Eye : Gender, Race, and Culture in Courtrooms and Classrooms*, University of Toronto Press, 1998, p.170.
50 Paul Gilroy, "Colonial Crimes and Convivial Cultures", *Rethinking Nordic Colonialism. Act 2 : Greenland*, April 21, May 14, 2006.

계에서 자신들의 의미가 생성된다. 시민들은 그들이 계속해서 사는 곳에서 태어난다. 데니즌들은 이민이라는 원래적인 행위에 의해 영원히 정의내려지는 이민자들이거나 이민자들의 자녀들이다.[51] 이러한 대조적인 용어들은 각각이 정체성의 개념으로의 복귀를 통해 로컬리티와의 동시대적 관계를 묘사하는 것의 어려움을 드러낸다. 삶을 살아가는 사람들에 의해서 경험되는 것으로서 정체성 그 자체는 단 하나의 이름 짓기의 틀 내에서 포착되기에는 아주 변하기 쉽다. 미묘한 뉘앙스를 가진 복잡함의 맥락에서 여행객 / 방랑자와 데니즌 / 시민과 같은 변형들을 어떻게 생각하는가 하는 것이 우리 앞에 놓인 도전이다.

4. 정체성과 로컬리티 - 이들이 어떻게 연결되어 있는가?

문학과 문화 연구에서 정체성이 왜 그렇게 중요한가? 그것이 로컬리티와 정신의 단일문화와 그렇게 긴밀한 관련이 있는 이유는 무엇인가? 이러한 질문은 항상 나를 당혹스럽게 만들었다. 나의 첫 번째 저서는 국외이주와 연관된 20세기의 오명stigmas과 자유를 이해하기 위해서 호주인 국외이주 작가 크리스티나 스테드Christiana Stead의 소설에 대한 연구였다. 스테드는 세계의 여러 곳에서 살았고 그곳에서 자신이 목격한 삶에 대해 기록했는데, 그 중에는 파리 은행에서 일하는 근로자들, 뉴욕에서 결혼하고 싶어 하는 젊은 여인, 스위스 작은 호텔에 머물던 손님들의

---

51 젊은이들의 상황이 그러하며, 이에 대해서는 이 논문의 후반부에서 Dionne Brand's, *What We All Long For*에 관해서 논할 때 다루어질 것이다.

삶이 있다. 작가들이 돌봄의 국가적 구조에 밀접하게 얽매어 있던 때, 자신의 이동성으로 인해 그녀는 큰 대가를 치렀다. 등장인물과 이야기가 그녀의 작품을 이끌어 나가고 있고, 정체성에 대한 전형적인 개념으로는 그것들을 설명할 수 없다. 비평적 작업을 통해, 나는 정체성의 전통적인 관념에 도전하는 작가들을 연구하기를 선택하였고, 이론적인 작업을 통해서는, 자치, 트랜스내셔널 리터러시, 공공적 협상의 탐구를 통해 개인의 독립성agency에 대한 질문들에 대해 다룬다. 하지만 현 시대에 정체성에 대한 질문들은 이전 어느 때보다도 더 많은 사람에게 절박한 것으로 보인다. 지구화는 어떤 영역에서는 동일화를 가져오며, 동시에 다른 영역에서는 다양성에 대한 관용을 확대시킨다. 이러한 두 가지 변화는 정체성에 대한 안정된 인식과 여전히 이에 의존하는 제도적 체계들을 위협할 수 있다.

북미의 시인이자 비평가인 찰스 번스타인Charles Berstein은 "어떤 쟁점도 지난 20년 간 정체성 — 국가적, 사회적, 인종적, 지역적인 정체성 — 만큼 시를 괴롭힌 것은 없다"라고 말한다.[52] 번스타인은 판에 박히지 않은 방식으로 정체성을 장소와 연결한다. "아메리카 대륙들처럼, 정체성은 항상 복수형이다. 아메리카 대륙들처럼, 정체성은 선험적이고, 혼합적이고, 서로 꼬여있으며, 스스로를 잡아먹으며, 우리의 정신들 속에 흐르고, 우리의 정신적 투사들을 사슬같이 연결시키는 DNA와 같다."[53] 여기서 번스타인은 정체성은 "선험적이고" 이미 확립되어 있고 이미 주어진 것, 일련의 상이한 요소들로 구성되어 있다고 하는 정체성에 대한 오

---

52 Charles Bernstein, *Attack of the Difficult Poems*, University of Chicago Press, 2011, p.67.
53 Bernstein, *Attack of the Difficult Poems*, pp.67~68.

래된 견해들을 정체성은 복수적이고, 유동적이며, 상호작용하고, 항상 변화고 있다는 새로운 견해, 즉 오늘날 많은 언어학자들과 시인들이 언어를 이해하는 방식을 구성하고 있는 견해와 혼합시킨다. 하지만 이 두 번째 견해는 실제로 정체성들이 그렇게 유동적이지만은 않은 것으로 경험될 수 있다는 현실과는 조화되지 않는다. 이 논문에서 나는 문학적 실천과 다른 논쟁적 실천들을 통해 창조될 수 있는 "정신적 투사들"이라고 번스타인이 부른 것과, 정신의 단일문화 너머의 홈에 대한 관념들을 구체적으로 설명함에 있어서 그것들이 어떤 역할을 하는지에 관심이 있다.

5. 로컬을 다시 인식하기

미뇰로의 비판적 경계적 사고의 옹호와 스피박의 플래니테러티의 옹호는 모두 포스트모던, 탈식민, 포스트 휴먼 시대에 프라이의 "여기가 어디인가?"라고 질문하는 것의 어려움을 인정한 것이다. 리 젠코Leigh Jenco 는 "우리의 이해와 논쟁적인 시비를 영구적으로 조건 짓는 문화적 맥락으로서가 아니라, 지식의 유통을 위한 구체화된 장소로서 '로컬'을 재인식하는 것"이 하나의 해결책이 될 수 있다고 제시한다.[54] 나는 이 견해를 좋아한다. 젠코에게 있어서, 로컬리티는 "거주민들의 이론화의 전체 과정에 지속적으로 영향을 미치는 일종의(비록 끊임없이 영향을 미칠지는 몰라도) 영구적인 거주지"는 아니다.[55] 오히려 그것은 "특정한 의견을 만들고

---

[54] Jenco, "Recentering Political Theory", p.28.
[55] Ibid., p.38.

이것이 로컬의 맥락에서(어쩌면 더 큰 범위에서) 실행 가능하게 하는 청중들, 공감들, 기준들의 집중화된 장소로서 작용하는 경우가 많다."[56] 젠코는 로컬적 진정성이라고 하는 단순하고 설득력이 없는 관념들을 특권화하지 않고, 학문들의 유럽 중심적 범주들과 서양 지배의 틀을 벗어나서 생각하는 한 방식을 찾고 있는 것이다. 로컬리티를 담론들을 순환시키고 경쟁시키는 장소로서 재정의함으로써, 젠코는 내부자 / 외부자의 이분법적 사고를 복잡하게 하고, 다른 커뮤니티와의 진정한 상호 교류를 통해 그 역할을 하는 "로컬화된 지식의 커뮤니티들"[57] 안에서 재조직된 여러 팀의 학자들에 의한 지식의 공동 구성을 위한 공간을 더욱 많이 제공한다.

이것이 바로 내가 참여했던 최근 세 개의 팀 프로젝트, 곧 "지구화와 자치" "글로벌 민주주의의 건설" "브라질 / 캐나다의 지식 교환"에서 탐구한 모델이다. 이러한 개별적인 프로젝트는 권력의 헤게모니적 중심들을 우회하거나 주변화시킴으로써, 주변을 가로지르는 횡단적인 관계를 형성하고자 하였다. 이 프로젝트들은 젠코에 의해 탐색된 어려움들을 직면하였다. 구체적으로 말하자면, 비서구권에 기반을 둔 학자들조차도, 지식 생산과 평가의 지배적인 유럽 중심적인 형태로 훈련을 받아 왔다는 것이다. 젠코와 함께, 우리는 다음과 같이 결론을 내린다. "그 답은 우리가 정치적 삶(젠코가 학문적으로 초점을 두는 분야)에 대한 일반적이고 이해할 수 있는 지식에 이르게 하는 숙고에 몰두해야 하거나, 아니면 우리는 로컬의 우발성을 고찰하고 있다는 그런 가정에 대해서 따져 보는

---

56 Ibid., p.38.
57 Ibid., p.45.

데 있다는 것이다."[58] 이러한 이분법은 더 이상 유지될 수 없으며, 우리는 다른 대안들을 탐색할 필요가 있다. 칭Tsing은『마찰―전지구적 연결에 관한 민족지학Friction : An Ethnography of Global Connection』에서 이와 유사한 주장을 한다. 그녀에 의하면, 보편 / 특수라고 하는 이분법은 만약 탈식민화가 계속 이루어지려면, 반드시 포기되어야 할 제국주의적 구성물이라는 것이다. "번역학 연구에서의 보편성"이라는 주제의『번역학A Translation Studies』포럼에서는 지속적인 논의를 통해 이러한 쟁점들을 제기하는데, 번역 행위에서 장소의 역할과 가치, 표준화된 언어를 추구하는 것의 가치, 표준화를 위한 현재적 틀의 적절성에 대한 심도 깊은 논의를 이끌고 있다. 이 컨퍼런스 주제가 제시하듯이, 발표자들은 다음과 같이 질문을 제기한다. 장소가 중요한가? 만일 그렇다면, 그것이 어떻게 중요한가? 그리고 이러한 질문에 대한 더욱 타당한 답을 찾기 위해서, 연구, 교육, 번역의 행위들이 어떻게 조정될 수 있는가?

위에서 언급한 포럼에서, 쥬디 와카바이아쉬Judy Wakabayashi는 다음과 같은 탈식민적 질문을 제기함으로써 그 문제를 정의한다. "비서양권의 번역 행위들과 번역에 대한 개념들은 그들의 원천지에 특수한 것으로 간주되면서, 동일한 시각이 서양권의 행위들과 개념들에는 적용되지 않는 이유가 무엇인가?"[59] 그의 주장에 따르면, 이처럼 부당하고 부정확한 상황을 극복하고자 한다면, "장소에 기반을 둔 행위들과 논쟁들에 주목하고, 진정한 공통점과 차이점들을 확인하기 위해 그것들을 나란히 놓을 수 있는 메타담론이 필요하며, 이렇게 하기 위해서는 비효율

---

[58] Ibid., p.51.
[59] Judy Wakabayashi, "Response" in "*Translation Studies* Forum : Universalism in Translation Studies", *Translation Studies* 7.1, 2014, p.98.

적인 방식으로 차이를 구체화하지 않고, 번역 행위를 역사화하고, 구체적인 것을 생각하고 인정해야 한다."[60] 이것은 학자들이 — 즉, 비단 문자적 번역을 다루는 사람들과, 다양한 지역적 변형이 있는 영어와 같은 지구화된 언어 내에서의 글쓰기를 포함한, 문화 간의 읽기를 수행하는 사람들이 — 오늘날 직면한 쉽지 않은 도전 과제이다.

이것이 얼마나 힘든 일인지에 대한 한 가지 예를 들고자 한다. 나의 브라질 / 캐나다 팀은 우리의 트랜스내셔널 리터러시에 대한 패널 토의를 마련해서 나라마다 두 명씩 학자들을 초대하고, 교사와 연구자로서 그들의 구체적인 장소에 기반을 둔 비판적 리터러시의 행위들을 설명하게 하였다. 이를 통해 우리가 의도한 바는, 각 나라와 그 나라 내의 여러 지역에서 나타나는 이론들과 제도적 실천들에 대해 더 많이 배우고자 하였지만, 대부분의 발표자들은 호주, 미국, 영국의 유명한 이론가들을 자신의 연구를 위한 모델로 삼아 인용을 하면서, 그들의 연구를 영어권 세계의 지배적인 패턴들과 완전히 조화된 방식으로 설명하였다. 캐나다인 발표자들은 브라질 발표자들에 비해서 자신들의 로컬 쟁점과 이론가들을 인용하면서 더욱 편함을 느꼈다. 이는 아마 고등 교육에서의 영어권의 지속적인 우위 때문이었을 것이다. 이 일화는 앵글로 아메리칸의 학계가 아직도 전 세계적으로 얼마나 강력한지, 그리고 한 사람이 이해의 규칙들의 범위를 벗어나서 글을 쓰고자 할 때, 그것이 (제대로) 이해된다는 것이 얼마나 어려운 것임을 다시금 보여준다.

---

60 Wakabayashi, Response, pp.100~101.

6. 만일 "내가 생각하는 곳에 내가 존재한다면, 그곳은 어디인가?" – 새로운 도시적 상상들

내가 이 문제와 씨름을 했던 이전의 두 개의 논문의 제목들은 특수 / 보편이라는 이분법의 재정의를 위한 나의 실험을 보여준다. 「지구, 세계, 행성–탈식민 비평가는 어디에 서 있는가?」는 지구적 공간을 묘사하기 위한 세 개의 경쟁적인 명칭에 의해 제시된 로컬리티에 대한 확장된 이해에 대해서 고려한다. 각각의 이름은 지구적인 것을 향한 다른 종류의 지향점을 보여준다. 「상상에 금이 가게 하기–캐나다의 공간에서 지구적인 것을 연구하기」는 반대 방향에서 유사한 질문들에 접근해 보고자 한 것인데, 다문화적인 글을 읽는 캐나다인 독자로서, 또 2014년 가을에 문을 열기로 되어 있는 위니펙 인권 박물관을 둘러싼 논쟁들의 목격자로서, 나의 지역적 상황성을 강조하는 관점을 제시한다.

사스키아 사쎈Saskia Sassen은 어떤 맥락에서는 국가 단위보다 더 중요하다고 인식되는 지구적 도시의 증가에 주목한다. 어떤 캐나다 소설은 이러한 흐름을 따르고 있다. 트리니다디안–캐나다인 디온 브란드Dionne Brand의 소설인 『우리 모두가 갈망하는 것What We All Long For』에서 캐나다는 전혀 언급되지도 않는다. 토론토는 이 소설의 배경이면서 등장인물의 역할을 한다. 그녀의 다문화적인 등장인물들의 이전 세대는 그 나라와 세계의 다른 지역들로부터 토론토로 모여들었지만, 토론토에서 태어난 그들의 아이들은 토론토를 자신들의 홈, 자신들의 욕망의 장소라고 생각한다. 각자는 물려받은 정체성의 권위를 거부하고, 자신들의 부모님들, 선생님들, 대중매체와 같은 지배적인 상상력의 강압자들에 의해 만들어진 그들의 정체성에 대한 인종적 편견에 기반을 둔 가정들을 거부한다. 오히려, 그들은 도시의 반쯤 들리는 소리에 귀 기울이고 그것의 의미를 이해할 수 있는 새로운 방식들을 만들어 내기를 바란다. 각자는 가족적 연결망의 권위를 느끼지만, 그들 자신들의 소속을 구성하기 위한 권리를 주장한다. 그렇다면 이것은 "세계적-다문화주의"의 찬양[61]과 떠오르는 지구적 도시에 관한 포스트내셔널한 소설인가,[62] 혹은 로컬리티를 이해하는 새로운 방식을 제시하고 있는 것인가? 나는 후자의 경우라고 생각한다.[63]

소설은 이렇게 시작한다. "이 도시는 43도선 위에 떠있다. 물론 이것은 가공의 상황이다."[64] 이런 방식으로 소설은 계속되는데, 장소의 어떤 확실함을 나타낸 뒤 곧바로 이를 문제시한다. 화자는 이렇게 설명한다. "교차로에서 존재의 치환이 있다. 사람들은 바로 이 으르렁거리는 (지하철)열차 속에서 자신도 모르게, 무의식적으로 다른 사람으로 바뀌게 된다." 이러한 인도하는 목소리가 다음과 같이 계속된다. "도시에서의 삶은 이중적이고 삼중적이고 복합적이다. 어디에서나 그렇듯이, 이 도시에서 사람들은 일하고 먹고 마시고 섹스를 하지만, 오해에 대한 확신 없이 이곳에서 깨어나지 않는다는 것이 어렵다."[65] 이는 이주로 형

---

61 다음 자료들 참고하라. Sandra Regina Goulart Almeida, "Unsettling Voices : Dionne Brand's Cosmopolitan Cities" in *Crosstalk : Canadian and Global Imaginaries in Dialogue, Diana Brydon and Marta Dvorak*, (eds.), Wilfrid Laurier University Press, 2012, pp.169~184; Kit Dobson, "'Struggle Work' : Global and Urban Citizenship in Dionne Brand's *What We All Long For*" Studies in Canadian Literature 31.2, 2006, pp.88~104; Molly Littlewood McKibbin, "The Possibilities of Home : Negotiating City Spaces in Dionne Brand's What We All Long For", *Journal of Black Studies* 38.3, 2008, pp.502~518.

62 Johansen, *Cosmopolitanism and Place*, p.73.

63 이러한 복잡한 소설의 읽기에 관한 여러 다른 방식들이 있고, 많은 것들이 이미 출판되었다. 여기에서 나는 주로 로컬리티를 다루는 해석들에만 초점을 맞춘다.

64 Dionne Brand, *What We All Long For*, Knopf, 2005, p.1.

성되고, 인정되지 않은 "오지브웨이족의 땅"[66] 위에 세워진 도시에 따라 붙는 그러한 이중적인 구속 상태를 참으로 멋지게 묘사한다. 오해의 확신. 달리 말하면, 확실히 알 수 있는 것이라고는 자신이 안다고 하는 것이 사실은 잘못된 것일 수 있고, 다른 사람이 당신에 대해 확신하는 것도 그처럼 잘못된 것일 수 있다는 점이다. "오해의 확신"은 확실한 지시 대상을 가지지 않은 일반화된 불안감을 묘사한다.

브랜드의 토론토는 세상의 자극물들에 의해 산호초처럼 형성된 도시이다. 제5장은 이렇게 시작한다. "황색 모래의 작은 티끌이 폴립의 눈 속에서 꿈을 꾼다. 산호에게는 이 고통이 필요하다. 시인 카마우 브레쓰웨이트Kamau Brathwaite가 이것을 썼다. 이것이 이 도시의 만트라 일수도 있다. 특히 월요일 마다, 이것이 빠져 나와 이 광대한 도시와 뒤섞일 수도 있을 것이나."[67] 여기서 바베이도스의 시인은 한참을 북쪽으로 치우쳐 있는 이 광대한 도시의 합창에 자신의 목소리와 바다에 의해 형성된 생명의 조수 같은 리듬을 덧붙인다. 토론토에서 태어난 등장인물들에게 있어서 토론토는 "이 보살핌의 도시"[68]이고 "대리모의 도시"[69]이며, 이는 권리가 있지만 완전히 소속된 것은 아닌 모호한 감정들을 반영하는 언어적 표현들이다. 이러한 2세대 캐나다인들은 자신들의 이주민 부모들을 성공하지 못한 경계를 넘는 사람들이라고 간주한다. 즉 "자신들이 이 도시라고 부르는 이민자들의 노동 착취의 공장에서"[70] 일하는 사람들이며,

65 Brand, *What We All Long For*, p.5.
66 Ibid., p.4.
67 Ibid., p.53.
68 Ibid., p.67.
69 Ibid., p.68.
70 Ibid., p.212.

화자에 의하면, 그들은 "사실 경계가 없는 사람들"이다.[71] 2002년 월드컵 이후에, 이 젊은이들은 베트남, 이탈리아, 카리브 출신인 부모들과 함께 "오 필승 코리아!"를 외치는 군중들 속에 가담한다.[72] 동일한 열정으로, 그들은 〈The Jungle is a Skyscraper〉라는 오넷트 콜만Ornette Coleman의 음악에 심취하는데,[73] 여기서 핵심은 멜로디 속에 있는 불협화음에 대한 인식, 즉 "트럼펫이 모두 제각각 인데, 한 데 모여 요란한 소리를 내는" 방식들을 강조한다는 것이다.[74] 이와 같은 새롭게 형성되는 포스트모던 커뮤니티[75]는 예술가 투옌Tuyen이 자신만의 특징을 유지하면서, 동시에 초현실주의의 영향을 많이 받고 있으며, 도시 그 자체와의 대화를 통해 창조된 것인 환상 속에서 파악하고자 노력한 것이다. 독자들이 얼마나 긍정적으로 경계 없음의 상태에 대한 찬양을 받아들이는가 하는 것은 논쟁적이다. 왜냐하면 이러한 등장인물들의 삶과 그들이 로컬 공간에 거주하는 다양한 방식들을 묘사하는 것이 정확한 지에 대한 논쟁이 있을 수 있기 때문이다. 디아스포라적이고, 우정에 기반을 둔, 혈연에 기반을 두지 않는 관계의 묘사, 도시의 거리를 통한 대안적인 루트들에 대한 지도그리기, (그라피티에서 음악과 설치들에 이르기까지) 다양한 예술적 표현 형태들이 9/11 이후의 토론토에서 살아가는 것이 무엇을 의미하는지와 관계를 맺으려는 것에 대한 해설을 함에 있어서, 이 소설은 21세기

---

71 Ibid., p.213.
72 Ibid., p.214.
73 Ibid., p.228.
74 Ibid., pp.228~229.
75 한국의 승리에 대한 즉각적인 확인 후에 브랜드는 다음과 같이 화자에 대해서 적는다. "그녀는 물론 한국인이 아니었다. 하지만 월드컵이 그녀로 하여금 그런 식으로 느끼게 만들었다."(Ibid., p.204)

초의 토론토에서 타자의 로컬리티에 관한 희망적이지만 여전히 도전적인 견해를 제공한다. 다른 곳에서 "정서적인 지리학"이라는 렌즈를 통해서 이 책을 읽음으로써 나는 그것이 피코 아이어Pico Iyer가 『지구적 영혼 Global Soul』에서 이상적인 지구적 도시로서 토론토를 열정적으로 묘사하는 것을 문제시한다고 제안하였다.[76]

작은 도시인 위니펙은 지구적 도시로서의 자격을 구비할 만한 자원은 없다. 하지만 이주민들의 도시이고 캐나다에서 토착민의 인구 비율이 가장 높다. 역사적으로 토착 민족들은 보호 거주지에 갇혀 있었지만, "캐나다의 원주민 인구 중 절반 이상은 지금 도시에 거주하고 있다."[77] 이것이 바로 마빈 프란시스의 장시 『도시 조약』에서 언급된 배경이다. 이 시는 "좌측에 폐 하나만 가진" "약속을 깨는 사람" "전원적 삶을 노래하는 시인" 조 티비JOE TB와 그를 따라다니는 한 원주민 광대 사이의 일련의 대화로 진행된다. 조는 이렇게 말한다. "넌 광대를 동요시키지 못해 / 그 가면은 모든 것을 보지."[78] 여기서 티비는 토착 민족들을 아주 심하게 괴롭히던 질병인 결핵과 조약을 깨는 행위, 즉 조약국으로서의 캐나다의 정체성이 어떻게 발전해 왔는지, 이제는 새로운 조정을 통한 수정, 도시를 통한 조약 관계에 대한 다시 생각하기가 어떤 식으로 필요한지에 대한 행동적 도전을 의미할 수 있다. 시인 프란시스가 나중에 『도시 조약』이라는 작품으로 출판된 창작과정 석사논문 제안서에서 선

---

76 Diana Brydon, "A Place on the Map of the World' : Locating Hope in Shani Mootoo's *He Drown She in the Sea* and Dionne Brand's *What We All Long For*", *MaComère* 8, 2006, p.104.

77 Warren Cariou, foreword to *Bush Camp by Marvin Francis*, Turnstone, 2009, vii~viii.

78 Marvin Francis, *City Treaty : A Long Poem*, Turnstone, 2002, p.5.

명하듯이, "『도시 조약』의 요점은 조약들은 사회와 더불어 발전해 가는 살아있는 문서들이고, 원주민들 중 도시 거주자의 비중이 점점 더 커져 감에 따라서, 그들의 인식은 애초의 조약에 서명한 이들과는 다르다."[79] 달리 말하면, 영국 여왕과 지금의 위니펙이 위치하고 있는 곳의 트리티 원Treaty One의 장소의 원주민들 사이에 조인된 조약들이 제시하는 통치의 종류에 대한 질문들은 시공간의 관계에 대한 변하는 이해를 인정하고, 원래의 서명자들에 의해 유지된 법적 관할권과 전통에 대한 다른 이해를 또한 인정함으로써 재해석이 필요하다는 것이다.

프란시스는 이 조약 "문서가 선조들이 서명한 것을 그저 받아들여야 했던 사람들의 삶의 지침이 되어 왔고 (…중략…) 이 조약 내용은 문서화된 말이 삶에 영향을 미치는 힘의 살아있는 증거"라고 주장한다.[80] 이러한 문서화된 말로서의 조약의 권위를 고려할 때, 『도시 조약』은 셰익스피어의 언어를 움켜잡음으로써 그것을 완전히 자기의 것이 되게 하려는 캘리번의 예를 생각나게 한다. 프란시스의 조는 정전으로서의 영문학, 광고 슬로건, 대중문화의 캐치프레이즈부터 따온 인터텍스트들을 많은 토착민 "말을 만드는 사람들word drummers"로부터 빌려온 말들과 결합시킴으로써 "토착민 폭풍우-"를 만들어낸다.[81] 이들의 작업은 핵심을 강조하기 위해 'write'를 'right'로 표기하면서 조약들을 "바로잡는" 쪽을 향해 길을 열어왔다.[82] 이런 식으로, 시인은 하나의 로컬 전통 내에서만 작업하는 것으로 자신의 상상력을 구속하기를 거부하면서, 자기 고

---

79 Marvin Francis, "Description of Proposal" Archives, University of Manitoba, p.1.
80 Francis, "Description of Proposal1", p.2.
81 Francis, *City Treaty*, p.49.
82 ibid., p.68.

유의 로컬 기반을 통해 작업을 하면서, 동시에 자신이 확보할 수 있는 모든 지식의 생태를 이끌어 오고자 한다.

프란시스의 제안은 다음과 같다. "나는 독자를 종이로 된 트레일에 태우고 내가 숲의 이야기라고 부르는 이야기가 있는 수풀과 도시로 데려가고 싶다……."[83] 이 구절은 자파티스타 서브코만단트Zapatista Sub-commandant 마르코스Marcos의 모토를 생각나게 하는데, 그것은 "질문을 하며 걷기"이다. 라몬 그로스포구엘Ramon Grosfoguel에 의하면, "질문을 하며 걷기는 명령하는 사람들은 순종하고, 순종하는 사람은 명령을 한다는 것에 드러나듯이" "순종하면서 명령하기"라는 "트로요라발식Trojolabal의 민주주의의 이해와 관련이 있다."[84] 자파티스타들처럼, 프란시스의 시는 "다른 세상들이 그곳에 적합한 하나의 세상"을 건설한다.[85] 그의 시는 직신직 움직임보다는 횡단적인 움직임을 찬양한다. "나의 장편 시의 형태는 숲 속의 길들, 즉, 뿌리줄기와 같을 것이다."[86] 그의 걸음은 그 꽤적이 다른 곳에서 디자인 된 도시를 통해 숲의 정보가 배어 있는 길들을 표시한다. 프란스시에게 이 도시는 이 땅 위에 강제로 부과된 것이며, 이 땅의 명령에 종속되어 있다. 북쪽에만 한정된 "머스케그 은유"는 원주민들로부터 그 땅을 가로챈 제국의 "말 식인자들"로부터 언어의 힘을 되찾는다.

이 시는 조약에 서명은 했으나 이를 지키지는 않는 캐나다의 역사를

---

83 Francis, "Description of Proposal", p.1.
84 Ramon Grosfoguel, "Decolonizing Western Uni verssalism : Decolonial Pluri versalism from Aime Cesaire to the Zapatistas", *Transmodernity, Journal of Peripheral Cultural Production of the Luso-Hispanic World* 1.3, 2012, p.99.
85 Cited in Grosfoguel, "Decolonizing Western Universalism", p.99.
86 Francis, "Description of Proposal", p.2.

냉소적으로 비꼬고 있다. 그는 멸시하는 투로 이렇게 주장한다. "treaty language / easy translate / you will lose."[87] 다시 말하자면, 승자가 역사를 쓰고 그들의 해석이 승리한다는 것이다. 그는 다음과 같이 질문함으로써 냉소적 어조를 한층 더 고조시킨다. "how about a / mcTreatyTM / would you like some lies with that?"[88] — 여기서 mcTreaty 뒤에 오는 상표 기호는 "조약 사본"이라는 각주가 달려 있다. 맥도날드McDonalds는 글로벌 자본주의의 세계적인 대명사가 되었고, "mc"라는 접두사는 다양한 형태의 상업화를 의미하게 되었다. 예를 들어 "mcjob"이라는 단어는 박봉과 불안정한 상태의 맥도날드 일자리의 속어이다. TM의 이중적인 의미와 연결된 이것의 사용은 제국주의와 자본주의 사이의 긴밀한 관계를 강조하며, 도시가 세워진 역사적 장소를 위니펙이라는 오늘날의 도시와 연결 짓고 있는 것이다. 또 "거짓말lies"과 "후라이fries"라는 단어에 압운을 두어, 모든 직원들에 의해서 언급되는 암묵적인 맥도날드McDonalds의 공식을 상기시킨다. 즉, "프렌치 후라이도 같이 드릴까요?"라고 하는 것이다. 이러한 맥락에서, 식민의 거짓말은 토착민의 관점에서 조약에서 구체화된 동등한 당사자들 사이의 상호간의 타협이라는 원래 약속의 자동적인 배반을 나타낸다.

프랜시스에게, 단어들은 문제이자 동시에 해결책이기도 하다. 그의 시는 이처럼 깨어진 조약의 약속을 회복시킬 수 있는 시의 힘에 대한 믿음을 유지하고 있다. 『도시 조약』은 "토착민 세계를 위한 세상 물정에 밝은 반지구화 선언서"로 받아들여져 왔다.[89] 이러한 노련한 입장의 미

---

87 Francis, *City Treaty*, p.49.(역주 : 프란시스의 시에서 어떤 부분은 번역을 하지 않고 그대로 두는 것이 그 의미를 살리는데 더 낫다고 판단하여 원문을 그대로 표기한다)
88 Ibid., p.6.

학은 프란시스가 자신의 석사 논문 제안서에서 설명한 바에 따르면, 동시대 거리의 토착인 조와 "전통적으로 묻고, 조롱하고, 흥겹게 놀고, 세상을 뒤집는" 신화적인 인물인 원주민 광대와의 상호작용을 통해 표현되고 있다.[90] 이 시에서 설명을 거부하는 것은 그의 전략이다. 그 내용은 이러하다. "그러니 당신은 이 광대가 누구인지 설명해야 해 / 하지만 난 안 할 거야 / 할 수 없고 / 안 해 안 한다고."[91] 여기서 철자 'a k'를 사용하지 않음으로써, 불평등한 두 문화 간에 설명이 덫에 걸린 것을 발견하는 이중적 구속을 제시하며, 이 상황에서 주체적 행위를 표현하는 유일한 길은 거절을 통해서 뿐이다.

브랜드가 토론토를 다시 썼듯이, 『도시 조약』은 위니펙을 다시 쓴다. 둘 다 정신의 단일문화 너머의 도시 커뮤니티에 대한 인식으로의 전환을 드러낸다. 둘 다 동시대 도시의 삶이 얼마나 부서지기 쉬운 지에 대한 이해를 공유한다. 프란시스의 화자인 조는 이렇게 외칩니다. "we all walk edges uncertain / on border slippery / between (···중략···) invisible borders stronger than / barb wire / cement our paths to our edgewalking ways."[92] 브랜드의 등장인물들은 "자신들이 안전하다고 생각하지만 실제로는 그렇지 않다는 것을 알고 있다."[93] 브랜드의 토론토는 각각의 이웃들이 모두 "오지브웨이 지역에 자리 잡고 있지만, 아무도 그것을 알지 못하고 신경 쓰지 않는다. 그 이유는 그런 계보는 도

89 Warren Cariou, How Come these Guns are so Tall' : Anti corporate Resistance in Marvin Francis's *City Treaty*, *Studies in Canadian Literature* 31.1, p.140.
90 Francis, "Description of Proposal", 2006, p.2.
91 "so you have to explain who is this clown / but I won't / I can knot / will not will not" Francis, *City Treaty*, p.7.
92 Ibid., p.28.
93 Brand, *What We All Long For*, p.4.

시의 이름에 나타나는 것을 제외하고는 의도적으로 찾아낼 수 없도록 만들어져 있기 때문이다."[94] 이처럼 의도적으로 찾을 수 없도록 만들어 놓은 이전 거주지 위치에 대한 반응으로서, 『도시 조약』은 위니펙의 크리족 계보를 거슬러 올라가 밝혀내고, 토착 지도 체계에 따라 원래 조약을 재배치하기 위한 토착민의 권리를 되찾고자 한다.[95]

『도시 조약』은 영감을 주는 "말을 만드는 사람들"의 이름을 부르면서 끝을 맺는다. 이들은 미국과 캐나다 출신의 출판을 한 토착민 작가들로서 그들은 단어들을 가지고 다음과 같은 일을 한다. "hurtle / words into that English landscape like brown beer / bottles tossed from the back seat on a country / road shattering the air turtle words crawl slowly from / the broken glass" 여기서 "거북이 말들"은 "거북이 섬"을 생각나게 하는데, 이것은 "아니쉬나비와 다른 토착 민족들이 지정학적으로는 북미라고 알려진 지역을 가리키려고 사용하는 용어"이다.[96] 따라서 "거북이 말들"은 거북이가 대홍수에서 올라와 자신의 등껍질을 토착민족들의 새 집으로 내놓았다는 창조 이야기와 관련하여 로컬리티에 이름을 다시 붙이는 것이다. 이러한 유동적 로컬리티인 거북이 섬은 살아있다.

이러한 두 개의 텍스트들은 더 광범위한 시대 풍조를 나타내기에는 너무 작은 표본에 불과하지만, 문학 평론가들이 계속해서 교육을 받고

---

94 Ibid.
95 「나의 도시적 레즈(My Urban Rez)」에서 프란시스는 다음과 같이 쓴다. "토착적 경치는 도시를 포함한다. 그리고 토착적 공동체들과 사회 전체는 모두에게 득이 되는 한 장소를 형성하기 위해 도시가 제공하는 최선의 것을 사용할 방법을 찾아야만 한다"(4).
96 Aimée Craft, *Breathing Life Into the Stone Fort Treaty : An Anishinabe Understanding of Treaty One*, Purich, 2013, p.123.

있고, 이를 통해 국가에 기반을 둔 연구가 그 의미들을 만들어 내는 "방법론적 민족주의"(빽)에 대한 의문을 제기한다. 그러나 내가 말하고자 하는 것은 사회 정의 목표를 달성하기 위해 국가적인 채널들을 통해 일하는 것에 반대하자는 것이 아니다. 사실 그 반대이다. 그러한 목표를 달성하고, 국제무대에서 연합을 통해 차이를 만들어 내기 위해서는, 국가에 기반을 둔 제도들이 여전히 시민의 가장 큰 희망이다. 다시 말하면, 그러한 제도들이 형성되고 유지되는 기반인 국가적인 상상들은 로컬 단위 또는 지역 단위의 상상들에 의존하며, 초세계적인 복잡함의 세계주의적이고cosmopolitical[97] 전치된translocated[98] 상상들에 대한 경쟁적인 비전들 내의 중첩된 방식에 의존하고 있다. 브랜드와 프란시스가 제안한 로컬에 대한 수정된 관념들은 로컬리티를 결정적인 기원의 장소라기보다는 살아있고, 움직이고, 변형적인 공간으로 이해할 수 있는 잠재성을 드러낸다.

---

[97] 공유된 민주적 가치들에 기초한 세계 정치의 개념으로서 세계 정책(cosmopolitics)에 관한 다양한 관점들에 대해서는 Debating Cosmopolitics, ed. Daniele Archibugi and Mathias Koenig Archibugi, ed. Verso, 2003를 보라.

[98] "특히 비지배적인 사회 행위자들에 의해 구성된 연결망들을 연구하는데 적합한 (…중략…) '로컬'과 '글로벌' 사이의 매개적인 용어로서"(xiv) 트랜스로케이션(translocation)을 보는 것에서부터 "다양한 횡단, 전후방으로의 전환, 그리고 변형"(xxxv)을 묘사하기 위해 그것을 사용하는 데 이르기까지 이 용어의 가능한 의미들에 대한 확장된 논의에 대해서는 Marga Munkelt, Markus Schmitz, Mark Stein, and Silke Stroh, "Introduction : Directions of Translocation—Towards a Critical Spatial Thinking in Postcolonial Studies"를 보라. 자신들이 편집한 책 『에드워드 사이드의 트랜스로케이션(Edward Said's Translocations : Essays in Secular Criticism)』의 서문에서 토비아스 도링(Tobias Doring)과 마크 스타인(Mark Stein)은 "하나의 논쟁 속에 함께 불러 들여진 두 장소들, 영역들, 혹은 담론들 사이의 불일치와 연속성을 묘사하기 위해서" 트랜스로케이션을 사용한다. "따라서 이 용어는 개별성으로부터 분리됨이 없이 혹은 모든 것을 광범위하고 산만한 범주들로 동일화하지 않고서 그러한 연결 방식을 탐색하고 차이를 가로지는 '상보성과 상호의존성'을 파악하는데 있어서 독자 혹은 비평가의 역할에 대한 활동을 묘사한다.(4)

7. 결론 – 유동하는 로컬리티를 위하여

이 논문은 탈식민, 토착적, 포스트콜로니얼, 지구화 이론들로부터의 통찰들을 결합하였다. 이를 통해, 이동하는 지구적 지형 내의 다른 로컬리티들과의 상호작용을 유동적이고 변형적인 상상으로서 로컬리티에 대한 새로운 이해가 타당한지를 논하고자 하였다.[99] 이 논문은 다른 지역의 독자들과 연결되기를 희망하면서 다른 여러 장소들에서 독자와 교사로서의 나의 삶의 경험으로부터 쓰인 것이다. 미셸 예Michelle Yeh가 주목하듯이, "의미는 관계적"이고, 오늘날 학술적 작업의 바로 그 맥락인 "초문화적이고 초국가적인 상황에서" 맥락은 특히 중요하다.[100] 이러한 맥락에서 "지구적 연결망들은 로컬적으로 만들어지고 그렇게 때문에 동질적이라기보다는 변화무쌍하다."[101] 나의 사상은 쿠안–씽 첸의 작업에 의해 영향을 받았으며, 그는 『방법으로서 아시아Asia as Method』에서 자신이 살고 있는 지역에서, 그리고 그 지역을 위해 시작된 탈제국화, 탈식민지화, 탈냉전의 동시적 삼부 프로그램을 전개할 필요가 있음을 논한다.[102] 그러한 프로그램은 그 지역 내에 로컬적 차이들에 주목할 필요가 있다. 타니 발로우Tani Barlow는 "아시아 태평양 지역에 식민적 근대화의

---

99 나의 논문 "Migrating Literacies : Redefining Knowledge Mobility for the Digital Age"에서 나는 지구화에서 이동성의 변하는 인식들을 둘러싼 이러한 생각들 중의 몇 가지에 대한 논의를 전개하고 있다.

100 Rey Chow. (ed.), "International Theory and the Transnational Critic.", In *Modern Chinese Literary and Cultural Studies in the Age of Theory : Reimaginaing a Field*, Duke University Press, 2000, p.260.

101 Chris Berry, Fran Martin, and Audrey Yue. "Introduction : Beep–Click–Link" In *Mobile Cultures : New Media in Queer Asia*, Chris Berry, Fran Martin and Audrey Yue, Duke University Press.

102 Asia *as Method : Toward Deimperialization*, Duke University Press, 2010.

분야를 압도하기 위한 지속적이고 잠재되어 있는 욕망"을 확인하였다. 이러한 견해는 그녀로 하여금 "우리가 위치되어 있는 곳에서 그 분야는 가장 밀접하게 연관되며, 그들이 타당하고 타협할 수 있는 만큼 그러하다"라는 결론에 이르게 한다.[103] 포스트 데카르트 시대에 대한 꿈들이 전 세계 각지의 이론가들과 작가들의 작품에서 발견될 수 있을 것이다. 이러한 꿈들이 세상의 대학교들에서 지식의 생산방식과 그것의 평가방식을 아직까지 변형시키지는 못하였다. 그러나 그것들은 사람들의 이해의 방식을 바꿀 것이고, 전 세계의 학자들로 하여금 우리의 상상력을 넓혀 상속받은 정신의 단일문화를 의문시하도록 권장할 것이다.

---

103 Tani E. Barlow. (ed.), "Introduction : On 'Colonial Modernity'", In *Formations of Colonial Modernity in East Asia*, Duke University Press, 1997, p.18.

참고문헌

Almeida, Sandra Regina Goulart, "Unsettling Voices : Dionne Brand's Cosmopolitan Cities.", Diana Brydon and Marta Dvorak (eds.), In *Crosstalk : Canadian and Global Imaginaries in Dialogue*, Wilfrid Laurier University Press, 2012.

Apter, Emily, *Against World Literature : On the Politics of Untranslatability*, Verso, 2013.

Archibugi, Daniele and Mathias Koenig-Archibugi (eds.), *Debating Cosmopolitics*, Verso, 2003.

Barlow, Tani E., "Introduction : On 'Colonial Modernity'", In *Formations of Colonial Modernity in East Asia* (eds.), Tani E. Barlow, Duke University Press, 1997.

Bauman, Zygmunt, *Globalization : The Human Consequences*, Columbia University Press, 1998.

Beck, Ulrich., *What is Globalization?*, Polity, 2000.

Bennett, Tony, "Home". In *New Keywords : A Revised Vocabulary of Culture and Society*, edited by Tony Bennett, Lawrence Grossberg, and Meaghan Morriss, Blackwell, 2005.

_____, Lawrence Grossberg and Meaghan Morriss, (eds.), *New Keywords : A Revised Vocabulary of Culture and Society*, Blackwell, 2005.

Bernstein, Charles, *Attack of the Difficult Poems*, University of Chicago Press, 2011.

Berry, Chris, Fran Martin and Audrey Yue, "Introduction : Beep-Click-Link.", In *Mobile Cultures : New Media in Queer Asia* (eds.), Chris Berry, Fran Martin, and Audrey Yue, Duke University Press, 2003.

Brand, Dionne, *What We All Long For*, Knopf, 2003.

Brodber, Erna, *Myal*, New Beacon, 1988.

Brydon, Diana, "Cracking Imaginaries : Studying the Global from Canadian Space.", In *Rerouting the Postcolonial : New Directions for the New Millennium*, edited by Janet Wilson, Cristina Sandru, and Sarah Lawson Welsh, Routledge, 2010.

Brydon, Diana, "Earth, World, Planet : Where does the Postcolonial Literary Critic Stand?" In *Cultural Transformations : Perspectives on Translocation in a Global Age*, edited by Chris Prentice, Vijay Devadas, and Henry Johnson, Rodopi, 2010.

_____, "It's Time for a New Set of Questions.", *Essays in Canadian Writing* 71, 2000.

_____, "Migrating Literacies : Redefining Knowledge Mobility for the Digital Age", *Aletria : Revista de estudos de literature* 22(3), 2012.

_____, "'A Place on the Map of the World' : Locating Hope in Shani Mootoo's *He Drown She in the Sea* and Dionne Brand's *What We All Long For*", *MaComère* 8, 2006.

_____, "Storying Home : Power and Truth", In *Tropes and Territories : Short Fiction, Postcolonial Readings, Canadian Writing in Context*, McGill-Queen's University Press, 2007.

Cariou, Warren, "Foreword to *Bush Camp*, by Marvin Francis", Turnstone, 2009.

_____, "How Come these Guns are So Tall : Anti-Corporate Resistance in Marvin Francis's *City Treaty*", *Studies in Canadian Literature* 31(1), 2006.

Cassin, Barbara, *Dictionary of Untranslatables : A Philosophical Lexicon*, translation edited by Emily Apter, Jacques Lezra, and Michael Wood. Princeton University Press, 2014.

Chakravorty, Swapan, Suzana Milevska, Tani E. Barlow, *Conversations with Gayatri Chakaravorty Spivak* (sic), Seagull, 2006.

Chen, Kuan-Hsing, "Introduction : The Decolonizing Question.", In *Trajectories : Inter-Asia Cultural Studies* edited by Kuan-Hsing Chen, Routledge, 1998.

_____, *Asia as Method : Toward Deimperialization*, Duke University Press, 2010.

Coleman William D, and Alina Sajed (eds.), *Fifty Key Thinkers on Globalization*, Routledge, 2013.

Craft, Aimée, *Breathing Life Into the Stone Fort Treaty : An Anishinabe Understanding of Treaty One*, Purich, 2013.

Dobson, Kit, "'Struggle Work' : Global and Urban Citizenship in Dionne Brand's *What We All Long For*", *Studies in Canadian Literature* 31(2), 2006.

Doring, Tobias and Mark Stein, "Introduction : Edward Said's Translocations", In *Edward Said's Translocations : Essays in Secular Criticism*, ed. Tobias Doring and Mark Stein, Routledge, 2012.

Dussell, Enrique D., "Transmodernity and Interculturality : An Interpretation from the Perspective of Philosophy of Liberation", *Transmodernity : Journal of Peripheral Cultural Production of the Luso-Hispanic World* 1(3), 2012.

Emerson, Caryl and Gary Saul Morson, "Bakhtin, Mikhail", In *The Johns Hopkins Guide to Literary Theory & Criticism*, Second Edition. (eds.), Michael Groden, Martin Kreiswirth, and Imre Szeman, The Johns Hopkins University Press, 2005.

Escobar, Arturo, "Afterword to *Globalization and the Decolonial Option*", edited by Walter D. Mignolo and Arturo Escobar, Routledge, 2010.

Francis, Marvin, *City Treaty : a long poem*, Turnstone, 2002.

Francis, Marvin, "Description of Proposal", Marvin Francis Fonds, Archives, University of Manitoba.

_____, "My Urban Rez.", *Canadian Dimension*, 2004

Frye, Northrop, "Conclusion to a Literary History of Canada.", In *The Bush Garden : Essays on the Canadian Imagination*, UTP, 1945.
Retrieved online via
http://northropfrye-hebushgarden.
blogspot.ca/2009/02/conclusion-to-literary-history-of.html

Gilroy, Paul, "Colonial Crimes and Convivial Cultures", *Rethinking Nordic Colonialism. Act 2 : Greenland*, 2006.

Grosfoguel, Ramon, "Decolonizing Western Uni-verssalism : Decolonial Pluri-versalism from Aime Cesaire to the Zapatistas", *Transmodernity : Journal of Peripheral Cultural Production of the Luso-Hispanic World* 1(3), 2012.

Harris, Wilson, *The Womb of Space : The Cross-Cultural Imagination*, Greenwood, 1983.

Honig, Bonnie, *Democracy and the Foreigner*, Princeton University Press, 2001.

Iyer, Pico, *The Global Soul : Jet Lag, Shopping Malls and the Search for Home*, Vintage, 2001.

Jenco, Leigh K., "Recentering Political Theory : The Promise of Mobile Locality", *Cultural Critique* 79, 2011.

Johansen, Emily, *Cosmopolitanism and Place : Spatial Forms in Contemporary Anglophone Literature*, Palgrave Macmillan, 2014.

Lionnet, Francoise and Shu-mei Shih (eds.), "Introduction to *The Creolization of Theory*", Duke University Press, 2011.

Mao, LuMing, "Beyond Bias, Binary, and Border : Mapping out the Future of Comparative Rhetoric", *Rhetoric Society Quarterly* 43(3), 2013.

McKibbin, Molly Littlewood, "The Possibilities of Home : Negotiating City Spaces in Dionne Brand's *What We All Long For*", *Journal of Black Studies* 38(3), 2008.

McLeod, Neal, *Cree Narrative Memory : From Treaties to Contemporary Times*, Purich, 2007.

Mignolo, Walter D., "Introduction : Coloniality of Power and De-Colonial Thinking", Mignolo, Walter D. and Arturo Escobar (eds.), *Globalization and the Decolonial Option*, Routledge, 2010.

_____, "I am Where I Think : Remapping the Order of Knowing", In *The Creolization of Theory*, edited by Francoise Lionnet and Shu-mei Shih, Duke University Press, 2011.

Munkelt, Marga, Markus Schmitz, Mark Stein, and Silke Stroh, "Introduction : Directions of Translocation-Towards a Critical Spatial Thinking in Postcolonial Studies.", *In Postcolonial Translocations : Cultural Representation and Critical Spatial Thinking*, Rodopi, 2013.

Neigh, Janet, "Dreams of Uncommon Languages : Transnational Feminist Pedagogy and Multilingual Poetics." *Feminist Formations* 20(1), 2014.

Razack, Sherene, *Looking White People in the Eye : Gender, Race, and Culture in Courtrooms and Classrooms*, University of Toronto Press, 1998.

Rushdie, Salman, *The Wizard Oz*, BFI, 2002.

Santos, Boaventura de Sousa, *Another Knowledge is Possible : Beyond Northern Epistemologies*, Verso.

Sassen, Saskia. "The Global City : Introducing a Concept.", *The Brown Journal of World Affairs* XI(2) (Winter/Spring 2005), 2007.

Shiva, Vandana, "Monocultures of the Mind", *Trumpeter* 10(4), 1993.

Spivak, Gayatri Chakravorty, *An Aesthetic Education in the Era of Globalization*. Harvard University Press, 2012.

_____, *Death of a Discipline*, Columbia University Press.

Translation Studies Forum : Universalism in Translation Studies, *Translation Studies* 7(1), 2003.

Tsing, Anna Lowenhaupt, *Friction : An Ethnography of Global Connection*, Princeton University Press, 2005.

Wakabayashi, Judy, "Response", In *Translation Studies* Forum : Universalism in Translation Studies, *Translation Studies* 7(1), 2014.

Williams, Raymond, *Keywords : A Vocabulary of Culture and Society*, Croom Helm, 1976.

Yeh, Michelle, "International Theory and the Transnational Critic", In *Modern Chinese Literary and Cultural Studies in the Age of Theory : Reimagining a Field* (ed.), Rey Chow, Duke University Press, 2000.

고향의식을 매개로 한 한국 로컬과 중국 동향마을의 트랜스로컬리티 양상과 비대칭성*

조명기

1. 중국 동향마을의 발견과 트랜스로컬리티 개념

한국의 로컬들이 중국에서 자신과 동일하거나 일부 변경된 명칭의 조선족 마을을 발견하고 이에 관심을 갖기 시작한 시기는 1992년 한중 수교 이후 주로 2000년을 전후한 때였다. 이즈음 고성촌, 정암촌, 광양촌, 안동촌, 원주촌 등의 동향마을[1]들이 경쟁적으로 발견되었다. 현존

---

* 이 글은 「고향의식을 매개로 한 한국 로컬과 중국 동향마을의 트랜스로컬리티 양상과 비대칭성」(『한민족문화연구』 56, 한민족문화학회, 2016)을 수정·보완한 것임.

1 한국의 특정 로컬 명칭을 그대로 혹은 일부 변형하여 사용한 조선족마을 즉 동향인과 그 후손들의 집거지를 이 글에서는 동향마을이라 칭한다. 중국의 동향마을이 한국의 지명을 사용하는 방식에는 몇 가지 유형이 있다. ① 경남툰, 전북툰처럼 한반도의 도명과 군명을 인용한 지명. 군명을 그대로 사용한 경우(만보진의 김화, 소사하향의 창원 등)와 양강진의 안산(전북의 진안군과 익산군의 조합), 춘양(강원도 춘천군과 양양군의 조합)처럼 두 개 군의 명칭에서 한 글자씩 따러 조합한 경우가 있다. ② 새 촌락 명칭을 짓되, 고국과 고향을

하고 있거나 이미 소멸되어 버린 이 마을들을 발견하고 소개한 주된 주체는 동일한 명칭을 사용하고 있던 한국의 로컬인들이었다. 전남 광양은 중국의 광양촌을 발견한 1999년부터 현재까지 중국 광양촌 지원사업회를 중심으로 지속적으로 교류하고 있으며, 강원도는 1994년 중국 길림성과 자매결연을 맺으면서 고성촌을 비롯해 강원도 이주민과 그 후손들의 마을을 발견하며, 정암촌은 1990년대 중반 충북대 임동철 교수에 의해 발견된 이래 충북도청 공무원과 학계 인사들을 주축으로 한 정암회와 충북대를 주축으로 교류하고 있다. 중국 원주촌의 존재 사실을 알게 된 원주시는 2005년부터 원주촌의 실체에 대한 현지조사와 학술조사를 진행하였으며, 안동대학교 역시 안동촌에 대한 학술조사를 2009년에 진행했고, 강원발전연구원은 재중 강원인에 대한 연구 조사를 연쇄적으로 진행했다.

이 글은 한국 로컬과 중국 동향마을 사이에 전개된 트랜스로컬리티의 양상과 배경을 살피고, 트랜스로컬리티에 개입하는 내셔널과 글로벌의 영향 즉 내셔널·글로벌과 (트랜스)로컬리티의 중첩성과 비대칭성에 대해 논하고자 한다. 이 글이 한국 로컬과 중국 동향마을 사이의 관계를 트랜스로컬리티라는 용어를 통해 살피려는 일차적인 이유는 현상으로서의 트랜스로컬리티에 대한 확인 때문이다. 앞서 간단히 살폈듯 한국 로컬과 중국 동향마을 간의 교류 혹은 접촉은 내셔널의 층위가 아니라 로컬의 층위에서 시작·진행되었으며, 동향마을의 성립과 변화의

그리는 마음을 담기 위해 국가 층위와 로컬 층위의 명칭을 조합한 경우. 영경향의 조양촌(조선의 '조'와 강원도 양양군의 '양'의 조합)를 예로 들 수 있다. 이외에, 부유와 평온의 염원을 담아 새 명칭을 작명하기도 했는데, 대흥(大興), 태평(太平) 등이 그 예다. 장정룡, 『중국 고성촌 이주사 연구』, 고성군, 2013, 29~30쪽.

역사적 배경 역시 일제강점기 국가 부재와 로컬리티의 부상 그리고 만주지역의 자연환경·주변 로컬과의 상호영향 등을 통해 진행되었다. 고향의식을 매개로 한 한국 로컬과 중국 동향마을의 관계 그리고 동향마을의 변화 과정은 로컬 층위의 상호영향과 연계를 강조하는 트랜스로컬리티라는 현상을 특별히 부각한다.

또한, 이 글에서 트랜스로컬리티라는 용어는 특정한 현상을 지칭하는 동시에 일정한 지향성을 내포하는 관점을 가리키기도 한다. 트랜스trans는 횡단하고 통과하면서 동시에 넘어서는 존재의 다른 상태로의 전이를 의미하지만, 현재 글로벌시대에서는 트랜스내셔널transnational을 주로 가리키는 것으로 통용된다.[2] 트랜스내셔널은, 국가와 국가 사이의 공간적 분할 자체 그리고 국가를 본질화하는 민족주의적 사고방식을 비판하면서 국민국가 패러다임으로부터 글로벌 패러다임으로 인식 전환할 것을 요구한다.[3] 반면 관점으로서의 트랜스로컬리티는 트랜스내셔널과 마찬가지로 국가를 공간 분할과 인식의 고정점으로 자동화하는 데 대해 비판하면서도, 개인이 삶과 실천의 구체적 현장인 특정 로컬에서 이탈하여 다른 로컬로 이동할 때 이 이주민이 두 로컬의 위치와 로컬리티를 재조정하고 새롭게 생산해가는 과정, 이주민을 통해 상이한 로컬리티들이 연계되는 과정에 주목한다.[4] 트랜스내셔널이 자신의 가치를 정립하고

---

2 최병헉, 「로길의 도덕과 트랜스-로컬 윤리학」, 『윤리교육연구』 36, 한국윤리교육학회, 2015, 216쪽 참조.

3 박선주, 「트랜스내셔널 문학」, 『안과 밖』 28, 영미문학연구회, 2010, 186~189쪽 참조; 김옥례, 「기쉬 젠의 『전형적인 미국인』에 나타난 트랜스내셔널 패러다임」, 『마크 트웨인 리뷰』 16(2), 한국마크트웨인학회, 2009, 37쪽 참조; 장미영, 「디아스포라문학과 트랜스내셔널리즘(1)」, 『비평문학』 38, 한국비평문학회, 2010, 443쪽 참조.

4 Peter. G., Mandaville, "Territory and Translocality : Discrepant Idioms of Political Identity", *Millennium* vol.23(3), 1999, p.668. 여기서는 강희영, 「한인여성디아스포라의

정당성을 강조하기 위해 역설적으로 국민국가를 전제하거나 요청할 수밖에 없으며[5] 개인과 집단들을 글로벌리티Globality 즉 글로벌 역량이나 글로벌화 정도로 추상화하고 무장소적 공간을 지속적으로 생산함으로써 인간과 장소의 분리를 유발하고 있다면, 관점으로서의 트랜스로컬리티는 인간이 이주와 장소를 통하여 새로운 로컬리티를 정립해가(려)는 구체적인 과정에 주목한다. 그러나 트랜스로컬리티와 트랜스내셔널의 이론적 구분에도 불구하고 실제 로컬에서 이 두 층위는 중층적으로 작용하는 동시에 상호개입한다.[6] 이 글이 사용하는 트랜스로컬리티는 현상과 관점으로서의 성격 모두를 포괄하는 개념이다.[7]

하지만 트랜스로컬리티라는 용어는 여전히 또 하나의 문제를 가질 수 있는데, 그것은 트랜스와 로컬리티의 관계와 관련된다. 상이한 둘 이상의 로컬리티가 특정 로컬을 통해서 트랜스되는 경우와 트랜스의 층위나 내용과는 상관없이 트랜스라는 현상이 특정 로컬 안에서 발생한 경우를 구분해 볼 수 있는데, 이 글에서는 전자의 경우를 트랜스로컬리티로 한정하고자 한다. 왜냐하면, 전자는 현상·관점으로서의 트랜스로컬리티에 모두 부합하지만, 후자는 특정 로컬에서 트랜스 현상이 발생하기는 하지만 그 층위가 로컬리티 층위와 일치하지 않을 수 있기 때문이다. 그러나 이 글은 전자만을 논의의 대상으로 삼지 않고 로컬리티

이주경험과 트랜스로컬 정체성에 관한 연구」, 한양대 박사논문, 2012, 40쪽에서 재인용.

5   이상봉, 「트랜스로컬리티-포스트모던의 대안적 공간정치」, 『21세기 정치학회보』 24(3), 21세기 정치학회, 2014, 67쪽 참조.

6   이유혁, 「트랜스로컬리티의 개념에 대해서」, 『로컬리티 인문학』 13, 부산대 한국민족문화연구소, 2015, 269~273쪽 참조.

7   이런 관점에 따른다면, 격리수용소나 이동 노동자들의 캠프 같은 특정 공간만을 트랜스로컬리티 연구의 대상으로 주목하는 것은 지나치게 편협한 것이라 할 수 있다.

층위가 글로벌과 내셔널 층위와 어떻게 교차되는지에 대해서도 다룰 것이다.

이 글은 동향마을에서 진행된 두 차례의 트랜스로컬리티 중 두 번째 즉 고향의식을 매개로 한 한국 로컬과 동향마을 사이의 트랜스로컬리티 양상을 논의의 대상으로 삼는다. 그리고 로컬 간, 글로벌·내셔널·로컬 사이의 상호개입과 비대칭성을 살피고자 한다.

2. 동향마을의 트랜스로컬리티 양상

1) 로컬의 발견

동향인과 그 후손들의 집거지를 국가경계 밖에서 발견했을 때 한국의 로컬인들이 우선 표현한 것은 놀라움이었다. 이 놀라움이라는 감정은, 조선족이라는 민족적 층위로 추상화·보편화되어 인식되지 않고 한국의 특정 로컬을 부각하는 특정한 조선족들과 공간에 대한 발견에서 비롯된 것이었다.

> 1930년대 일제에 의해 중국 동북지역 길림성 안도현에 강제 이주된 고성주민들의 후손들이 거주하는 사실이 지난 1992년 중국과의 수교 이후 알려지면서 그들이 고향을 그리워 한다는 이야기를 전해 듣고 매우 놀라웠습니다.[8]

---

8 고성군수 황종국, 「발간사」, 장정룡, 앞의 책, 3쪽.

저는 1993년 충북대학교의 학생들과 정암촌을 방문했을 때, 그들이 부르는 〈충청도아리랑〉을 듣고, 감동과 충격을 받지 않을 수 없었습니다.[9]

이 이역 만리 중국 연변 땅에 안동 사람이 모여 사는 동네가 있다는 말에 나는 흥분을 감추지 못하였다.[10]

중국 길림성 광양촌(光陽村)에 고향 사람들이 살고 있다는 뜻밖의 소식을 접하고 이들을 돕기 위해 첫 발걸음을 내디딘 지가 올해로 만 10년이 되었습니다.[11]

조선족과 조선족자치주라는 통칭은 이 존재들을 국가와 민족 층위에서 인지·규정하기를 강요하며 그래서 이 통칭들은 조선족 내의 차이와 구별 그리고 조선족자치주 내 공간들 간의 차이와 구별을 원천적으로 배제한다. 하지만 동향마을과 주민들은, 조선족과 조선족마을에 대한 기존의 인식적 층위가 배제하고 누락해왔던 것 즉 국가·민족 내 공간·문화적 차이와 구별을 로컬의 층위에서 적극적으로 드러낸다. 특히 한국 특정 로컬의 명칭을 그대로 혹은 일부 변형한 동향마을의 명칭은 고향[12]의식 즉 동향마을 주민들이 한국의 특정 로컬을 고향으로 인식하고 있음을 증명하는 표상체로 간주되면서 동향마을의 공간과 주민을 국가나 민족 층위로 수렴하여 해석하는 기존의 지배적 태도에 반

9　임동철, 「역사를 보는 또 하나의 눈」, 리혜선, 『두만강의 충청도아리랑』, 좋은날, 2001, 268쪽.

10　안병렬, 『중국 연변의 안동마을』, 2003, 1쪽.

11　중국 광양촌 지원사업회장 서정복, 「발간사―고향 사람을 어찌 잊겠습니까」, 중국 광양촌 지원 사업 주관, 김귀진, 『중국 광양촌 사람들 이야기』, 대동문화재단, 2007, 16쪽.

12　이때의 고향은 실재하는 '그 무엇'으로서의 원형 혹은 회복해야 할 당위적 고정체가 아니라 현재의 필요에 의해 구성되는 상상적 공간, 글로벌화와 도시화에 대한 대타적 공간을 의미한다.

성의 계기를 제공한다. 따라서 한국의 로컬인들이 동향마을을 발견했을 때 경험한 놀라움의 일차적인 내용은 대상의 의외성 즉 기존 인식·해석의 층위와 대상의 존재태 사이에 놓여 있는 괴리와 관련된다. 한국의 로컬인들은 일제강점기의 만주 이주와 정착이 조선의 로컬 단위별로 진행되었다는 사실을 관련 저서의 서두에 적극적으로 기술함으로써 로컬의 발견을 강조한다.[13] 결국 놀라움의 내용은 로컬을 공간·개인에 대한 새로운 인식 층위로 발견하는 것에서 출발한다.

　나아가 동향마을은 한국의 특정 로컬을 고향으로 규정하는 방식으로 자신의 장소 정체성으로서의 로컬리티를 드러낸다. 이로 인해 동향마을의 고향으로 호명된 한국의 로컬은 조선족마을을 로컬의 층위에서 인식하게 될 뿐만 아니라 자신의 로컬에 대한 재인식 그리고 자신의 로컬과 중국 동향마을의 관계에 대한 인식이라는 새로운 요구에 직면하게 된다. 따라서, 한국의 로컬인들이 경험한 놀라움의 두 번째 내용은 한국의 로컬과 동향마을이 동향의식·고향의식을 매개로 연계되어 있음을 비로소 인지하게 되었다는 점이다. 이후 한국의 로컬인들이 동향마을을 방문하는 행위는 자신이 경험한 놀라움의 내용 즉 로컬의 발견과 두 로컬의 연계성을 확인·강화하고 이를 통해 두 로컬의 변화를 도출하려는 행위이다.

13　장정룡, 앞의 책, 9~20쪽; 중국 광양촌 지원 사업회 주관, 김귀진, 앞의 책, 35쪽; 안동대 민속학과 BK21 사업팀, 『중국 안동촌 문화의 정체성과 변화』, 민속원, 2010, 13쪽; 박창욱 외, 『중국 원주촌 연구』, 원주시·항일독립운동원주기념사업회, 2007, 1쪽; 리혜선, 『두만강변의 충북마을』, 민족출판사, 2009, 2쪽.

2) 트랜스로컬리티의 양상과 한계

동향마을을 방문한 한국의 로컬인들이 그곳에서 우선 목격한 것은 한국의 로컬과 공유하고 있으리라 기대한 동향의식이 아니라 한국 로컬과의 이질성이었다.

초행길이어서 묻고 또 물어서 13시간의 비포장도로를 달려가 지금의 광양촌을 찾아낼 수 있었다. 낯선 이국땅과 마을, 우리와 다른 의상. 이들과 처음 접한 일행들은 혹시나 자기들을 중국 공안기관 같은 곳에서 혹시 잡아가지나 않을까 하고 염려가 되기도 했다. 왜냐하면 "동무들! 오시느라 수고들 많이 했슈!" 하면서 반겨 맞는 말투가 이북 지방 말과 흡사했으며 한중 수교가 됐지만 중국은 아직 사회주의 체제가 농후했기 때문이었다.[14]

안동촌 사람들의 삶의 양태는 이주 당시 한국에서 가지고 간 문화를 기본적으로 간직하면서도 체제와 이념, 자연환경과 다른 현지에 적응하면서 적지 않게 변모하였다.[15]

동향마을을 방문하거나 조사한 한국의 로컬인들은 중국 동향마을에서 고향의 방언이 아니라 "이북 지방 말과 흡사"한 말투를 들었으며 "우리와 다른 의상"을 입은 그들을 만났고 한국 로컬의 전통적인 건축 양식과는 상이한 건축물과 대면했다.[16] 이들은 함경도식 폐쇄형 주택

---

14 중국 광양촌 지원사업회 주관, 김귀진, 앞의 책, 47쪽
15 안동대 민속학과 BK21 사업팀, 앞의 책, 6쪽
16 안동촌을 예로 들면, 이주 초기에는 경상도식의 초가삼간(홑집)을 지었지만 기후조건 등으로 인해 함경도식의 겹집으로 바뀌기 시작했다. 현재 안동촌 대부분의 가옥은 1970년대

양식의 차용, 북한식 언어표기법과 함경도 방언의 사용, 안동식혜와 기름·중국 향신료의 사용과 같은 식생활의 혼성화,[17] 가창문화의 혼성화[18] 등을 보고했다. 한국 로컬인들은 동향마을의 "변모" 원인을 혼종화에서 찾았는데, 가령 안동촌의 문화는 크게 네 갈래의 문화가 뒤섞인 것으로 분석됐다. 한국 고향에서 이주할 당시에 가지고 간 문화, 동향마을 주변의 조선족 문화 중 특히 함경도 문화, 동향마을 주변의 한족·만주족 문화, 중앙정부의 정책에 따라 새로 생긴 문화가 상호작용하면서 동향마을 문화의 혼종성을 형성해 왔다는 것이다.[19] 여타의 동향마을에도 동일하게 적용할 수 있는 이러한 설명은, 동향마을 이질성·혼종성의 원인을 트랜스로컬리티와 국가 정책에서 찾았다. 한국의 로컬인들이 동향마을에서 발견한 이질성·혼종성의 한 원인은 1차 트랜스로컬리티 즉 한국 로컬의 전통적인 정체성·문화와 동향마을 주변의 한족·만주족 문화, 함경도 정체성·문화의 상호작용이라고 설명되었다.[20] 일제강점기에 조성된 동향마을은 그 출발부터 한국 로컬의 정

축조된 것이다. 배영동, 「연변 조선족자치주 안동촌 주생활의 생태민속학적 접근」, 『비교민속학』 41, 비교민속학회, 2010, 80~87쪽 참조.

17 안동대 민속학과 BK21 사업팀, 앞의 책, 34~35쪽, 358쪽 참조. 박영선·정영숙에 따르면 한국 전통 음식에 대한 선호도 및 섭취 빈도는 남한과 북한 등의 고향별로 뚜렷한 차이를 보인다. 박영선·정영숙, 「중국 연변 조선족의 고향별 한국 전통 명절 음식과 일상 음식의 선호도와 섭취 빈도」, 『동아시아 식생활학회지』 17(2), 동아시아 식생활학회, 2007, 162쪽 참조.

18 진용선은, 지방적인 특성과 혈연적인 관계에 따라 구성된 마을의 문화적 특수성에 변화가 일어나면서 조선 8도의 문화가 뒤섞여 새로운 조합, 문화의 복합을 낳게 되었다고 설명한다. 진용선, 「중국 요녕성 강원인 민요의 전승 양상」; 진용선, 「중국 요녕성 강원인 민요의 전승 양상」, 김창호 외편, 『재중강원인생활사 조사연구-중국 요녕성』, 강원발전연구원, 2009, 141~142쪽 참조.

19 안동대 민속학과 BK21 사업팀, 앞의 책, 32쪽 참조.

20 우경섭, 「서문」, 인하대 한국학연구소 편, 『연변조선족의 역사와 현실』, 소명출판, 2013, 9쪽 참조.

체성을 중심축으로 삼았지만,[21] 1차 트랜스로컬리티에 의해 이질적이고 혼종적인 정체성과 문화로 변모했다는 것이다.[22]

이질성·혼종성으로 인해 동향마을에 대한 기대감이 충족되지 않았을 때,[23] 한국의 로컬인들은 그들이 느낀 놀라움의 분명한 근거들 즉 고향의식과 동향의식을 발견하는 데 집중했다.

고성촌을 만든 강원도 고성사람들, 그들은 피와 땀과 눈물로 이국땅에서 새로운 강원도 고성마을을 만들었다. 고향 강원도 고성을 그리워하면서 열두폭 반물치마에 아라리 가락과 함께 눈물을 쏟았다. / 안도현 조선족 민요로 알려진 〈고성아리랑〉은 먼 이국땅으로 시집온 것 같은 심정에서 부른 고성사람들의 삶의 소리이자 눈물의 애향가였다.[24]

이들의 첫 만남은 친 혈육을 대한 것처럼 방문단 일행과 광양촌의 고향

---

21 박창욱 외, 앞의 책, 339~342쪽 참조. 박승희, 「연변지역 경상도 마을 이주사 연구」, 『동북아문화연구』 31, 동북아시아문화학회, 2012, 257쪽 참조.
22 이에 대해서는 3장 1절을 참조하시오.
23 물론, 이질성·혼종성의 또 다른 원인으로 중국이라는 새로운 국가권력의 수립이 언급되었다. 한국의 각종 논문과 보고서뿐만 아니라 조선족의 문헌들은 중국 국가 층위의 정책과 제도가 동향마을의 로컬 정체성을 결정적으로 훼손하였다고 정리했다. 특히, 문화대혁명은 "고향 충북에서 가지고 왔던 정암촌의 문화 전통들에도 충격을 가해"(리혜선, 앞의 책, 2001, 202쪽; 앞의 책, 2009, 168쪽)며, 조선족 고유의 세시풍속과 전통의례를 파괴했고(배영동·조정현, 「안동촌 조선족 전통문화의 지속과 변화」, 안동대 민속학과 BK21 사업팀, 앞의 책, 28쪽; 최지호, 「명성촌 세시풍속의 시대별 양상과 특징」, 안동대 민속학과 BK21 플러스 사업팀, 『중국 명성촌 조선족의 생활과 민속』, 민속원, 2015, 147쪽; 진용선, 앞의 글, 108쪽), 백두산과 같은 민족적 신성공간의 상징성을 문화대혁명의 근거지로 변화시켰다고 설명했다.(이사, 『조선족 시의 민족 정체성 구현 양상 연구』, 건국대 박사논문, 2013, 66쪽 참조) 최근엔 2006년 이후 국가 차원에서 실시되고 있는 신 농촌건설사업 역시 조선족의 민족적 정체성을 약화시키는 데 일조하고 있다고 분석한다.(김재호, 「명성촌의 입지와 환경, 그리고 조선족 사람들」, 안동대 민속학과 BK21 플러스 사업팀, 앞의 책, 28쪽)
24 장정룡, 앞의 책, 25쪽.

사람들의 고국의 냄새를 맡는다고 부둥켜안고 눈물까지 흘렸다. / 60여년 넘게 향수를 달래며 살아온 그들이었기에 그 멀리서 고향 사람들이 찾아왔으니 오죽하였으랴……[25]

원주 출신 집단이민자들은 몸에 깊게 배어져있는 고향 원주 또는 강원도의 문화전통을 만주의 황무지에 뿌리내려 나름대로의 지역사회 정체성을 형성하고 또 유지하여 나갔으며[26]

주변에 '함경도사람'들과 한족들이 많이 살고 있고 서로 왕래가 빈번하지만 말씨만은 경상도말 바탕이 그대로 살아있다는 것이 희한하기만 하다.[27]

8시가 거의 되어서야 연변의 안동마을, 태양촌에 도착하였다. 그 훈훈한 마음씨의 고향 사람들을 만났다. (…중략…) 어쩐지 따뜻한 온기가 가슴으로까지 스며 왔다. (…중략…) 산채가 별미였다. 특히 소교수는 오랜만에 고향 음식을 먹는다며 좋아하였다.[28]

한국의 로컬인들이 동향마을에서 기대한 것은, 이질성·혼종성에도 불구하고 훼손되지 않은 채 보존되어 있는 원형·전통으로서의 로컬 정체성, 이주 시 한국 로컬에서 가지고 간 로컬 정체성[29]을 확인하는

---

25 중국 광양촌 지원 사업회 주관, 김귀진, 앞의 책, 47쪽.
26 박창욱 외, 앞의 책, 4쪽.
27 한광운, 「세월 속의 안동촌-안동촌에 남겨진 '집단마을'의 역사흔적 그리고 촌민들의 생활문화」, 안동대 민속학과 BK21 사업팀, 앞의 책, 37쪽.
28 안병틸, 앞의 책, 40~41쪽.
29 이 글에서 사용하는 로컬 정체성은 과거부터 로컬 층위에서 전승되어 온 고정되어 변하지 않는다고 상상되는 그 무엇을 가리킨다. 이때의 로컬 정체성은 특정 로컬의 로컬리티 형성과 변화에서 원형·전통에 위치하여 구심력을 제공함으로써, 로컬의 독특성과 고유성을 강화·증명하는 기능을 할 뿐만 아니라 로컬을 동질적인 집단으로 결박하고 실재하는 것으로 상상하도록 요구한다. 이 글이 로컬 정체성을 위의 개념으로 사용하는 이유는, 한국의 로컬들이 동향마을을 통해 복원·회복하기를 기대하는 로컬 정체성이 원형·전통·독특성으로서의 로컬 정체성이기 때문이다.

것이었다. 그래서 그들은 동향마을의 음악, 말투, 음식, 이미지 심지어는 정서적 교감 등에서 고향의식·동향의식을 발견하거나 해석해냈으며, 동향마을의 명칭을 한국의 로컬과 동향마을 모두에 존재하는 구심력과 한국의 로컬에 대한 동향마을의 감정적 지향의 뚜렷한 근거로 간주했다.

한국 로컬인들은 동향마을의 이질성·혼종성을 동화에 따른 불가피한 현상으로 받아들이면서도 결혼, 마을 구성원, 언어, 학교 등 여러 측면에서 이질성·혼종성의 확산은 곧바로 로컬 정체성의 소멸로 이해했다. 동향마을의 이질성·혼종성을 비판과 안타까움의 대상으로 규정하는 만큼 한국의 로컬인들이 상상하는 로컬 정체성은 숭고한 가치로 고양되었다.[30] 한국의 로컬인들은 이 숭고한 가치에 대한 기대를 동향마을에 투사했다. 중국의 연장선에 있는 한국과 중국의 복합체이지만 동향마을 안에는 분명 우리의 문화가 숨 쉬고 있으며[31] 고향에 대한 그리움은 사그라지지 않았고[32] 동향마을 주민들은 고향을 버렸다는 죄책감을 안고 살아온 것[33]으로 평가되었다. 한편, 한국 로컬인들은 동향마을을 방문하여 "고향에 대한 그리움을 가득 심어 놓았"[34]고 농악무 관련 악기와 복장을

---

30 "경상도 출신자들이 대부분이었던 과거와 달리, 최근 한족들이 마을의 중심을 차지해 가고 있다는 것은 특히 이주 1세대들에게 가장 안타까운 부분으로 인식되고 있었다."(박승희, 앞의 글, 268쪽); "애들을 한족학교에 보내는 사람들이 늘고 있다며, "마을을 보전하려면 학교가 있어야 하는데……"라고 리동보 촌장이 안타까워하며 말했다."(리혜선, 앞의 책, 2009, 199쪽); "이주 1세대 후손들이 고령화와 한족이 들어오며 전통문화는 거의 퇴색되는 등 조사가 시급한 시점에서 추진된 이번 용역은 늦은 감은 있지만"(황종국, 「발간사」, 장정룡, 앞의 책, 3쪽); "장 교수는 "연변조선족자치주에 한족의 인구가 증가하면서 조선족 아이들이 모국어인 조선어를 잃어버리는 것이 너무 안타깝다"며"(「중국 고성촌, 역사의 흔적을 찾아가다─중국 고성촌의 이주 역사」, 『설악신문』, 2012.09.10)
31 황진현, 「안동촌 신앙의 세 갈래와 전승양상」, 안동대 민속학과 BK21 사업팀, 앞의 책, 131쪽 참조.
32 한광운, 앞의 글, 71쪽 참조.
33 「중국 고성촌, 역사의 흔적을 찾아가다─중국 고성촌을 나오며」, 『설악신문』, 2012.10.01.

선물하면서 고향의 농악을 전수했으며[35] 한국의 의례를 교육했고[36] 알지 못했던 한국의 로컬을 알게 되고 고향으로 인지하게 되는 계기를 제공했다.[37] 그리고 "본래의 참" 로컬 사람, 로컬의 "참 모습", "진짜" 로컬, "무한한 향수", "일체의 잡된 것을 용납하지 않"는 "참으로 청정무구"하고 "정겨"운 "하아얀 연기"를 동향마을에서 발견하면서 이를 계승하려는 태도를 취하기도 한다.[38] 한국의 로컬인들은, 동향마을을 1차 트랜스로컬리티의 결과인 이질성·혼종성을 참회하는 공간, 한국 로컬을 발견하여 고향의식과 지향성을 회복하는 공간, 나아가 한국 로컬이 상상하는 "순수"하고 "본래의 참"된 "아득한 옛날 어릴 적의 고향"으로 재현한다.[39] 이때 동향마을은 모순적인 위치에 놓이게 되는데, 왜냐하면 동향마을은 한국 로컬에 대한 지향성을 간직하고 있는 공간 즉 한국 로컬의 정체성을 모방하고 학습해야 하는 공간인 동시에 한국 로컬들은 상실한 것으로 상상되는 로컬 정체성을 여전히 간직하고 있는 과거의 고향으로 간주되기 때문이다.

---

34 리혜선, 앞의 책, 2001, 230쪽.

35 위의 책, 242쪽, 252쪽 참조; 유명희, 「요녕성 거주 강원민의 생활문화」, 김창호 외편, 앞의 책, 130쪽 참조: 「중국광양촌지원사업회, 뜨거운 동포애 눈길」, 『광남일보』, 2016. 06.30. http://www.gwangnam.co.kr/read.php3?aid=1467278910236950038(검색일 : 2016.10.20)

36 조선족들은 "한국에서 사온 가정의례보감에 의거하여 자신들의 기억을 되살려 현지에 맞게 의례를 수정보완하고 있다."(유명희, 앞의 글, 90쪽)

37 "이장춘(53) 촌장은 "처음 한국에 고성이 있는지 몰랐다. 수년 전에 한국 분들(김진 고성군의회 부의장 일행―인용자 주)이 고성촌을 찾아와 이야기를 해 줘 알게 됐다"며 (…중략…) "부모의 고향으로 생각하니 한국 고성에 친근감도 생기고 꼭 한번 가보고 싶다"고 했다." 「중국 고성촌, 역사의 흔적을 찾아가다―중국 고성촌을 나오며」, 『설악신문』, 2012.10.01.

38 안병렬, 앞의 책, 15쪽, 18쪽, 28쪽, 41쪽.

39 위의 책, 11쪽, 102쪽. 차성연, 「개혁개방기 중국조선족 소설에 나타난 '농민' 정체성」, 『현대소설연구』 50, 한국현대소설학회, 2012, 550쪽 참조; 안병렬, 앞의 책, 42쪽; 최선종, 「중국 정암촌 사람들을 만나보고서」, 『충청일보』, 2013.08.21. http://www.ccdailynews.com/news/articleView.html?idxno=354939(검색일 : 2016.10.20)

고향의식과 관련하여 동향마을이 모순적인 위치에 놓이게 된 이유는 동향마을의 위치를 결정하는 주체가 한국의 로컬과 로컬인들이라는 데 있다. 이들은 자신이 상실한 로컬 정체성을 탐색하는 주체다.

중국 원주촌 사람들은 현재 우리가 잃어버린 많은 것들에 대해서 우리에게 다시금 생각해 보라고 이야기 하고 있습니다. (…중략…) 지역의 역사를 적극적으로 발굴 계승하고 우리의 정체성을 확인하는 일은 현재를 살아가고 있는 동시대 원주인들에게 역사인식의 선결과제라 할 것입니다.[40]

강원도 출신과 그 후손에게서 채록한 민요를 통해 전승 양상을 파악함과 동시에 민요 속에 깃든 정체성을 찾고자 하였으나[41]

애써 간직하고자 했던 정작 우리들의 노래와 풍속들을 바라보면서, 바쁘다는 핑계로 우리가 내팽개쳐두었던 전통이며 인간다움의 덕목들을 되돌아보게 합니다. 그러나 무엇보다 이 덕목 뒤에는 그들의 고향(충북)을 향한 꿈이 여전히 무거운 그림자를 드리우고 있음[42]

청주시는 맥이 끊긴 청주아리랑을 중국 정암촌에서 발굴하여 보존하는 한편 '청주아리랑 전국국악경연대회'를 개최하고 있으며, 경북은 도정 역점시책사업의 하나인 경북의 정체성 찾기 사업과 연계해 '해외동포 정체성 찾기'를 추진하고 있는데 2010년 '중국 동북3성, 경상도마을 사람들' 사업 역시 그 일환이었다. 한국의 로컬인들이 동향마을에 기대한 것은 곧바로 한국의 로컬인들 자신에게 기대한 그것이었다. 글

---

40 항일독립운동원주기념사업회 회장 장순일, 「축간사」, 박창욱 외, 앞의 책, 2007.
41 진용선, 앞의 글, 181쪽.
42 임동철, 앞의 글, 270~271쪽.

로벌화·신자유주의를 계기로 한국의 로컬인들은 급격한 산업화와 도시화로 인해 자신의 로컬들이 로컬 정체성을 상실했음을 인지하고 이를 회복하고자 했다. 그리고 추세 변화에 대한 대응의 동력과 로컬 정체성 상실의 위기감 극복을 고향의 실체화를 통해 해결하고자 했다.[43] 한국 로컬은 이 같은 기대를 동향마을에 투사했고, 동향마을에서 로컬 정체성을 발견하는 것을 한국의 로컬이 로컬 정체성을 회복할 수 있는 계기로 받아들였다. 동향마을에서 확고부동한 로컬 정체성을 확인함으로써 현재 한국의 로컬인들에게 로컬 정체성을 부여하려는 것이 목적이라면, 동향마을의 존재 자체와 동형적 문화는 한국 로컬의 정체성을 보증하는 근거로 기능할 수 있었다. 한국의 로컬과 동향마을은 기대·투사의 주체와 대상으로 고정되었고, 기대와 투사는 결국 한국 로컬로 회귀되는 것이었다. 기대·투사의 회귀성이 가장 극적으로 드러나는 때는 동향마을 주민들 중 특히 1세대 주민들을 한국 로컬로 초청하여 방문하도록 추진하는 때였다.[44] 이 기획의 의의는 고향 방문이라는 동향마을 주민들의 염원을 해결해주는 행위인 동시에 한국 로컬인들에게 로컬 정체성의 살아있는 증거를 확인시키고 로컬 정체성의 중요성을 재인식시키는 교육 행위라는 데 있었다.[45]

하지만, 한국 로컬인들의 기대와 투사는 동향마을의 기대와 충돌하면서 교환의 대상으로 전환된다.

---

[43] 나리타 류이치, 한일비교문화세미나 역, 『'고향'이라는 이야기』, 동국대 출판부, 2007, 192쪽 참조.

[44] 원주촌의 이주 1세대 등 4명은 2007년에, 안동촌의 이주 1세대 등 11명은 2003년에, 광양촌의 촌장 등 5명은 1998년에, 정암촌의 이주 1세대 등 32명은 2000년에, 고성촌의 이주 2세대 5~6명은 2013년에 각각 한국의 로컬로 초청받아 방문하였다.

[45] "우리와 별개의 삶을 살아가지만 우리와 비슷한 형태의 삶을 살아가는 사람들이기에 이들(안동촌 주민들—인용자 주)의 삶을 살펴보면 우리의 지나온 삶에 대한 반성과 앞으로의 삶에 대한 대안을 찾아 볼 수 있을 것이다." 황진현, 앞의 글, 131쪽.

아래 두 가지를 요구하고 싶은데 하나는 한국의 많은 기업이 우리 광양촌에 들어오도록 해주시고 다른 하나는 우리 광양촌의 촌민들이 한국에 나가 취업할 수 있도록 좋은 길을 열어줄 것을 희망하는 바입니다.[46]

촌장과 당서기 두 분을 초청하여 그들에게 이 기쁜 소식(한국 로컬 방문 -인용자 주)을 알리었습니다. 그러나 의외에도 그분들의 반응은 심드렁하였습니다. 우리 같은 사람을 좀 불러서 돈 좀 벌게 하여 주시면 좋겠는데 하는 것입니다.[47]

고향 행을 하고 돌아온 촌장 이동보 씨는 어깨가 한결 무거워졌다. (…중략…) 가난에 쫓겨 떠나왔던 고향이 지금은 몰라보게 변했다. (…중략…) 정암촌을 아버지의 고향과 똑같이 잘 건설하고 싶었다. / (…중략…) 한국 고향으로부터 정암에 적합한 기술을 들여와 기업을 꾸릴 계획을 의논했다.[48]

한국의 로컬인들이 동향마을을 발견할 당시, 조선족 농촌마을은 개혁개방과 한중수교, 중국의 산업화와 도시화 그리고 자녀 교육문제, 한족의 증가 등으로 인해 급격히 해체되고 있었는데, 동향마을도 예외가 아니었다. 한국의 로컬인들이 동향마을에서 고향의식과 로컬 정체성을 기대할 때 동향마을 주민들은 한국의 로컬인들에게 경제적 기회의 확대를 요구했다. 동향마을은 한국의 기업 유치, 한국의 기술 습득을 통해 마을 전체가 성장하기를 원하기도 했지만,[49] 그보다는 개별적인 노

---

46 광양촌장 위이보주[韋寶珠], 「환영사」, 중국 광양촌 지원 사업회 주관, 김귀진, 앞의 책, 18~19쪽.
47 안병렬, 앞의 책, 54~55쪽.
48 리혜선, 앞의 책, 2001, 251쪽.
49 정암촌의 경우, 한국의 로컬인은 "마을을 지키며 돈을 벌 수 있는 방안"을 찾아주기 위해 한국에서 양계 전문가를 초청하여 "마을을 살리는" "새 희망" 즉 "마을에 큰 변화가 일어"

동 이주를 더욱 염원했다. 동향마을 주민들의 요구는 한국의 로컬과 로컬인들의 기대와는 어긋나는 것이었다. 왜냐하면, 동향마을의 요구는 국가 경제력과 임금 수준의 격차라는 국가적 층위에서 말미암은 것이며 국가 간의 격차에서 발생하는 경제적 이익을 주로 개인이 누리고자 하는 것이었는데, 이는 고향의식 그리고 로컬 정체성에 대한 한국 로컬들의 기대를 훼손하고 인식적·실천적 주체로서의 로컬에 대한 기대와 배치되는 것이었기 때문이다. 그리하여, 한국의 로컬인들은 자신의 로컬로 초청한 동향마을 주민들에게 주로 관광 혹은 견학을 시키는 한편,[50] 초청 대상자들의 불법체류와 불법취업을 경계했다.[51]

한국의 로컬과 동향마을 사이의 트랜스로컬리티는 자신의 결핍부분을 보완하려는 각자의 기대에서 진행되었다. 한국의 로컬은 동향마을을 매개로 고향의식·로컬 정체성을 고양시키고자 했고, 동향마을은

나면 "한국에 돈 벌러 갈 필요가 없다"는 희망을 불어넣고자 하지만 마을 주민들은 "들으나 마나 안 된다는 사고에 푹 젖어 있는 듯" 보인다. 안병렬, 앞의 책, 56~60쪽 참조. 2015년 8월 정암촌을 방문한 필자는 양계장을 발견할 수 없었다.

50 안병렬, 앞의 책, 78~105쪽 참조; 중국 광양촌 지원사업회 주관, 김귀진, 앞의 책, 146쪽 참조.

51 안동촌 주민들의 고향 방문은 한 차례 좌절되는데 그 이유는 "실무자들이 책임을 두려워" 했기 때문이다. 안동촌 주민 방문을 추진하는 한국의 로컬인은 "그분들이 한국으로 나가면 틀림없이 한 두 사람은 달아난다"는 경고를 듣기도 한다. 또한, 안동촌의 고향 방문단이 서울을 관광할 때 "돈벌러 와서 불법체류하고 있는" "이 마을 출신 서너 분"과 조우하는데, 그 중 한 사람이 자신의 어머니를 자신의 집으로 모시고 가서 다음날 오겠다고 부탁한다. 히지만 그는 "이렇게 님의 속도 모르나 싶"어 "싸증" 섞인 거설을 당한다.(안병렬, 앞의 책, 64쪽, 91~92쪽 참조) 광양촌 주민들의 방문에서도 이와 유사한 경우를 확인할 수 있다. 김귀진의 진술에 의하면, 전남 광양시 방문 도중 광양촌 주민 일부는 불법체류와 취업을 모의했으나 이재화 교장(유하현조선족조선족제일중학교)의 만류와 설득으로 무사히 일정을 마치고 귀국하였다.(2015.5.22 면담) 원주촌 1세대들 역시 불법체류에 대한 우려로 인해 비자 발급이 지연되기도 했다.(「지린성 원주촌 1세대 방문 보류」, 『강원일보』, 2007. 12.04. http://www.kwnews.co.kr/nview.asp?s=501&aid=207120300075 검색일 : 2016.10.20)

경제적 기회의 확대를 원했다. 두 로컬은 고향의식과 경제적 기회를 일정 정도 교환함으로써 상대의 결핍을 보완해줄 수 있었지만, 그 한계는 분명했다. 한국 로컬의 기대와 동향마을의 기대는 각종 생필품이나 교육기자재, 교사의 봉급이나 주민의 생활자금을 지원하는 선에서 교환되었다.[52] 한국 로컬과 중국 동향마을 사이의 트랜스로컬리티는 로컬 정체성과 경제적 기회라는 각자의 기대·필요를 바탕으로 전개되었고 그 결과는 로컬 정체성과 경제성의 교환이었다.

3. 트랜스로컬리티의 역설과 비대칭성

1) 로컬의 발견과 소멸·추상화의 동시성

동향마을에서 발생한 두 번의 트랜스로컬리티 현상은 국민국가의 약화와 함께 진행되었다. 1차 트랜스로컬리티 현상은 조선 농민들이 로컬 단위로 모집되어 만주 각지로 집단 이주하여 정착한 일제강점기 이후에 전개되었다. 조선의 특정 로컬 혹은 인접한 로컬의 출신별로 이주한 조선의 농민들은 만주의 각 지역에서 각자의 마을을 형성하였다. 이는 정체성과 관련하여 다음 두 가지를 의미하는데 하나는 국가 정체성의 부재다. 국적과 관계없이 일제와 만주국의 이중적인 지배를 받고 있던 동향마을의 조선족에게 우리나라라고 할 수 있는 국가는 존재하지 않았다. 주로 1930년대에 만주로 이주했던 조선의 이주민들은 1938년부터

---

52 중국 광양촌 지원사업회 주관, 김귀진, 앞의 책, 102~145쪽 참조.

만주국의 국적을 갖게 되었지만 "국가 없는 식민지 백성의 설움"이나 "국가 없이 떠돎"이라는 국가 정체성의 상실을 경험하고 있었다. 또 하나는, 이로 인해 동향마을 이주민들은 국가 정체성 대신 로컬 정체성을 지배적인 집단 정체성으로 삼을 수밖에 없었다는 점이다. 조국을 국토로 상상하는 것이 불가능했던 시기에 혈연공동체 · 로컬공동체적 성격에 기반하여 향토 또는 고향이 국가의 대체제로 기능했고 상실된 국가 정체성은 한반도 고향의 로컬 정체성으로 대체되었다.[53] 이런 현상은, 조선족 농민들이 토지를 소유하게 된 중화인민공화국 성립 때까지 그리고 조선사람→조선민족→조선족이라는 민족적 차이에 따른 명칭의 변화가 '족화' 문화로 귀착되어 조선족이 중국 소수민족의 일원으로 구성되는 시기까지 지속되었다.[54] 동향마을의 1차 트랜스로컬리티 현상은 국가 정체성의 부재와 로컬 정체성에 대한 인식 강화라는 역사적 상황을 바탕에 두고 있었다.

한국 로컬들의 동향마을 발견에서 시작된 2차 트랜스로컬리티 현상 역시 국민국가의 약화를 배경으로 전개되었다. 국가 주도의 산업화 · 근대화, 국토에 대한 유기체적 인식, 단일민족에 대한 상상 등 강력한 국가중심주의 체제를 유지하고 있던 한국은 1990년대 중후반부터 글로벌화 · 신자유주의라는 새로운 추세에 직면하게 되었다. 외부에서 강제된 글로벌화 · 신자유주의는 보편적이고 불가피한 세계적 현상으로

53　안동대 민속학과 BK21플러스 사업팀, 앞의 책, 223쪽 참조; 박창욱 외, 앞의 책, 339～341쪽 참조; 한만수, 「1930년대 '향토'의 발견과 검열 우회」, 동국대 문화학술원 한국문학연구소 편, 『'고향'의 창조와 재발견』, 역락, 2007, 204쪽 참조; 김영주, 『재만 조선인 시에 나타난 만주 체험의 복합성 연구』, 부산대 박사논문, 2012, 90쪽 참조.
54　리혜선, 앞의 책, 2009, 147쪽 참조; 박창욱 외, 앞의 책, 341쪽 참조.

대두되었다. 자유무역과 탈규제가 강조되면서 국가의 역할은 상대적으로 축소되었고, 로컬은 국가의 부분이나 중앙의 말단이 아니라 외부 변화 요구의 최일선에선 전위적 존재로 간주되었다.[55]

글로벌화·신자유주의의 상륙지가 된 한국의 로컬들은 자신을 독자적인 생존단위로 재인식하게 되었고 글로벌화·신자유주의에 대응하기 위한 중요한 기제 중 하나로 로컬 정체성을 적극적으로 생산하기 시작했는데, 이때 국가 경계 밖 동향마을에서 로컬 정체성 생산·강화의 단초를 발견하게 되었다.

세계화 시대를 맞아 인접 국가에 대한 견문(見聞)도 넓히고 조선족 학생들과의 친교 활동을 통해 민족애(民族愛)와 세계화(世界化)에 대한 적응력을 높이기 위해 전남 광양서초교와 중국의 동명소학교, 전남 광양중학교와 중국 유하 완전중학교 간에 자매결연도 주선하였습니다.[56]

경북정체성 사업은 세계화 시대를 맞이하여 지방정부 차원의 대외교류가 빈번해짐에 따라 경북의 실체를 보다 선명히 대외에 각인시키기 위해 민선5기 출범과 함께 추진되었다. / 이는 또한 찬란한 전통문화와 정신적 유산을 오늘에 되새김으로써 도민의 자긍심을 고취하고 21C 선진 경북을 위해 도민의 결집력을 이끌어내기 위한 핵심적 과제이다.[57]

---

55 James Lorimer, *The Real World of City Politics*, James Ewis and Samuel; James N. Rosenau, Toward an Ontology for Global Governance, in *Approaches to Global Governance Theory*, eds. Martin Hewson and Timothy F. Sinclair(1999), State University of New York Press, 1970, pp.292~293. 이 시기 제주, 광양, 인천 등 한국의 각 로컬들은 국제자유도시 혹은 경제자유구역으로 지정되어 글로벌·신자유주의에 대응하는 주체로 전환될 것을 요구받았다. 조명기 외, 「제주 4·3사건과 국가의 로컬기억 포섭 과정」, 『역사와 세계』 43, 효원사학회, 2013, 228~230쪽 참조.
56 중국 광양촌 지원 사업회 주관, 김귀진, 앞의 책, 16쪽.

이번 해외봉사활동은 단순한 봉사의 차원이 아닌 국가 간의 경계를 넘어서는 역사, 문화, 경제, 인간, 이념 등을 폭넓게 이해하면서 의식을 갖춘 진정한 글로벌 리더로서의 자질을 키워 나가고 1회성 봉사활동으로는 달성될 수 없었던 보다 큰 세계의 이해를 통해 글로벌 시대의 진정한 자기계발의 중요한 계기를 마련하고자 추진하게 됐다.[58]

한국의 로컬들은 동향마을과의 각종 교류가 갖는 의의를 글로벌화·신자유주의에 대한 적응력 강화에서 찾았다.[59] 그런데 앞서 살펴보았듯, 한국의 로컬들이 글로벌화·신자유주의에 대한 적응력을 강화시키고자 하는 대상은 동향마을이 아니라 한국의 로컬 자신이었다. 동향마을에서 발견하는 로컬 정체성은 글로벌화·신자유주의에 자신을 적응시키고 이를 스스로에게 교육하기 위한 기제인 동시에, 한국 로컬 자신을 자연화·실재화하기 위한 장치로 활용되었다. 동향마을과의 교류가 서론에서 밝힌 이상적인 의미에서의 트랜스로컬리티가 되지 못하고 동향마을에 대한 기대와 투사를 통한 회귀로 귀결되는 이유는, 트랜스로컬리티가 로컬 정체성 확인을 통한 로컬 인식 강화 그리고 이를 통한 로컬 단위의 생존 도구로 활용되었기 때문이다.

---

57 「「경북정체성 국제포럼」 세계와 소통하다」, 『경북방송』, 2011.06.03.
http://egbn.kr/default/index_view_page.php?part_idx=245&idx=13348(검색일 : 2016.10.22)

58 「"중국 정암촌 역사와 얼 깨닫고 올께요"」, 『충청투데이』, 2012.07.09.
http://www.cctoday.co.kr/news/articleView.html?idxno=709996(검색일 : 2016.10.20)

59 동향마을과의 교류가 갖는 의의의 내용을 국가 층위에서 찾았는데 이는 동향마을을 발견하고 교류하면서 그 의의에 대해 해석하는 주체가 로컬이라는 점을 고려한다면 일종의 부정합적 상태에 있다고 할 수 있다. 이에 대해서는 다음 절에서 논한다.

나아가 글로벌화·신자유주의 시대에 전개된 한국 로컬과 동향마을의 트랜스로컬리티는 동향마을의 해체·소멸을 기반으로 했다. 동향마을을 발견했을 때 한국의 로컬들은 동향마을의 해체·쇠락을 목격하면서 안타까움을 드러내는데, 이 안타까움이란 감정은 로컬 정체성의 실재화·자연화하는 데 기여한다.

고성출신 이주민 1세대들이 고성촌에 단 한명도 남아 있지 않고, 그 후손들도 10여명만 남아 있다는 안타까운 이야기를 듣고 중국 속 고성인의 뿌리 찾기가 늦은 것에 대한 미안함이 앞섰습니다.[60]

원주촌의 인구 구성에서 한족이 다수가 되는 상황에서 1956년경 결국 원주촌은 그 이후 지명조차 청구자로 바뀌면서 실제 원주군 출신이 거주하지 않는 역사 속의 원주촌으로 남아있게 되었다.[61]

1990년대에 들어서자 정암 사람들은 더는 자기 땅에 만족할 수 없었다. 산업화에 직면하면서 지난날 도시호적과 농촌호적의 엄격한 경계선이 희미해져 농민들도 능력만 있으면 도시로 들어가 살수있게 되었다. 농부산물 가격의 폭락, 급작스러운 산업화, 출국붐, 조선족 인구 하강, 농촌교육의 피폐 등이 땅에만 안주하고 살수는 없게 만들었다.[62]

지금은 많이 흩어져 살고 있는 실정이다. / 지금은 1세대 주민 (…중략…) 3호와 2~3세대 이주민 (…중략…) 7호가 살아가고 있는 실정이다. (…중략…) 지금은 한족 사람들까지 모여 살아 마을 거주 세대는 총 145호 중 113호가 조선족이고 32호가 한족들이다.[63]

---

60 고성군수 황종국, 앞의 글, 3쪽.
61 박창욱 외, 앞의 책, 6쪽.
62 리혜선, 앞의 책, 2009, 197쪽.

한국 로컬이 중국 동향마을을 발견하고 로컬 정체성을 동향마을에 투사하기 시작한 2000년 전후 시기는, 한국에선 글로벌화·신자유주의가 본격적으로 전개되던 때이며 중국에선 개혁개방과 산업화·도시화 그리고 한중수교로 인해 중국 내 도시와 한국으로의 노동이주가 급증하여 농촌이 급속히 붕괴되던 때였다. 농촌의 붕괴는 비단 동향마을에 국한되지 않고 중국 농촌 전체가 경험하는 현상이었지만, 동향마을의 해체에는 한국으로의 노동이주라는 특별한 요인 또한 작용하고 있었다. 중국의 농촌에 큰 변화가 발생한 원인은 중국 국가의 개혁개방정책과 도시화 그리고 이에 따른 집체 단위의 해체 그리고 개체화에 있었지만 조선족들은 자신들 농촌의 변화는 한중수교 이후 불어닥친 한국바람 때문이라고 생각했다.[64] 어쨌든, 조선족의 역외 이주가 급증하는 시기는 글로벌화·신자유주의가 가속화되는 시기와 대체로 일치했다.[65]

한국은 조선족 농촌마을의 해체를 완화하는 데 관심을 기울이지 않았다. 여기서 해체의 의미에 좀 더 주의를 기울일 필요가 있는데, 왜냐하면 한국은 오히려 조선족 농촌마을을 포함한 연변조선족자치주의 공간과 조선족을 분리시키는 데 기여했기 때문이다. 한국사회는 연변 공간에서 민족주의 이데올로기 즉 과거의 공동가치를 상상하며 소비하기를 원했고, 한국 기업은 중국의 값싼 노동력을 이용하기 위해 한국에서 중국 동부연해지역으로 공장을 이전하면서 정치적·문화적 간격을 보완해줄 조력자로서 조선족을 활용했다. 연변 공간과 조선족의 활용 방식

63 중국 광양촌 지원 사업회 주관, 김귀진, 앞의 책, 39쪽.
64 안동대 민속학과 BK21플러스 사업팀, 앞의 책, 10쪽 참조.
65 이영민 외, 「중국 조선족의 글로벌 이주 네트워크와 연변지역의 사회-공간적 변화」, 『한국도시지리학회지』 16(3), 한국도시지리학회, 2013, 58쪽.

이 일치하지 않음에 따라 한국은 조선족과 연변 공간의 분리를 유발하거나 적어도 방조했다.[66] 동부연해지역과 북경을 비롯한 중국 대도시와 한국으로의 이주는 장소와 인간의 분리 즉 조선족 농촌마을 해체의 중요한 원인이 되었다. 2차 이산을 감행한 조선족은 주로 이주민 3, 4세대였는데, 이들은 한국의 로컬들이 기대한 존재 즉 로컬 정체성을 생산하고 로컬 정체성의 실재성을 제공하는 데 기여할 수 있는 존재, 한국 로컬을 고향으로 인식하는 존재가 아니라 조선어보다는 한어를 중시하고 한족학교를 선호하며 민족을 중요하게 여기지 않고 한국을 경제적 기회의 공간으로 인식하는 존재였다.[67] 이주민 3, 4세대가 떠나간 동향마을은 극소수의 이주민 1, 2세대들 즉 로컬 정체성의 측면에서 희귀하고 순수한 주민들만이 거주하는 공간이 되었다. 조선족과 분리된 연변 공간이 글로벌화·신자유주의로 인한 국가 정체성 위기라는 한국 사회의 불안을 가상적으로 해소할 수 있는 민족주의 이데올로기에 역사적 실체로서 진정성을 부여하는 상품으로 소비된 것처럼, 동향마을의 소멸·해체 즉 이주민 3, 4세대의 중국 도시와 한국으로의 이주 그리고 이주민 1, 2세대의 자연적 감소는 동향마을을 한국의 로컬·로컬인들이 놀라움과 안타까움이라는 감정과 함께 자신들의 기대를 수월하게 투사할 수 있는 '텅 빈 공간'으로 재편했다. 글로벌화·신자유주의에서 출발한 동향마을의 발견과 2차 트랜스로컬리티 현상은 내셔널리티의 약화와 로컬리

---

66 박정희 외, 「옌볜조선족자치주의 공간 변화와 상상력」, 『국제지역연구』 16(3), 한국외국어대 국제지역연구센터, 2012, 45~47쪽 참조.

67 강석민, 「명성촌 조선족의 교육경험과 민족의식」, 안동대 민속학과 BK21플러스 사업팀, 앞의 책, 232쪽 참조: 정은지, 「명성촌 조선족의 혼례문화와 민족정체성 인식의 변화」, 안동대 민속학과 BK21플러스 사업팀, 앞의 책, 164~165쪽, 173~174쪽 참조: 박승희, 앞의 글, 266~267쪽 참조.

티의 강화 그리고 로컬(동향마을)의 소멸이라는 역설적 상황과 함께 전개되었다.

한편, 한국의 로컬은 국가 주도의 압축적 근대화·산업화로 인해 로컬 정체성을 상실한 것으로 인식되고 있었다. 한국 로컬이 동향마을에서 로컬 정체성을 기대하고 각인한 이유는, 글로벌화·신자유주의의 파생적 요구 즉 글로컬라이제이션에 대응하기 위해서는 로컬 정체성을 복원 혹은 재생산해야 할 필요를 체감했고 이 기대를 동향마을을 매개로 충족시킬 수 있기를 바랐기 때문이었다. 즉, 동향마을이라는 로컬의 소멸에 기반하여 자신의 로컬 정체성을 생산하고자 한 한국의 로컬들역시 로컬 정체성의 소멸·상실을 경험하고 있는 존재였다. 결국, 글로벌화·신자유주의 그리고 개혁개방·도시화에 대응에서 시작된 2차 트랜스로컬리디는, 정체성 혹은 물리적인 측면에서 두 로컬의 소멸·위기를 통해 가능해진 것이었다.

2) 내셔널·글로벌 층위의 인식적 개입과 트랜스로컬리티의 재층위화

한국 로컬과 동향마을의 트랜스로컬리티의 일차적인 고리인 고향의식은 끊임없이 내셔널리티로 치환된다. 한국의 로컬들은 내셔널 층위로 점핑jumping함으로써 동향마을과의 트랜스로컬리티가 갖는 의의를 정당화·강화하고자 한다.

"늦은 감은 있지만 지금이라도 이들(고성촌 주민들—인용자 주)의 이주사와 생활상, 문화, 정체성 등을 조사 연구해 한민족의 동질감과 유대감을 형성하고 조선족들의 조국이 중국이 아닌 한국임을 심어줄 필요가 있다"고 했다.[68]

광양촌이 소재한 삼원포(三源浦) 일대가 100여 년 전 우리 선조들이 나라를 찾겠다고 압록강(鴨綠江)을 건너와 목숨을 바쳐가며 독립운동을 전개하였던 서간도(西間島)의 독립운동 발상지라는 사실을 알고서 더욱 더 교육 지원 사업에 심혈을 기울여 왔습니다.[69] 무엇보다 유하가 우리와 밀접한 관련을 맺고 있는 것은 100여 년 전 독립운동가들이 조국을 찾겠다는 구국의 마음으로 항일 투쟁을 활발하게 전개했다는 역사성 때문이다. (…중략…) 이곳에 남아 어렵게 살아가고 있는 우리 조선족들을 보면서 그들이 독립운동가들의 후예라고 생각하면, 또 독립운동가들을 물심양면으로 지원해온 동족(同族)의 후손들이라고 생각하면 저절로 눈시울이 붉혀지기까지 한다.[70]

중국에 원주촌을 세운 원주인을 비롯한 강원인들의 이주사는 중국 연변의 개척사이며 건설사이다. 따라서 중국 조선족의 역사에서 영원히 남을 당당하고도 빛나는 항일민족해방의 역사이다.[71]

동향마을은 한국 로컬에 의해 로컬 정체성의 투사 공간으로 자리매김 되는 동시에 독립운동의 발상지·항일민족해방운동의 공간으로 해

---

68 「중국 고성촌, 역사의 흔적을 찾아가다—중국 고성촌의 이주 역사」, 『설악신문』, 2012.09.10.
69 서정복, 앞의 글, 16쪽.
70 중국 광양촌 지원 사업회 주관, 김귀진, 앞의 책, 94~96쪽.
71 박창욱, 「머리말」, 박창욱 외, 앞의 책. 연변대 명예교수인 필자 박창욱은 조선족이지만 이 책의 편찬자는 원주시이다.

석되는 즉 로컬 층위와 내셔널 층위의 해석이 공존·중첩되는 공간이 되었다. 트랜스로컬리티가 진행되는 현장인 로컬은 내셔널 층위의 정의와 해석이 개입하는 공간이기도 한 셈이다. 로컬리티가 내셔널리티와 쉽게 중첩될 수 있는 이유, 내셔널 층위의 해석이 개입할 수 있는 이유 중 하나는, 한국의 로컬과 동향마을 사이의 트랜스로컬리티는 고향의식을 매개로 하고 있는데 '고향'이라는 이 집합적 기억 자체가 국민국가를 강하게 환기한다는 중층성 때문이다.[72] 그런데, 트랜스로컬리티의 내용과 의의에 내셔널 층위의 해석이 개입할 때, 내셔널리티와 로컬리티의 비대칭성으로 인해 로컬리티는 내셔널리티에 의해 그 의의를 인정받아야 하는 것, 내셔널리티에 종속되는 것으로 굴절되며 두 층위의 공존·중첩은 사실상 내셔널 층위의 우위·지배로 귀결된다. 이때 로컬리티는 내셔널리티로 쉽사리 치환된다.

로컬 층위 해석과 내셔널 층위 해석의 공존·중첩이 강화될수록 내셔널 층위의 해석과 충돌하는 로컬 층위의 해석은 삭제되며 로컬 층위의 해석 중 내셔널 층위의 해석이 승인하거나 내셔널 층위의 해석을 보편화할 수 있는 것이 선택적으로 강조된다. 내셔널 층위의 해석이 개입되면서, 한국의 로컬이 동향마을에 투사한 고향의식은 특정 장소에 각인되어 있는 개별성·독특성의 근거가 아니라 민족적 동질감과 유대감 그리고 국가 회복을 위한 희생의 근거로 추상화·보편화되면서 획일화

---

72 나리타 류이치, 앞의 책, 87~88쪽, 138~142쪽, 343쪽 참조; 김태준, 「고향, 근대의 심상 공간」, 동국대 문화학술원 한국문학연구소 편, 앞의 책, 15쪽, 21쪽 참조; 한지은, 「식민지 향토 개념의 중층성」, 『한국학연구』 34, 고려대 한국학연구소, 2010, 240쪽 참조. 어떤 연구는 근대 문학에서 '고향'은 특정 지역을 의미한다기보다 '조국의 산천'을 의미한다고 주장하기도 한다.(안미영, 「'양'의 이입과 '향'의 발견」, 『어문연구』 48, 어문연구학회, 2005, 417~418쪽 참조)

되었다.[73] 트랜스로컬리티에 대한 로컬 층위의 해석과 내셔널 층위 해석의 공존·중첩은 원형·전통으로서의 로컬 정체성을 강조하는 동시에 역설적으로 이를 추상화·약화하는 역설적인 결과를 초래했다.

동향마을을 추상화·보편화하는 또 하나의 주체는 조선족 이주민 3, 4세대들이다. 이들 역시 한국의 로컬인들과 마찬가지로 동향마을 바깥에 거주한다. 이들 대부분은 동향마을을 떠나 중국 대도시와 한국으로 이주했는데 한국의 로컬은 부모세대의 고향일 뿐이며 중국 동향마을이 자신의 고향이라 여긴다.[74] 앞서 살펴보았듯이, 개혁개방·도시화를 진행하고 있는 중국과 글로벌화·신자유주의에 편승하려는 한국 그리고 이 두 국가의 한중수교는 동향마을을 포함한 연변을 장소와 인간이 분리된 공간으로 재편했다. 인간이 장소의 특수성에 의해 구속받지 않고 집체경제가 약화될 때 개인화가 진행되며[75] 공간은 다른 공간과 큰 차이를 갖지 않는 추상적이고 보편적인 공간으로 탈장소화된다. 이에 기반하여 대도시로 진입한 이주민 3, 4세대는 동향마을을 관념적으로 고착되고 관습적으로 학습된 추상적이고 낭만적인 모성으로서의 고향, 보편적으로 존재하는 노스탤지어의 심상풍경으로 전환한다.[76] 한국의 로컬이 고

---

73 "안동촌은 중국에서 사는 조선족들의 삶의 축소판이기도 하다." 전인학, 「안동촌의 살림집」, 안동대 민속학과 BK21 사업팀, 앞의 책, 369쪽.

74 정은지, 앞의 글, 안동대 민속학과 BK21플러스 사업팀, 앞의 책, 164~165쪽, 173~174쪽 참조: 진용선, 앞의 글, 181쪽 참조: 최병우, 「우광훈 소설에 나타난 '고향'의 의미」, 『한중인문학연구』 23, 한중인문학회, 2008, 337쪽 참조. 중국 성립 이후 '고향'은 역사적 기념비화 과정을 통해 국가 건설과 체제 유지에 기여한 역사적 체험을 강조하기 위한 기제 즉 동화와 적응의 기제로 변용되었다. 개혁개방 이후에는 조선족의 민족적 정체성과 문화적 특성을 표상하는 기제로 전환되었다.(김은영, 「중국 조선족 시에 나타난 '고향'의 의미」, 『한중인문학연구』 18, 한중인문학회, 2006, 141~148쪽 참조) 중국 요녕성 심양시 화원신촌이나 흑룡강성 명성촌과 같은 2차 이산지의 조선족들은 중국 특정 로컬을 자신의 고향으로 여긴다.

75 김재휘, 「중국 안동촌의 놀이문화」, 안동대 민속학과 BK21플러스 사업팀, 앞의 책, 148쪽 참조.

향의식의 투사를 위해 '텅 빈 공간'으로서의 동향마을을 요청했듯, 이주민 3, 4세대는 소멸·해체되어 텅 빈 공간이 되어가는 동향마을을 관념적이고 낭만적인 고향으로 상상함으로써 장소애와 귀속감을 추상적으로 복원한다. 이주민 3, 4세대가 동향마을을 고향으로 상상할 수 있는 이유는 도시와 고향의 동시 발견과 의식화 즉 도시와 고향의 관계구조에 의거해 현 거주지인 북경·청도 등의 중국 내 대도시나 한국 대도시와 동향마을을 상상하고 구조화하기 때문이다. 이때 동향마을의 로컬리티는 도시와 고향이라는 인식구조에 굴절되어 추상화·정형화되면서 로컬 정체성을 상실하게 된다. 오히려 2차 이산으로 인해 부각되는 것은 민족적 정체성, 즉 한족 문화와 대비되는 소수민족으로서의 조선족 문화다. 대도시와 함께 발견된 고향은 조선족이라는 민족적 층위의 인식으로 치환되며, 이는 내셔널 층위 즉 중국이라는 국가 안에 봉합된 혹은 중국이라는 국가가 승인하고 장려하는 소수민족적 특성으로 재편된다.[77]

동향마을은, 한국의 로컬과 로컬인들이 기대·투사한 한국 로컬을 향하는 고향의식 그리고 대도시로 2차 이산한 이주민 3, 4세대가 도시-고향이라는 인식구조 위에서 상상하는 동향마을을 향한 고향의식이 이중으로 중첩되어 있는 공간이다. 동향마을의 중첩된 고향의식에 내셔널 층위에서의 인식과 해석이 개입할 때 로컬리티와 내셔널리티 관계의 비

---

76 나리타 류이치, 앞의 책, 31쪽, 120쪽 참조; 조명기, 「최근 조선족 소설에 나타난 공간인식과 고향의식의 관련 양상」, 『한국문학논총』 72, 한국문학회, 2016, 296쪽 참조; 이연승 외, 「21세기 중국조선족 시문학의 주제적 특성 연구」, 『현대문학이론연구』 58, 현대문학이론학회, 2014, 314쪽 참조.
77 중국의 민족구역자치는 국가의 통일을 보장한다는 전제 하에 소수민족의 자치권을 인정하는 정치 제도다. 허명철, 「연변조선족자치주의 성립과 조선족사회」, 인하대 한국학연구소 엮음, 앞의 책, 157쪽 참조.

대칭성으로 인해 트랜스로컬리티는 내셔널의 층위로 치환된다. 이러한 치환 현상은 대응의 주체와 방식을 변경하고 제한한다. 대응의 주체는 로컬 층위가 아니라 민족·국가 층위에서 등장하도록 강제되며, 조선족이라는 민족·국가 층위의 주체는 제3의 정체성,[78] 변연邊緣[79] 등 일종의 트랜스내셔널리티를 대응의 방식으로 선택한다. 로컬리티와 내셔널리티의 비대칭적 관계로 인해 트랜스로컬리티가 내셔널리티에 의해 굴절될 때, 로컬리티는 내셔널리티의 작용에 의해 고정적이고 균질적인 공간으로 간주되며 동향마을의 1차 트랜스로컬리티 현상이 증명하듯 장소 변화(이주)에 따른 인간 개체의 삶과 문화의 변화라는 트랜스로컬리티의 근원적인 관점은 또 다시 배제된다.

4. 글로벌·신자유주의의 우위성과 로컬리티의 굴절

한국 로컬과 중국 동향마을 사이의 트랜스로컬리티는 글로벌화·신자유주의 그리고 중국의 개혁개방을 배경으로 진행되었다. 글로벌화·신자유주의가 국가 경계의 약화와 함께 로컬의 위상 재고를 촉발했을

---

78 김강일, 「중국조선족사회 지위론」, 『아시아태평양지역연구』 3(1), 전남대 아시아태평양지역연구소, 2000; 백승애, 「중국의 對조선족 정책」, 고려대 석사논문, 2007, 75쪽; 예동근, 「글로벌시대 중국의 체제 전환 과정하의 종족 공동체의 형성」, 고려대 박사논문, 2009, 135쪽; 박정군, 「중국조선족 정체성이 한국과 중국에 대한 태도에 미치는 영향」, 경희대 박사논문, 2011, 95쪽 참조.

79 여기서 변연은, 중심과 대비되는 상대적인 개념으로서의 주변, 그리고 서로 다른 체계나 조직들이 접촉하거나 의사소통하는 인계점·공유영역이라는 두 의미를 내포한다. 조선족 문화를 변연문화로 지칭할 때 이는 한반도(남한·북한)와 중국이라는 국가 층위를 기반으로 한다.(김강일 외, 「중국조선족사회의 변연문화특성과 민족공동체 재건」, 인하대 한국학연구소 편, 앞의 책, 253~254쪽 참조)

때, 한국의 로컬이 선택한 전략 중 하나는 과거의 고정된 원형·전통으로서의 로컬 정체성을 발견하고 재생산하는 것이었다. 따라서, 소문 혹은 우연이 계기였다 할지라도, 한국 로컬의 명칭을 그대로 혹은 변형한 중국 동향마을의 발견은 한국 로컬들의 필요와 요구에 부합하는 것이었다. 동향마을의 발견으로 인한 놀라움은 로컬의 위상 재고와 복원해야 할 로컬 정체성의 원형체에 대한 기대와 직결되는 것이었다.

한국의 로컬들이 동향마을에서 주로 목격한 것은 1차 트랜스로컬리티가 주요 원인 중 하나로 작용하여 빚어진 결과인 이질성·혼종성이었다. 한국의 로컬들은 동향마을의 이질성·혼종성을 불가피한 현상으로 인정하면서도, 한국 로컬의 본래의 순수한 로컬 정체성을 발견하기를 기대했다. 이 같은 태도는 동향마을에서 진행된 1차 트랜스로컬리티의 결과 자체를 부정하는 것은 아니지만 이질성·혼종성에도 훼손되지 않은 고유한 그 무엇에 더욱 가치를 부여하는 것임은 분명했다. 한국 로컬의 동향마을 발견과 기대 투사는 동향마을을 향한 것이라기보다는 한국 로컬 자신에게로 회귀하는 것이었다.

동향마을을 포함한 조선족 농촌마을은 개혁개방과 한중수교, 그리고 산업화·도시화 등으로 인해 공동화되고 있었는데, 연변이라는 공간과 조선족을 분리함으로써 글로벌화·신자유주의에 편입하려는 한국의 욕구도 여기에 한몫했다. 한국 로컬은 동향마을의 해체·소멸에 안타까움을 드러냈지만, 이 안타까움이라는 감정은 역설적으로 한국 로컬이 기대하는 로컬 정체성을 실재화하고 자연화하는 데 기여했다. 동향마을은 한국의 로컬들에 의해 발견되는 대상, 한국 로컬의 기대를 충족시키기에 용이한 형태로 발견된 텅 빈 공간이었다.

이에 반해, 동향마을의 주민들 특히 이주민 3, 4세대들은 한국 로컬을 고향으로 인식하기보다는 경제적 기회의 공간으로 인식했고 이주 혹은 기업 유치를 한국의 로컬에 요구했다. 한국 로컬은 동향마을의 기대를 자신들의 목적 즉 본래의 순수한 로컬 정체성의 발견이라는 목적을 훼손하는 것으로 간주했다. 한국 로컬과 동향마을 사이에 전개된 트랜스로컬리티(동향마을로서는 2차 트랜스로컬리티) 양상은 한국 로컬의 장소지향성과 동향마을의 기회지향성이 교환되는 형태로 진행되었다. 그리고, 그 결과는 이주민 1세대의 고향(한국 로컬) 방문, 생필품, 교육기자재, 주민의 생활자금 지원 등 한국 로컬의 주도성 인정이었다.

한국의 로컬은 내셔널 층위에서의 해석을 부가함으로써 동향마을과의 트랜스로컬리티가 갖는 의의를 강화·확대하고자 했다. 로컬리티가 내셔널리티로 수월하게 치환될 수 있는 일차적인 이유는, '고향'이라는 개념에 내장되어 있는 중층성 즉 고향이라는 집합적 기억은 국민국가를 강하게 환기한다는 데 있었다. 국민국가가 이 집합적 기억의 지배적인 주체로 간주되었고, 동향마을은 로컬 정체성 복원의 매개라는 로컬 층위에서 투사된 기대와 독립운동의 발상지라는 내셔널 층위의 인식과 해석이 중첩되는 공간이 되었다. 하지만, 로컬리티와 내셔널리티의 비대칭성으로 인해 로컬 층위의 경계 인식과 의의 해석은 내셔널 층위에서의 그것에 의해 제한되는 결과를 빚었다. 동시에, 동향마을은 낭만적이고 보편적인 심상풍경의 공간으로 추상화되었는데, 이는 중국 대도시와 한국으로 이주한 이주민 3, 4세대들에 의해서도 진행되었다. 중국 내부의 산업화·도시화 그리고 한국에 의해 촉진된 장소와 인간의 분리로 인해 고향을 상실한 이주민 3, 4세대들은, 도시와 고향의 동시

발견이라는 보편적 과정에 따라 그리고 민족 정체성을 집단 정체성의 근거로 삼을 수밖에 없음에 따라 동향마을을 고향으로 재발견하게 되었다. 이렇게 발견된 고향은 한반도(한국, 북한)와 중국이라는 국가 층위에서 제3의 정체성 등을 강조하는 전략 속으로 포섭되어 들어갔다.

트랜스로컬리티라는 현상과 관점은, 이주라는 요인에 의해 인간 개체의 삶의 양식과 문화가 변화할 때 이 변화 양상에 로컬리티가 개입하는 현상을 살피거나 로컬리티의 관점에서 이 양상을 살피는 것을 가리킨다. 한국의 로컬들은 고향의식을 매개로 동향마을과의 트랜스로컬리티를 시도하고 지속했지만, 이 노력은 글로벌화·신자유주의를 주체화하여 동향마을과 연변을 재편성함으로써 편승의 이익을 획득해기 위한 측면이 강했으며 노력의 결과 중 하나는 내셔널리티의 선재성 확인이었다. 글로벌화·신자유주의가 강세한 이주 등으로 인해 로컬 간의 거리가 가까워지고 있고 로컬들은 로컬리티의 혼종을 경험하고 있지만, 글로벌과 내셔널리티 그리고 로컬리티의 비대칭성으로 인해 경계 인식의 고정성을 쉽사리 극복하지 못하고 있다.

참고문헌

강희영, 「한인여성디아스포라의 이주경험과 트랜스로컬 정체성에 관한 연구」, 한양대 박사논문, 2012.

김강일, 「중국조선족사회 지위론」, 『아시아태평양지역연구』 3(1), 전남대 아시아태평양지역연구소, 2000.

박선주, 「트랜스내셔널 문학」, 『안과 밖』 28, 영미문학연구회, 2010.

박승희, 「연변지역 경상도 마을 이주사 연구」, 『동북아문화연구』 31, 동북아시아문화학회, 2012.

박영선 외, 「중국 연변 조선족의 고향별 한국 전통 명절 음식과 일상 음식의 선호도와 섭취 빈도」, 『동아시아 식생활학회지』 17(2), 동아시아 식생활학회, 2007.

박정희 외, 「옌볜조선족자치주의 공간 변화와 상상력」, 『국제지역연구』 16(3), 한국외대 국제지역연구센터, 2012.

배영동, 「연변 조선족자치주 안동촌 주생활의 생태민속학적 접근」, 『비교민속학』 41, 비교민속학회, 2010.

백승애, 「중국의 對조선족 정책」, 고려대 석사논문, 2007.

안미영, 「'양'의 이입과 '향'의 발견」, 『어문연구』 48, 어문연구학회, 2005.

이상봉, 「트랜스로컬리티-포스트모던의 대안적 공간정치」, 『21세기 정치학회보 24(3), 21세기 정치학회, 2014.

이영민 외, 「중국 조선족의 글로벌 이주 네트워크와 연변지역의 사회-공간적 변화」, 『한국도시지리학회지』 16(3), 한국도시지리학회, 2013.

이유혁, 「트랜스로컬리티의 개념에 대해서」, 『로컬리티 인문학』 13, 부산대 한국민족문화연구소, 2015.

조명기, 「최근 조선족 소설에 나타난 공간인식과 고향의식의 관련 양상」, 『한국문학논총』 72, 한국문학회, 2016.

최병우, 「우광훈 소설에 나타난 '고향'의 의미」, 『한중인문학연구』 23, 한중인문학회, 2008.

최병학, 「로컬의 도덕과 트랜스-로컬 윤리학」, 『윤리교육연구』 36, 한국윤리교육학회, 2015.

한지은, 「식민지 향토 개념의 중층성」, 『한국학연구』 34, 고려대 한국학연구소, 2010.

김창호 외 편저, 『재중강원인생활사 조사연구-중국 요녕성』, 강원발전연구원, 2009.

동국대 문화학술원 한국문학연구소 편, 『'고향'의 창조와 재발견』, 역락, 2007.

리혜선, 『두만강의 충청도아리랑』, 좋은날, 2001.

_____, 『두만강변의 충북마을』, 민족출판사, 2009.

박창욱 외, 『중국 원주촌 연구』, 원주시・항일독립운동원주기념사업회, 2007.

안동대 민속학과 BK21 사업팀, 『중국 안동촌 문화의 정체성과 변화』, 민속원, 2010.

안동대 민속학과 BK21플러스 사업팀, 『중국 명성촌 조선족의 생활과 민속』, 민속원, 2015.

안병렬, 『중국 연변의 안동마을』, 2003.

인하대 한국학연구소 엮음, 『연변조선족의 역사와 현실』, 소명출판, 2013.

장정룡, 『중국 고성촌 이주사 연구』, 고성군, 2013.

중국 광양촌 지원 사업회 주관, 김귀진, 『중국 광양촌 사람들 이야기』, 대동문화재단, 2007.

나리타 류이치, 한일비교문화세미나 역, 『'고향'이라는 이야기』, 동국대 출판부, 2007.

Lorimer, James, *The Real World of City Politics*, James Ewis and Samuel, 1970.

Rosenau, James N, "Toward an Ontology for Global Governance" in *Approaches to Global Governance Theory*, eds. Martin Hewson and Timothy F. Sinclair, State University of New York Press, 1999.

「「경북정체성 국제포럼」 세계와 소통하다」, 『경북방송』, 2011.06.03.
http://egbn.kr/default/index_view_page.php?part_idx=245&idx=13348
(검색일: 2016.10.22)

「중국광양촌지원사업회, 뜨거운 동포애 눈길」, 『광남일보』, 2016.06.30.
http://www.gwangnam.co.kr/read.php3?aid=1467278910236950038
(검색일: 2016.10.20)

「중국 고성촌, 역사의 흔적을 찾아가다―중국 고성촌을 나오며」, 『설악신문』, 2012.10.01.

「중국 고성촌, 역사의 흔적을 찾아가다―중국 고성촌의 이주 역사」, 『설악신문』, 2012.09.10.

「중국 정암촌 역사와 얼 깨닫고 올께요」, 『충청투데이』, 2012.07.09.
http://www.cctoday.co.kr/news/articleView.html?idxno=709996
(검색일: 2016.10.20)

「지린성 원주촌 1세대 방문 보류」, 『깅원일보』, 2007.12.04.
http://www.kwnews.co.kr/nview.asp?s=501&aid=207120300075
(검색일: 2016.10.20)

최선종, 「중국 정암촌 사람들을 만나보고서」, 『충청일보』, 2013.08.21.
http://www.ccdailynews.com/news/articleView.html?idxno=354939
(검색일: 2016.10.20)

중국의 도시에 거주하는 조선족들의 트랜스로컬리티에 대한 연구

예동근

1. 연길 시각이란

미국인들에게는 공간개념은 있어도 장소라는 느낌은 없다. 예컨대 준교외 거주지역에 있는 미국가정을 방문했을 때 거의 예외 없이 먼저 하는 일이 바깥을 향한 창문으로 가는 것이다. 손님으로 찾아가서 주인한테 우선 바깥경치가 아름답다는 인사말을 한다는 게 얼마나 흥미로운가!…….

대조적으로 중국인의 전통가옥은 장식 없는 벽으로 에워싸여 있다. 제벽(祭壁) 뒤를 돌아가면 안마당이 나오는데, 그 한구석에는 소형 정원이 있다. (…중략…) 여기서 고작해야 위로 하늘이 보일 뿐이고, 이런데서 맛보는 자연은 기후밖에 없다. 이처럼 중국인은 자기의 집(장소)에 뿌리를 박고 있는 것이다. 중국인이 이러한 본거지를 떠날 적에는 그 행선지가 저 지평선 어디에 있는 약속된 나라가 아니라, 마음으로 상상하는, 종교적 의미의 수직적인 축(軸)을 따라서 전개되는 전혀 다른 세계이다.

—Yi-Fu Tuan, 1977[1]

이처럼 동양과 서양의 공간의 장소성은 많은 차이를 갖고 있다. 서양의 장소는 개방되고 외부와 연결되어 있으며, 자연적이지만, 동양의 장소성은 폐쇄적이고 가족→친족→조상으로 점차 확산되면서 공간의 장소성에서 사회적 혈연적 연결망의 확산과 마음의 안착적인 공간이기도 하다.

중국에 이주한 지 160년이 넘는 중국동포들의 장소성을 보려면 서양적인 경관도 지켜보아야 하지만, 그들의 심성에서 나오는 조상의 공간, 고국의 고향에서 나타나는 장소들이 포함되어야 그들의 트랜스로컬리티를 보다 정확하게 파악할 것이다.

하지만 최근의 연구들은 지나치게 공간의 횡단면에 치중하면서 트랜스로컬리티의 장기적인 시간성, 다시 말하면 역사성을 너무 소홀하게 다룬 면이 있다. 비록 트랜스로컬리티의 개념은 근대적인 개념이고 1970년대 이후 활용되었지만 동방적인 장소적 특징을 고려할 때, 장소의 역사성에 초점을 맞출 필요가 있다.

예컨대, 중국의 고궁이든, 한국의 경복궁이든 황제가 살든 장소이든, 일반 서민들이 장소이든 건축들은 "축"이란 장소적 상징성, 시공간의 응축을 가장 잘 표현하고 있다. 즉 중국동포들이 오늘날에 집중 거주하

---

1 Yi-Fu Tuan, *Space and Place : The Perspective fo Experience*, University of Minnesota Press, 1977; 국토연구원, 『공간과 사회』, 2001, 452~453쪽 재인용.

는 도시지역은 그냥 하나의 '작은 서울'로 포착하기보다 그 도시의 역사성과 장소성을 함께 살펴볼 때 그 로컬리티, 또는 트랜스로컬리티는 단순한 서울의 복제품이 아니라는 것을 발견할 수 있다.

초창기 트랜스로컬리티 연구로 주목받는 영국을 바라볼 때 이민자들은 그 연구의 중요한 대상이었다. 그런 점에서 본 연구도 중국동포들이 집중 거주하는 장소성을 살펴보겠지만 그들이 이주하면서 형성한 "상상의 장소성"도 집중적으로 살펴보아야 할 것 같다.

영국의 사례를 볼 때, 영국의 이주민들이 급속히 증가하는 시점은 유럽국가에서 세계적인 경기호황과 함께 이민들이 유럽도시로 진출함과 동시에 후기 산업화(탈산업화)과정에서 도시공간의 변화가 일어나는 시점과 맞물리면서 도시지역에서 다양한 트랜스로컬리티의 문화가 형성되고 있었기 때문이다. 이주민들이 갖고 있는 집거지역의 로컬리티는 이색적이며, 문화적이며, 종교적이며 다양한 성격을 지니면서 도시의 이질성을 다 잘 나타내고 있는 것은 본 연구에서 충분히 참고로 하면서 중국동포(조선족)들이 이주과정에서 형성한 문화적, 종교적 부분의 장소적 특징을 집중적으로 살펴보아야 할 것이다.

다른 한편으로, 영국에서 도시재개발과정에서 나타난 로컬리티의 개념들은 이런 복합적인 사회공간의 다양성의 존중을 요구하며, 장소적인 의미는 단순히 거대자본의 맷돌에 부셔져서 일어나는 갈등을 파악하고 해결하는 과정에서 로컬리티의 중요성을 재발견할 수 있게 되었다.

하지만 일본, 한국, 중국에서 순차적으로 급속히 진행되는 산업화와 도시화는 신속하게 진행되면서 획일적인 아파트공화국의 경관을 만들면서 국가적, 근대적 도시공간의 재편이라는 점은 영국의 트랜스로컬의 공간형성과 사뭇 다른 맥락이 있는 점은 간과할 수 없다.

본 연구는 트랜스로컬티의 공간 형성의 맥락성을 구분하면서 중국 동포들이 집중하는 지역에서 형성한 트랜스로컬리티가 국가주의에 의해 화장化粧된 것을 정확히 파악하고 전반 역사적 시간에서 트랜스로컬리티의 민낯을 볼 수 있는 방법을 찾고자 시도한다.

특히, 중국은 문화대혁명을 겪으면서 '계급'을 내세우고 '민족'을 반대하는 거의 20여년의 운동들은 도시경관, 거주 공간, 의식, 언어 다양한 측면에서 '중국화' 또는 '한족화'를 강요하는 측면이 많았다. 그 시기에 모국과의 단절, 중국의 소수민족으로 '자각'하게 만드는 이데올리기 과정에서 형성한 종족성은 과거의 트랜스로컬리티와 밀접하게 연결되어 있지만, 상상의 공간에서 '단절'된 과정에도 주목할 필요가 있는 것이다.

이것은 세계화과정, 글로벌과정에서 트랜스로컬리티가 갖고 있는 이중적 연결망, 기지국과 정착국사이의 연결, 경제적으로 송금, 무역으로 활발하게 이루어지는 네트워크와 매우 다른 형태란 점이다. 그래서 재중동포들을 대상으로 진행하는 트랜스로컬리티, 그들의 집중하여 거주하는 도시의 트랜스로컬티의 역사성과 장소성을 동시에 파악하면서 연구해야 할 필요가 있다.

한국적 맥락에서 볼 때, 1990년대 후반부터 형성되기 시작한 서울지역의 각종 "옌볜거리", "리틀동경", "필리핀마을" 등 다양한 호칭들이 나타나면서 학계에서 이들을 "로컬리티", 또는 "트랜스로컬리티"로 포착하고자 하는 연구들은 지속적으로 나타났다.

즉 이런 이색적인 경관들은 어떻게 구성되었으며, 과연 이것이 로컬리티 혹은 트랜스로컬리티인가? 질문하는 연구는 없이 그냥 수동적으로 이주민들의 주체성에 의해 트랜스로컬리티가 형성되고 있는 과정에 집중한 연구로서 그 한계도 선명하다.

두 번째로 트랜스로컬리티 연구의 한계는 동양적인 '장소성'에서 집중한 로컬리티의 특징들이 시간적으로 단절되어 있다는 점이다. 즉 로컬리티의 개념의 출현은 70년대 이후이며, 트랜스로컬리티 구성주의 접근방식도 90년대 이후 활발하게 진행되었다는 점이다. 한국에서 대부분 트랜스로컬리티의 연구들은 2000년대 초반부터 시작되었으며 중후반에 집중되었으며, 그 연구 성과도 많지 않다. 일부 지리학배경을 가진 학자들에 의해 사례연구의 방식, 또한 지리학에 기반한 개념정리가 되었다는 점도 주목할 필요가 있다.

비록 인문학부분에서 오랫동안 로컬리티를 연구하였지만, 동양적인 장소성 중심의 로컬리티를 심도 있게 분석한 연구는 거의 없다. 그것은 우리가 동양적인 로컬리티의 특징, 공간의 장소성이 갖고 있는 다양한 의미를 해석하는데 한계를 갖고 있다는 것을 역으로 설명하고 있다.

다시 말하면 한국의 트랜스로컬리티연구도 1990년대 이후 한국으로 이민한 집단들의 이민경로와 이민의 지속성, 연대성을 포착하는 방법론으로 관심을 받았지, 트랜스로컬리티가 갖고 있는 내적인 이론적 함의를 발전시키기 위한 연구는 부재하다.[2]

---

2 부산대의 한국문화연구의 대형 연구프로젝트는 인문학의 시각에서 로컬리티를 연구하였으며, 문재원 등 연구자들이 아파두라이(Appadurai, Ariun)의 로컬리티 개념을 차용하여 한국으로 이주한 조선족들을 대상으로 "연변거리"의 로컬리티를 재현하려고 노력하였다. 선행적으로 "트랜스로컬의 주체성"에 초점을 맞추어 "소수자로서의 조선족 주체성"포착하였지만 짧은 문장에서 다양한 경관과 장소의 트랜스로컬성의 특징을 포착하기는 역부족이었다. 또한 여전히 "가리봉"이란 지방과 "서울"이란 중앙의 위계적 공간을 타파하지

본 논문에서 기존연구의 이런 한계를 극복하기 위하여 '조선족'을 연구대상으로 선택하였으며, 특히 도시화가 진행되고, 글로벌화과정에서 공간이 재편되는 과정에서 '장소성'을 장기적 시공간의 압축성을 파악할 수 있는 장소인 중국의 연길을 선택하여 집중분석하고자 한다.

조선족을 연구대상으로 선택하면 그 트랜스로컬리티는 1860년대까지 시간을 거슬려 올라갈 수 있으며, 전통적인 장소성의 '로컬리티'의 변화의 상을 비교적 온전하게 재구성할 수 있는 장점을 갖고 있다. 연길이란 도시는 1900년대 초반에 도시가 형성되기 시작하면서 도시성과 조선족(조선인)[3]이 갖고 있는 문화성을 포함한 다양한 맥락들을 파악할 수 있는 장점을 가지고 있다.

두 번째는 개혁개방이후(1978년 이후) 연변중심의 동북지역에서 북경으로 이주하면서 형성하는 제2차 트랜스로컬리디를 재구성하면서 그들이 집구하는 장소성은 로컬리티를 갖는지 이것이 어떤 의미인지를 파악할 수 있는 좋은 기회이다. 지금까지 연길과 북경의 조선족연구는 종족성에 집중되었으며, 디아스포라의 맥락에서 연구가 많이 진행되었다.

본 연구는 한국적 맥락에서 로컬리티, 트랜스로컬리티 연구의 외연을 확정하면서 도시에 거주하는 조선족들의 트랜스로컬리티를 파악하는 시론적인 연구로서 기존의 에스닉 접근방법에서 장소성에 집중한

못하기에 트랜스로컬리티 연구의 방법론적 한계가 여전히 선명하다. 그럼에도 불구하고 이런 연구들은 기존의 에스닉 연구보다 장소성, 주체성, 이동성, 연결성을 더 잘 포착할 수 있는 가능성을 보여준 데 있다.

3 본 연구에서 1949년 중화인민공화국의 탄생을 기준으로 그 전에 연길지역을 포함한 동북지역에서 생활한 한민족을 '조선인'이라고 표현하며, 광복 후 여전히 남아서 중국의 소수민족으로 정체성을 부여 받은 한민족을 '조선족'이라고 표현하겠다. 그리고 서론 등 부분에서 한국과 밀접하게 연결되어 있는 '조선족'을 '재중동포'로 표현하면서 그들의 연대성에서 초점을 부각하고자 한다.

로커리티에 초점을 바꾸면서 장소성이 갖고 있는 구분하기 힘든 에스 닉적 요소와 로컬리티의 요소의 차이를 조금이라도 구분하고자 한다.[4]

마지막으로 도시의 조선족 집거지를 선택하는 것은 중국은 산업화, 공업화과정과 함께 도시화가 시작되는 시점에서 로컬리티, 트랜스로컬 리티의 출현이라는 점이다. 서구의 로컬리티와 트랜스로컬리티는 탈공 업화과정, 후기 산업화에서 도시재생에서 로컬리티 문제가 부각되는 것은 그 로컬리티의 "장소성"은 다른 기능이 있다는 것이다. 이것은 한 국에서 외국인 밀집하여 산업화시기 형성된 공단지역의 외국인노동자 밀집지역과 비슷한 점도 있지만, 역시 서구처럼 탈산업화과정에서 주 택지역, 상업지역으로 변화되는 시점에서 도시재생의 과정이며, 로컬 리티의 장소적 특징은 영국 등 서구지역과 중국 등 후발공업화지역의 변화과정의 중간지점에 있는 시간성을 살펴볼 필요가 있다.[5]

---

4 에스닉 연구.(장소중요성의 부상) 장소성을 강조하는 에스닉 연구들은 조금씩 실제 존재하는 장소성, 보이지 않지만 실존하는 사회연결망 및 장소를 중심으로 하는 영역성에 초점을 맞추어 온 연구들이 적지 않다. 베이징의 왕징 코리아타운에서 4개 부동한 집단의 비교연구를 진행하면서 에스닉 집단들의 관계에 초점을 맞춘 연구(예동근, 2009, 2010, 2012), 한국의 다문화공간에 대한 비판연구(예동근, 2011)연구들은 에스닉 연구에서 장소성, 영역성, 연결망의 중요성을 인식하면서 도시이론, 사회공간이론의 연구 성과들을 과감하게 흡수하여 분석틀을 형성한 연구로서 로컬리티, 트랜스로컬리티의 연구에 가장 가까운 연구이다. 또한 박배균(2009), 이영민(2010, 2011, 2013)인문지리학자들의 초국가적 공간과 로컬리티, 트랜스로컬리티의 논의에서 이민자들의 이동성, 상호맥락성, 사회연계성, 장소성을 이론적으로 논의하였으며, 한국맥락의 방법론을 찾고자 노력하였다. 그리고 구체적인 실증연구에서 이영민(2010), 정현주(2010), 박규택(2009), 박정희, 조명기(2012), 정세용(2013), 문재원(2013)의 구체적인 실증연구들은 초국가주의 공간, 트랜스로컬리티의 구체성이 묘사되었다.

5 한국적 맥락에서 트랜스로컬리티의 연구가 초창기의 연구로서 방법론적으로 성숙되지 못한 것도 있지만, 이들의 이론적인 자원이 로컬리티와 트랜스로컬리티의 두 개 큰 축인 메시(Doreen B. Massey)와 아르준 아파듀라이(Arjun Appadurai)의 이론적 논의를 벗어나지 못한 한계를 갖고 있다. 이런 부분을 넘어선 보다 한국적 역사, 한국적 맥락에 기반한 논의에 기여하기 위해 "향토성"에 관련한 문화적 부분의 중국학자들의 논의들도 조심스럽게 검토하면서 이론적인 자원을 보다 풍성하게 하고자 한다.

조선족이 집중거주하는 도시이며 조선족의 정치적 수부인 연길시를 관찰대상으로 볼 필요가 충분하다. 이 도시는 국가적 차원의 내셔널리즘의 공간이기도 하지만, 오래 동안 축적한 로컬리티와 트랜스로컬티의 기호들이 숨어 있는 공간이기 때문이다. 도시 곳곳에서 농촌에 기반한 향토성이 풍기고 있고, 문화적 측면에서 더 로컬스럽다는 것이다. 즉 전근대적인 것과 근대적인 것의 비교과정을 거쳐 무엇이 로컬적인 것이지? 근대과정에서 형성한 내셔널리즘, 종족성과 차이성을 조금 더 잘 관찰할 수 있는 공간이기도 하다.

중국의 유명한 학자 페이쇼우퉁費孝通은 중국인의 이동성을 얘기할 때 "이토불이향離土不離鄉"로 정의하고 있다.[6] 전지구적자본의 이동과 함께 중국의 국가정책의 변화로 중국사회는 거대한 사회변동이 일어났으며 그 변화의 대표적인 현상이 인구의 이동이다. 특히 농촌인구가 노시로 이동하는 것이다. 이런 사회적 변화는 이동전에 장소와 문화, 및 심리적 귀속이 일원화된 특징들이 개별적인 개인의 이동이 아니라 대규모의 집단적인 인구이동으로 변화되면서 "이토불이향"이란 물리적 장소와 마음속의 장소를 이원화로 분리시키고 있다는 것을 잘 설명하고 있다.

이는 70년대 로컬리티 연구의 선구자 메시의 논의와도 일맥상통한 점이 있다. 메시는 로컬리티는 일련의 사회적 관계를 내지 과정들의 관점에서 정의되어야 할 것을 주장하였으며, 결정적인 것은 로컬리티가 상호작용interaction이라는 점, 공-현존co-presence 상황 속에서 구체적인 사회

---

6 이 용어는 1980년대 중국의 개혁개방과 함께 대량의 농촌노동력인구가 도시로 이동할 때 그들의 이동성의 특징을 밝힌 것이다. 중국인은 "토지"에 대한 애착은 다양한 의미를 갖고 있다. 물리적 공간인 장소는 떠났지만 마음적, 사회관계적인 것은 여전히 고향에 있다는 것이다.

관계들과 사회과정들로부터 생겨난 구성물constructions이라는 점이다.[7]

이들 논의들의 공통점은 장소의 이중성, 로컬리티의 이동성과 상호작용 및 상호연결에 초점을 맞추고 있다는 점이다. 이런 로컬리티들이 국경을 넘어서 해외이주가 보편화되고, 전지구적 차원에서 정보통신의 발전과 함께 트랜스로컬리티가 형성될 수 있는 기반이 형성되었다는 것이다. 1990년대 전의 대부분 이주연구들은 디아스포라와 현지적응(동화), 종족갈등에 초점을 맞추었다면 세계화, 글로벌화맥락에서 진행되는 초국경 이주는 트랜스로컬리티에 초점을 맞추게 된다는 것이다. 국경을 넘어서 다른 공간에 혼합되어 다차원의 로컬리티를 형성하고 있으며, 고향과 새로운 정착지역 사이에서 다양한 형태로 상호관계가 발생하면서 관계적 맥락에서 재이동과 재정착을 거치면서 트랜스로컬리티들이 다양한 형태로 나타나는 점에 주목할 필요가 있다.

이런 의미에서 "작은 서울" 같으면서 서울스럽지 않은 연길, "작은 평양" 같으면서 평양스럽지 못한 연길의 트랜스로컬리티는 무엇일까? 나아가서 연길의 작은 복제품으로 한국의 가리봉에 정착한 "옌뻰거리"는 과연 연길스러운가? 즉 우리는 장소적 특징을 갖고 있는 로컬리티의 문화적 부분, 사회적 관계부분, 나아가서 그들이 형성하고 있는 "마음의 장소"적 특징들을 깊이 있게 파악하고 논의하지 않는다면 트랜스로컬리티는 "경관"의 복제품, 이주자들의 행위의 주체성과 그들이 갖고 있는 출신지역과 연결성을 파악하는 것으로 끝나는 것이다.

그럼 연길의 트랜스로컬리티는 어떻게 형성되었고 어떤 특징이 있

---

7   Massey, D., The political place of locality Studies, *Space, Place and Gender*, University of Minnesota PRESS, 1994. p.134.

는가? 본문에서는 연길의 트랜스로컬리티의 이동성, 탈산업화란 거시적 공간의 변화를 가장 빨리 겪은 지역으로서 트랜스로컬리티의 문화특징, 종족특징, 장소적 특징을 구체적으로 살펴보고자 한다.

2. 트랜스로컬리티를 형성할 수 있는 지정학적 공간

연길시는 중조 국경선과 54km, 중러 국경선과 150km, 한반도 동해와 150km 떨어져 있으며 두만강유역의 중추적인 위치에 있다. 또한 한민족의 성산으로서 백두산은 중조국경지역에 있어 트랜스로컬리티 문화가 꽃필 수 있는 가장 적합한 지역이기도 하다. 수전문화가 발달한 한민족은 자연적 재해를 피하여 새로운 개척지를 개발할 수 있는 두만강유역은 최적의 생존공간이며, 한반도의 연장선이기도 하는 접경지역은 트랜스로컬리티가 생성될 수 있는 지정학적 공간이기도 하다.

연길시에는 일제시기 남긴 유적, 러시아풍의 건물, 한반도에 이주하면서 형성한 다양한 문화재들이 남아 있을 뿐만 아니라 남한, 북한의 사람들이 투자하고 다양한 형태로 교류가 활발하게 형성되고 있다.

90년대 후반부터 민족의 성산 백두산으로 이어지는 상징적 장소의 특징은 초국가적인 공간의 상호작용의 다양한 장소적 특징들을 만들어 냈으며, 백두산과 독특한 이국적인 3국관광의 매력적인 광광상품들은 다양한 트랜스로컬리티를 만들어 내고 있다.

2016년 여름 연길조사에서 발견하였듯이 연길고 신기술개발구에는 일본, 북한, 한국 다국적 기업들이 입주하였으며, 한국의 다양한 체인점

들이 연길에 입주하면서 '작은 한국'을 연상시키고 있다. 연길은 1990
년대 중반에 이미 서비스업종이 전체산업의 70%를 넘어서면서 동북지
역의 공업도시 경관과 전혀 다른 방향으로, 이국적 냄새가 풍기는 국경
도시로 자리매김하였다.

중국에서는 소수민족의 특색이 있는 도시이며, 한글과 민족문화가
율동하며, 중국조선족의 교육의 본산지로 인식되기도 한다. 또한 한국
과의 교류는 노동력유출, 송금경제, 계절이주의 특징들은 한국과 연길
을 더 긴밀히 연결시켜 놓았다.

농촌의 방방곡곡에서 한국채널을 볼 수 있고, 한류풍의 문화생활과
오락이 활발하며 농촌의 공동화와 함께 형성되는 불안과 위축은 점차
자녀교육, 도시생활에 대한 기대로 부단히 연길시로 이주하면서 90년
대 30만 정도의 도시인구는 현재 50만 인구로 확장되었다. 그 가운데
조선족의 인구가 50%를 넘고 있다는 점이다.

트랜스로컬리티는 단순히 '장소place'나 상이한 '장소'들 간의 결합을
의미하는 것이 아니다. 오히려 이것은 장소들 사이의 연관과 상호작용-
미디어, 노동, 여행, 상품의 이동 등을 통하여 형성한 추상적 총체라고
할 수 있다.[8] 또한 여기서의 로컬리티는 일종의 위치situatedness을 제시
가하기 위함이지만 결코 고정된 형식의 배열이나 위치 짓기가 아니다.

연길의 트랜스로컬리티는 부단히 확장되고 있으며, 다양한 장소적
공간을 만들어 내고 있다. 이것은 연길이라는 독특한 국경지역의 지정

---

8   Mandaville, Peter G., "Territory and Translocality : Discrepant Idioms of Political
    Identity", *Millennium* Vol. 23(3), 1999; Peleikis, Anja, "The emergence of translocal
    community : The case of a south Lebanese village and its migrant connections to
    Ivory coast", *Cahiers d'étudeset la Méditeranée orientale et le monde turco-iranien* No. 30, 2000.

학적, 역사적 상황과 연계되어 있으며, 이런 상관적인 종족적, 지정학적 연결이 계속 작용을 하기 때문이다.

아파듀라이[9]는 로컬리티를 양적이거나 공간적인 것이 아니라 근본적으로 상관적relational이고 맥락적인contextual것으로 간주하며, 또한 사회적 현안에 대한 감각과 상호작용의 기술, 맥락들 간의 상호 의존성들이 만들어 내는 일연의 관계로 구성되는 복잡한 현상학적 성질로 간주한다. 행위자와 사회성, 재생산 가능성reproducibility같은 것들이다. 연길은 바로 동아시아의, 극동지역과 연결되는 지정학적 위치는 러시아, 일본, 중국, 한반도와 연결되어 있으며, 역사적으로, 상황적으로, 현시점에서도 다양하게 연결되어 있으며, 다중적 문화를 만들어 내고 있다. 그리고 그 가운데 조선인(차후 조선족)으로 이어지면서 그들이 한반도에서 갖고 문화, 그리고 현지에서 적응하면서 만들어내는 로컬리티들이 다양한, 다국적 문화의 요인들이 포함되는 것에 주목할 필요가 있다.

그리고 연길은 역사적 시간 속에서 그 거대한 정치-경제학적 공간의 형성을 바로 볼 때, 지정학적 특징들이 로컬리티이면서 트랜스로컬리티의 이중적 특징을 갖고 있는 점을 발견할 수 있다. 특히 만주사변이후 만주국의 시절, 일본제국에 합병한 조선인은 일본인이면서 만주인이며, 만주지역을 자유롭게 넘을 올 수 있지만, 그 문화는 한반도와 전혀 다른 공간이라는 점은 이 지역이 로컬리티와 트랜스로컬리티의 이중성이 담긴 특별한 시기가 있었다는 점을 주목해야 한다.

1945년 광복 전까지 연길에 생활하는 조선인들은 인구학적으로, 정

9   Appadurai, Arjun, *Modernity at Large : Cultural Dimensions of Globalization*, University of Minnesota Press, 2004.

치적으로 주류민족이 아니었으며, 생활수준, 계층 등 다양한 측면에서 중·하류층에 속해 있었다. 대부분 사람들은 연길을 피난처로 생각하였으며, 영구적인 정착의 공간으로 생각하지 않았다는 점에서 연길은 하나의 잠시 머무는 공간이면서 또 하나의 새로운 이동 공간이라는 점에서 트랜스로컬리티가 형성될 수 있는 공간이란 점을 발견할 수 있다. 보다 구체적인 파악하기 연길의 도시형성과 함께 그 공간의 형성, 발전 과정을 살피면서 트랜스로컬리티의 특징을 파악하고자 한다.

3. 연길의 도시형성과 초기 트랜스로컬리티의 특징들

연길시의 도시형성과정으로 볼 때 국자가로 불리는 초창기의 공간형성에 보아야 한다. 국자가는 여전히 정부중심의 행정건물과 상업거리 형성이 도시형성의 과정의 주축이라고 볼 수 있다. 1909년 9월 청과 일본은 북경에서 두 개의 조약[10]을 동시에 체결하였고, "간도협약"이 체결되면서 연길은 상부지로 되었다. 청나라는 국자가에 길림동남로병비도대공서吉林東南路兵备道台公署를 설치하고 연길청을 연길부로 승격시켰고 1912년에는 연길현으로 고쳤다. 중화민국정부는 1914년에는 연길현을 도윤道尹공서로 승격시켰다. 연길은 민감하고 중요한 지정학조건으로 점차 이 지역의 정치, 경제, 문화의 중심지로 되었다.

---

10 두 개의 조약으로 하나는 "도문강중한계무조약"이고 하나는 "동삼성교섭 5안조항"이다. 여기서 일본은 간도지역에 대한 중국의 영유권을 인정하는 대신 남만지역에서 막대한 침략이권을 챙겼다.

〈그림 1〉 1909년에 완공한 중국 전통식 기반의 청나라 건물

(주 : 1909년 청나라가 주권행사를 위해 연길시가지에 건축한 도윤공서)[11]

당시 연길에는 도윤공서 외에 연길진수사서, 연길현공서, 지방 심판청, 세연징수국税捐征收局, 취운국催运局, 경찰사무소감옥, 중학교, 사범학교, 혼성여단 등이 있었고 일본 측 기관들로는 영사분관, 거류민회, 보통학교, 병원 등이 있었다. 시가지에는 중국인 상가가 즐비하게 늘어서 번창하였다.[12]

---

11 이 건물사진은 저자가 2016년 7월 현지조사에서 한창 건물보수 공사하는 현장을 찍은 것임. 1907년에 청정부는 연길에 "吉林边务督办公署(길림변무독판공서)" 그 사무공간으로 1909년에 위 건물을 완공하였음. 1914년에 도윤공서로 명명되었으며, 도윤공서로 불리기에 여기에서 도윤공서라고 표기하겠음. 일본정부는 1909년에 조선통감부파출소를 간도총영사관으로 바꾸고 세력을 확장하였다. 이 두 건물은 중국의 전통적인 건축양식과 일본의 근대건축양식이 선명하게 대비를 이루면서 연길의 이중적 국가적 차원의 공간이 형성되고 있음을 발견할 수 있다.

12 牛丸潤亮, 『最近間島事情』, 朝鮮及朝鮮人社出版, 1927, 486쪽.

〈그림 2〉 용정지역에 우뚝 솟은 일본 근대건물
(주 : 1926년 일본은 연길현 용정에 재건한 총영사관건물)

　이런 국가적 차원에서 주권행사, 통치 권력을 보여주기 위한 전시 공간 외에도 자발적으로 아래로부터 형성되는 상업적인 공간형태는 로컬적인 특징이 강하다. 이 시기에 산동, 산서, 하남, 하북 등 여러 성의 소상인과 수공업자들이 연길에 와서 상업망을 형성하기 시작하였고 또 간단한 수공업 작업소를 세웠다. 연길시가지 공간은 다양한 이주민들이 모여들면서 도시특유의 이질성, 도시화초기에 나타나는 지역 로컬리티의 공존도 함께 나타났다.

　그 후 지역적 문화특징, 다양성들은 더욱 증가되었다. 일정 규모의 상업점포가 출현하였으니 상업점포가 출현한 것은 대체로 1921년 이후이다. 초기에 상업점포 12곳이 있었는데 그중 잡화점 9곳 포목점 1곳 식

〈표 1〉 1926년도 국자가 호구조사표 (단위 : 호, 명)

	호	남	여	계
내지인	65	95	96	191
조선인	358	775	693	1,468
지나인	879	5,638	2,345	7,883
외국인	5	16	18	34
합계	1,307	6,524	3,052	9,576

출전 : 牛丸潤亮, 『最近間島事情』, 朝鮮及朝鮮人社出版, 1927, 486쪽.

품잡화점 2곳이 있었다. 또 백러시아인이 개설 한 "溜布林斯基" 오금상점五金商店이 있었다. 이들 점포들에서는 주 로 생활용품과 관련된 물품을 경영하였으며 자금도 부족하여 여러 사람 이 주식을 갖는 방식으로 경영하였다.[13]

조선인이 경영하는 상점도 있었으며 물건도 멀리 천진, 상해 등지에서 구입하기도 하였다. 1929년 이후 계속하여 새로운 점포가 출현하였으며 원래의 상점 명칭을 바꾼 점포들도 많이 있었다. 이때의 점포들은 일정하게 자금을 갖고 점차 경영범위를 확대하였다. 연길에서 제일 번화한 시가지가 두 곳 있었으니 한곳은 큰 십자로였고 다른 한 곳은 상부지였다. 큰 십자로에서 매매가 집중되어 상업이 번성하였고 상부 지에서는 점포들이 집중되어 별의별 항업이 다 있었다. 연길의 "작은 상해"라 불렸을 정도로 번성하였다.[14]

그 때 국자가(연길시)의 인구규모를 볼 때 공간적 특징에서 중국적 풍경, 일본적 특징, 조선인들의 문화가 반영한 장소적 공간들이 나타났지만 주도적인 공간특징들은 중국적요소가 많다고 볼 수 있다. 그 때 인구규모로 보거나 행정적 통치권을 보거나 청정부, 민국정부가 중요한 역

---

13 张泰显, 「解放前延吉工商业及金融业发展始末」, 『延吉文史资料』 第一辑, 1992, 2쪽.
14 위의 책.

할을 하는 국가주의, 혹은 중국 각 지역의 로컬리티들이 반영된 것이 주도적인가하는 것은 국자가의 인구규모에서도 대충 파악을 할 수 있다.

이처럼 1932년 만주국이 성립되기 전에 일제의 영향력이 컸지만 전반적으로 연길은 청나라와 중화민국시기의 중국 변경도시의 특징을 갖고 있었으며, 작은 국제도시로 활발할 상거래와 다중적 트랜스로컬리티들이 혼재한 공간으로 볼 수 있다.

1920년대 초에 도시중심의 경관은 중국적이 강하지만 조선족들의 거주로 일상생활의 거리풍경에 조선인들의 특징도 나타났다. 도시중심지에 거주하는 조선인은 생활이 비교적 좋은 계층에 속하며 그들이 자신들의 민족특징을 나타내고 있다는 점도 흥미롭다. 연길시의 경제발전으로 사회계층간의 차이도 더 커졌으며 주민들의 생활 상태로부터 그 차이를 확인할 수 있다. "좀 여유가 있는 집안의 자제는 평시에 양복을 입었고 적지 않은 사람들은 일반적으로 한복을 입었기에 조선인들이 집거해 사는 곳에 가면 한반도내에서 여행하는 느낌을 준다고 하였다."[15]

이주한 조선인을 상·중·하의 계층으로 나누어서 그들의 생활 상태를 반영하였는데 "하층사회에서는 여름에 쌀이 부족하여 호박종류의 음식을 먹었고 상부지내에서의 상층인 거주상황은 한반도와 다를 바 없었다 하였으나 많은 하층민들은 간단하고 낮은 초라한 수수깽이 집에서 살았다"[16]는 기재에서 볼 때 연길지역에서 조선인들이 거주하는 건물들은 민족적 색채가 강한 트랜스로컬리티를 형성하고 있었다는 것을 알 수 있다.

---

15 『在滿朝鮮人の現況』, 滿鉄庶務部調査課, 1923, 23쪽.
16 朝鮮總督府內務局社會課, 『滿洲及西比利亞地方に於ける朝鮮人事情』, 朝鮮總督府, 1927, 45쪽.

4. 만주국시기 연길의 로컬리티와 트랜스로컬리티

만주는 독립운동의 공간이고, 저항의 공간이며, '만주드림' 실현의 공간이기고 하지만, 슬픈 이별과 아리랑의 정서가 담긴 로컬리티의 공간이기도 하다. 이런 현상은 연길에서 잘 나타나고 있다.

1910년 일제의 조선강점을 계기로 급속히 증가되어 가는 한인의 만주이주는 연길지역에서 훨씬 더 빠른 속도로 진행되었다. 1911년 12만 6천여 명, 1921년 30만 7천여 명, 1925년 34만 6천여 명, 1929년에는 무려 38만 2천여 명으로 급증하였다. 당시 재만조선인 이주민수(59만 7천여 명)의 약 63%에 해당되었고 연길지역 주민수의 75%를 초과하는 수치이다.[17]

이는 두만강 하나를 사이에 둔 시리적 원인과 미개간지가 많은 현지 사정도 있었지만 더욱이 "간도협약"을 통한 거주권과 토지소유권의 보장이 주요요인으로 작용하였다고 할 수 있다. 다른 하나 중국당국의 수전개발관심으로 인하여 조선인들의 이주를 환영하고 있다는 실정도 한 원인이 될 수 있다. 특히 주목해야 할 것은 이때에 이르러 단순한 경제적 원인을 떠나 기타 목적을 가진 인사들의 이주가 있었다. 그 가운데 망국노가 되기를 원하지 않는 반일지사들이 대량 연길지역에 와서 활동함으로써 조선인사회의 핵심으로 그 영향력을 행사하였다.[18]

만주국시기 일제가 만주를 개발하기 위해 계획적으로 집단이주를

---

17 이용식, 「20세기 초 개방도시 연길의 발전과 다문화특성」, 『인천학연구』 14, 인천대 인천
    학연구원, 2011.
18 위의 글.

시켰고, 경부선과 연길시를 이어주는 철도의 개설과 보수들은 더욱 쉽게 연길로 넘어오게 되었으며, 부단히 개척되고 확장되는 수전의 증가는 "만주드림"을 불러 일으켰다. 많은 지식인, 독립투사, 종교인들이 만주로 넘어와서 학교, 교회, 신문을 간행하면서 연길은 점차 하나의 트랜스커뮤니티를 형성하였으며, 트랜스로컬리티로 장소로 정착되었다.

하지만 여전히 국가를 잃은 망국노로서, 이방인으로 그들의 심적 공간, 종족공간은 완전히 현지에 융합되지 않았고, 마음은 여전히 조선반도에 있었다는 것을 서정주의 시에서 살짝 엿볼 수 있다.

> 高粱밭 머리의 曲馬團에서는
> 끌려온 우리나라 아이겠지,
> ······
> 그 옆에 검은 흙 먼지가
> 20센치쯤 쌓인 골목길에서는
> 아마 한 달도 더 안 팔린 것들이겠지,
> 돌덩이처럼 굳은 胡떡 한 무더기를
> 옆에 놓아두고 앉아서 자고 있는
> 때범벅의 靑衣의 滿洲國民 할아범.
> ······
> 저만치의 쑥대밭 언덕에서는
> 역시나 때절은 靑衣의 한 滿洲國 아줌마가
> 누구의 껏인가 새 棺널 하나를 앞에 놓고
> '끅! 끅! 끄르륵······

끅! 끅! 끄르륵……'

꼭 그런 소리로 울고 있었다.

우리 단군할아버님의 아내가 되신

그 잘 참으신 암곰님처럼

씬 쑥과 매운 마늘 많이 자신 소리 같았다.

— 「滿洲帝國 局子街(延吉)의 1940년 가을」, 서정주

서정주는 비록 만주국에 오래 정착하지 못하여 방관자로서, 이방인
으로 이런 시를 쓸 수 있지만. 1920년대 대규모로 집단이주한 조선인
의 생각도 별반 큰 차이가 없었다는 것을 알 수 있다. 1945년 광복 후
만주에 거주하는 절반 이상의 조선인들이 한반도로 다시 이주한 사실
은 이를 설명할 수 있다.

우리는 1910년부터 1945년 사이, 조선인들이 만주로 급성장하면서
또 썰물처럼 다시 한반도로 빠져 나가는 것을 보면, 트랜스로컬리티의
형성은 제국적, 식민적, 국가적 다양한 구조적 환경에서 작동되는 것을
발견할 수 있다. 트랜스로컬리티의 형성은 장소도 매우 중요하지만, 일
정한 규모의 인구, 재생산가능한 사람들이 집중되어야 트랜스로컬리티
가 포착되는 것에 관심을 둘 필요가 있다.

연변지역의 조선족은 1910~1930년대에 급격히 증가하였다. 이 시
기 한반도는 일본의 식민 지배를 받으면서 농촌의 경제상태가 현저하게
악화되었고, 그 결과 만주로의 대규모 이동현상이 나타났다. 이 시기에
한반도 농촌지역을 떠나 연변지역을 비롯하여 만주로 이주한 농민들은

초기에는 함경도 출신이 주류를 이루었으며, 1930년대 이후에는 경상도 출신의 농민들이 대량으로 이주하였다. 1932년의 만주사변 이후에는 일본의 대륙정책에 따라 한반도에서 만주로의 집단이주가 급증하였다.

일제 강점기에 연변을 비롯하여 만주로 이주한 조선인의 절반이상은 광복 후에도 한반도로 귀환하지 않고 현지에 정착함으로써 중국 국적의 소수민족으로서 살아가게 된다. 한반도로부터 온 이주자들은 1930년부터 만주지역에서 생활하면서 조선인, 일본신민, 만주국 국민 다양하고 복잡한 정체성을 외부로부터 부여받았지만 대부분 사람들은 조선인이란 정체성이 확고하였다. 이런 것은 조선인들의 인구규모가 확장하면서 상당한 우위를 확보하였거나, 재생산이 가능할 때 독립적인 정체성이 형성될 수 있는 것이다.

〈표 2〉 연길지역 일본영사관 관할구역별 인구표 (단위 : 명)

관할구역별	내지인	조선인	외국인	중국인	합계
'간도' 총영사관직할구역	1,368	140,189	36	18,240	159,833
국자가분관수지구역	335	78,851	27	127,729	106,942

출전 : 『間島事情梗概』, 在間島日本総領事館, 1932, 3쪽.
비고 : (1931년 말 통계)

〈표 2〉에서 보면 연길지역의 조선인수자가 절대 다수를 차지하고 있음을 알 수 있다. '간도'총영사관 직할구역은 용정촌을 중심으로 주변 관할구역을 말하고 국자가 영사분관 관할구역은 국자가를 중심으로 주변관할구역을 가리킨다. 국자가 영사분관 관할구역의 인구표를 보면 조선인이 중국인에 비해 더 많은 점이 주목된다. 이는 초창기 도시형성

때 한족들이 중심의 공간특징에서 변화된 것들을 발견할 수 있다.

연실시가지뿐만 아니라 전반적으로 조선인의 증가는 연변지역의 농촌공간의 변화에도 영향을 주었다. 연길시가지에 집중했던 한족에 비해 주변 농촌지역에 조선인들이 많이 분포되었기 때문에 국자가 영사분관 관할구역 인구 표에서 조선인이 더 많은 수로 나타난 것이다. 이는 다른 한편으로 직업상의 특징을 말해주기도 한다. 농경과 축산업에 종사하는 조선인들이 80%를 차지하고 있고 그 외에 물품도매업자, 여관업, 요리점, 유희장, 흥업장에 종사하는 조선인들이 일부분 있는데 반해 한족들은 상업에 많이 종사하였고 그 외 직장인과 노동자들이 많았다는 것을 설명한다.

조선인들은 농축 산업을 주요로 종사하지만, 시가지에서 상업을 종사하면서 다양한 직업, 계층을 형성하면서 조선인의 로길리티가 형성되는 것을 설명하고 있다. 여전히 한족, 일본인, 러시아인, 비교적 적지만 기타 외국인들과 함께 다양한 민족 집단들이 거주하는 트랜스로컬리티를 형성하였으며, 조선인의 문화적 요인들이 증가되는 것도 인구규모에서 파악할 수 있다.

이 시기에 조선인들의 하나의 작은 종족사회를 형성하였기에 그들의 꾸린 학교, 종교기관, 상포, 주거 공간 다양한 장소적 특징들에서 이주 전에 한반도의 각 지역에서 온 로컬리티 특징들이 있다. 특히 연변지역의 많은 지명들은 한반도에서 그대로 가져왔으며, 일부 이주민들은 집단이주를 하였기에 동성촌을 형성하여 원래의 문화를 그대로 유지한 점은 오늘날의 개인중심의 이주, 난민이주와 다른 로컬리티라는 점에 주목할 필요가 있다.

다른 하나는 조선인들이 비록 이주민들이지만 그대로 나름대로 문화적 독립성, 민족적 우위성을 가질 수 있는 것은 이 지역에 토착민이 없는 것과 관련이 있다. 특히 연변지역에 조선인들이 집중거주하고 정착한 용정촌은 황망한 대지에 조선인들이 집단이주하여 개발한 지역으로 이 장소의 로컬리티 특징은 조선의 로컬리티의 연장이다. 더 엄격히 말하면 함경도 로컬리티가 이동되었다고 볼 수 있다.

이렇게 된 원인은 청나라의 봉금정책과 연관되어 있다. 200년간의 봉금기간이 지난 후 약간의 인구가 살고 있었다. 후에 온 다수 주민은 산동성, 직예성(현 하북성), 봉천성(현 료녕성) 등지에서 이주해 온 사람들이다. 산동성에서 온 이민이 절반을 차지한다. 이들 다수는 정치행정에 무관심하였다. 역시 경제이민이 다수라는 것이다. 조선인들은 지리적으로 함경도와 가까이에 있어 대부분의 이민자가 함경도에서 온 사람들이며 다음으로 평안도에서 온 사람들이 많다.

이주한 조선인들도 대부분이 몰락한 농민들이고 생계 때문에 역시 정치에 관심이 없었다. 또한 조선인들이 중국을 대국이라 칭하고 중국인을 대국인라고 부르면서 상당한 호감을 갖고 이주하였고 또한 중국관헌도 이주한인에 대해 귀화입적을 권유하면서 조선인에 대한 회유정책에 노력하였기에 조선인들의 입적이 늘어났다.[19] 현재 중국과 한반도에서 만주시기의 역사부분에 대하여 간도지역은 상당히 저항적이고, 반일적이며 정치에 관심이 많은 '혁명성'으로 기록된 것과 배치되지만 어쨌든 인구규모와 이주의 기원지로 볼 때 빈 공간에 입주하면서 선주민으로 정착되었다는 점은 **"토착 로컬리티"**의 성격이 짙다.

---

19 『在滿朝鮮人の現況』, 滿鐵庶務部調査課, 1923, 22쪽.

당시 일본인의 규모는 작았으나 통치 집단으로 연길의 다중적 트랜스로컬리티의 형성의 중요한 구성부분이다. 당시 일본이 연길 여러 곳에 근대화한 공공시설과 공공문화시설을 세웠다. 예를 들면 운동장, 동산묘지, 공회당公會堂, '간도'구락부, 상부공원商埠公園등이다.[20] 이러한 근대적인 문화요소들은 확실히 현지 주민들의 주의를 끌었다. 또한 중국지방당국에서 일제의 침입에 대해 견제만 있은 것이 아니었다.

경제적인 이해관계로 천도경편철로주식회사天圖輕便鐵路股份公司는 중일관상官商이 합작하여 설립한 회사도 있었으며, 천보산동광 개발도 중일이 합작하였으며 로투구석탄 채굴도 중일관상官商이 합작하여 경영하였다. 이는 일본식 경영방식 등 기업문화가 현지의 트랜스로컬리티로 흡입되면서 일본적 요인도 부정할 수 없는 부분은 인정해야 할 것이다. 지금도 연길지역에서는 기업에서 쓰는 많은 용어들이 일본어 그대로 사용되는 등 일본기업문화의 흔적이 아직도 남아있다.

5. 트랜스로컬리티의 상실과 에스닉티 도시로 전환

2차 세계대전 이후 일제의 패망과 함께 일본지우기 작업은 연길이란 공간에서 신속하게 진행되었다. 그리고 점차 냉전체제로 들어가면서 중국과 미국의 갈등이 강화되자 남한배경, 일본과 연결이 되는 사람들도 일본으로 남한으로 귀국하기 시작하였으며, 연길은 신속히 북한중심으로 기울어지기 시작하였다.

---

20 『間島事情梗概』, 在間島日本总領事館, 1932, 61~62쪽.

민족국가의 자결과 독립은 당시의 거대한 흐름이었고, 연길은 중국화, 북한화, 자체독립을 놓고 다양하게 논의되었지만, 결국은 중국공산당의 집권 하에 중국의 귀속과 함께 자치지역으로 시스템을 갖추면서 친북파들이 세력을 잃고 북한으로 가면서 연변은 본토화, 중국화과정은 신속히 추진되었다.

상대적 자치를 인정하는 과정에서 연길은 냉전체제에서 자본주의 길로 나가는 남한을 부정하는 운동, 유교전쟁 등을 거치면서 더욱 중국의 국민성을 강조하는 거대한 흐름에서 로컬리티는 잠재되거나 갈수록 위축되었다.

특히 문화대혁명을 거치면서 소수민족의 민족주의는 위험한 대상으로 인식되었고, 공산당과 국가에 충성경쟁은 갈수록 심하여졌다. 국가영수인 모택동에 대한 숭배 노래, 찬양의 시, 문학작품들이 쏟아져 나오고, 민족어로 된 기사, 이야기들은 모두 종족성에 기반한 로컬리티들의 특징들이 부각되지 못하였을 뿐만 아니라 종족성에 기반한 로컬리티는 점차 상실되는 결과로 나타났다.

도시의 경관들은 조선에 유입한 문화적, 민족적 요인들이 상실되면서 국가주의, 전체주의, 획일주의로 바꾸면서 모든 것들이 단순화되는 경관을 보여주고 있다. 노동자들은 남색복장을 입고, 군인들은 녹색복장, 여성들의 헤어스타일은 매우 단순화 되었으며, 기호화 되었다.

연길시에 거주하는 상징적은 주거지 또한 빨간색으로 통일되었으며, 높이와 크기 등을 포함하여 매우 엄격하고 계획적으로 배치되면서 연길시가 갖고 있는 초창기의 도시형태의 경관들이 변화되고 있었다. 50년대부터 70년대 말까지 중국식 사회주의, 국가통합과정에서 민족적 요

〈그림 3〉 1970년대 연길시 중심에 건축된 주택단지

출처 : https://www.ishuo.cn/doc/nwiuanqf.html, 2017년 3월 1일 검색[21]

소들이 다양하게 훼손되면서 기타 도시화 비슷한 로컬리티들의 양상들
이 나타났지만, 이것이 완전히 소멸되는 것은 아니었다.

　문혁의 종말과 소수민족정책의 회복으로 다시 종족적 요소들이 나
타났고, 민족언어와 문자의 활용이 가능하여졌으며, 민족명절을 쉴 수
있었고 민족복장을 입을 수 있으면서 연길은 다시 종족성 특징을 갖는
로컬리티요소들이 나타나기 시작하였다.

　연길시는 점차 상품을 인정하는 시장주의 길을 걸으면서 자발적으로
혼합된 로컬리티 경관들이 출현하였다. 건물은 주택건물인데 주거와 상
업 활동을 동시에 진행하는 특수한 공간들이 나타나기 시작하였다. 간

21　〈그림 3〉, 〈그림 4〉는 연변넷(『연변일보』)에서 제공하였다. 홈페이지에는 출처를 밝히면
　　사용 가능하다고 밝히고 있다.

〈그림 4〉 80년대 후반 연길시 외곽의 주상혼합건물
출처 : https://www.ishuo.cn/doc/nwiuanqf.html, 2017년 3월 1일 검색

판의 표기도 두 가지 언어로 표시되었고, 초라한 함경도주택건물에 인테리어는 중국식으로 혼합되었다. 또한 전환기의 복합적 경제 형태를 상징하듯이 전형적인 상품판매 건물의 희소성으로 주택공간의 일부를 상품판매 용도로 변경하면서 독특한 주상복합공간의 형태는 80년 연길의 로컬리티를 볼 수 있는 도시 경관의 하나이다.

80년대 점차 부활되는 로컬리티적 요인들은 연길의 도시가 형성되는 과정에서 연길이 갖고 있는 초국가적 트랜스로컬리티가 형성될 수 있는 공간성은 점차 망각되었다. 트랜스로컬리티가 존속할 수 있는 지정학적 공간의 상실과 함께 점차 연길의, 종족의 로컬리티로 고체화되면서 종족의 정체성도 국가중심의 공간에 고착되는 로컬리티로 나타나고 있다. 대표적인 것이 학계에서 일부 학자들이 제기한 "사과배론"이다. 일부 문인들은 "사과배"로 조선족의 이중성을 표현하였다. 이는 연길의 로컬리티를 이중적 문화성격의 일원화로 표현할 수 있기에 간단하게 소개하고자 한다.

사과도 아닌 것이

배도 아닌 것이

한 알의 과일로 무르익어가고 있다

장백산 산줄기 줄기져 내리다가

모아산이란 이름으로 우뚝 멈춰 서버린 곳

그 기슭을 따라서 둘레둘레에

만부라 과원이 펼쳐지거니

사과도 아닌 것이

배도 아닌 것이

한 알의 과일로 무르익어가고 있다

…….

—「사과배 (외 5수) 석화」

6. 국경 넘는 이동과 트랜스로컬리티의 부활

많은 연구자들은 조선족의 초국가적 이주를 논할 때, 국제화, 글로벌화에 초점을 두면서 거대한 자본주의 공간의 변화가 초국가적 이주의 핵심요인으로 보고 있다. 하비의 논의처럼 글로벌적 자본주의 공간의 변화는 부정할 수 없는 막대한 역할을 한 것은 사실이나, 다른 중요한 요인들을 간과하기 쉽다.

본 연구가 연길의 초국경적, 트랜스로컬적 지정학배경을 강조하는 것은 바로 트랜스로컬의 장소성과 그 시간의 중요성을 강조하기 위해서이고, 국가주의에 의해 잠시 수면 아래로 가라 앉아 있지만 사라진 것이 아니라는 점이다. 동북지역의 그렇게 많은 도시, 중국의 그렇게 많은 도시에서 왜 북방의 변두리 도시로 인식되는 연길이 갑자기 글로벌공간에 포획되면서 초국가적 이동이 일어나는가?

바로 연길이 도시형성 때부터 갖고 초국가성, 그리고 조선인들이 입주하면서 갖고 민족성 기반의 트랜스로컬리티들이 연길에 정착되었고, 연길이 갖고 있는 다양한 초국경적 지정학 장소(백두산, 두만강, 혁명유적지, 독립군기념장소) 들이 남, 북한 연결되면서 다시 트랜스로컬리티들이 부활할 수 있는 거시적 공간의 재형성을 살펴보아야 한다는 것이다.

1992년 한중수교이후, 백두산은 민족의 성산으로서 한국 관광객을 유치하기 시작하였고, 연길시는 관광산업을 중심으로 서비스산업들이 신속히 발전하면서 서비스산업의 비중이 90년대 중반에 70%를 넘고 외국인관광객이 밀집하는 독특한 도시경제구조를 형성하였다.

두 번째는 연변은 러시아, 일본, 한국을 중심으로 점차 노동력수출의 비중이 커지면서 송금경제가 연길의 발전에 중요한 부분이 되었다. 정부의 노동력수출정책과 민간의 자발적인 초국가적 이주, 송금경제, 관광산업에 기초한 연길의 인프라 투자는 도시경관에 한국적 요인들이 추가되는 2차적 트랜스로컬리티가 형성되었다. 이것을 단순히 연길시

도시형성의 1차적 초국가적 요소의 투입과 전혀 다르게 작동하고 있다는 점에 주목할 필요가 있다.

많은 연구자들은 최근 도시경관에 집중하여 연길을 하나의 "작은 서울"로 트랜스로컬리티를 포착하고자 하는데, 지나치게 한국적 요인을 강조하여 연길의 조선인, 조선족들이 집중하여 형성한 역사적 트랜스로컬리티에 소홀히 평가할 수 있기에 이 부분에 대해 좀 더 구체적인 논의가 필요하다.

국경의 개방과 국가 발전략에 힘입어 연길은 중요성은 다시 부각되었고 연길시에 하이테크산업단지에 북한, 러시아, 일본, 한국, 등 다양한 국가의 기업들이 입주하면서 연길은 다른 도시가 갖지 않은 다양한 트랜스로컬리티 장소들이 형성되면서 혼종화된 트랜스로컬리티가 형성되고 있다.

연길의 조선족들은 백두산지역에 개발한 민속촌은 북한측 건물형태, 남한의 민속 콘텐츠, 장기적으로 형성한 함경도 민속이 포함한 독특한 형태로 장소적 공간을 재생하고 있다. 최근에 도시화에 힘입어 새롭게 건축된 연길, 훈춘고속철역, 연변조선족자치주정부행정건물, 박물관 등은 다양하게 북한의 건물양식과 한국의 양식들이 혼합한 형태로 보이고 있다. 이 건물들의 또한 중국 한족들이 갖고 있는 상징적 요소들도 포함시켜 건물에서 독특한 "연변성"을 강조하는 혼합적 형태의 특징들이 도시경관과 대표적 건물들에서 나타나고 있다.

나아가서 북한이 입주하면서 경영하는 레스토랑, 한국음식점과 커피숍들은 시공간을 넘어서 직접 "이식된 트랜스로컬리티"로 보이고 있다. 연길은 도시형성초기에 "토착 트랜스로컬리티"에서 주변화된 조선

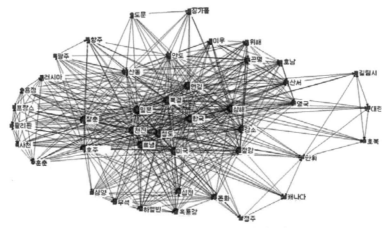

〈그림 5〉 2000년 이후의 조선족이주와 네트워크

(주 : 이영민, 이은화, 이화영 2013, 재인용)

족들이 도시의 중심부로 입주하면서 그들이 상징성의 재생산 공간의 핵심으로 부각되는 점을 살펴 볼 필요가 있다.

가장 대표적인 것이 연변축구팀이 상징성이다. 현재 한국인 감독과 일부 한국축구선수들이 가입되어 있으며, 연변의 조선족, 한족들이 함께 트랜스로컬리티의 문화를 만들어 내고 있다. 축구응원단들은 조선족, 한국인, 한족 다양한 종족과 국가 지역을 넘어서 혼종화 되어 있지만 샐러드처럼 각자의 색깔을 내고 있다. 한 시기에는 북한 선수들까지 함께 뛰어 남북한, 조선족, 한족들이 함께 연변축구팀을 형성하여 연변이란 정체성을 만들어내고 있으며, 매주 축구경기마다 전 시민들이 집중하는 독특한 연변응원문화는 전 중국을 넘어, 한국에서까지 주목을 받고 있다.

연길의 개방과 글로벌화의 경제에 연계되어 있는 것은 연길중심의 연변의 초국가적 이주민들의 국가별분포와 네트워크의 특징에서 잘 발견된다.

통계에 의하면 2004년까지 연변지역의 조선족이 세계 88개 국으로 이주하여 활동하고 있는 것으로 파악되고 있다.[22] 위의 도표에서 발견하듯이 한중수교전에 중국의 연해도시와 집중적으로 연결되어 있는 가족연결망, 친족연결망들이 다국화로 확장되면서 글로벌화의 모습을 보이고 있다.

중국의 국내 혹은 국외의 이주자들은 기원지와 정착지 사이에서 혈연, 지연 등이 원거리화 됨에도 불구하고 연결성은 오히려 더 촘촘하여지고 밀접하여졌으며 지속적으로 유지되고 있다. 한중수교 전에 흐름은 일방향적인 흐름이 주도였으며, 때로는 단절로 이어졌다. 하지만 현재의 트랜스이주와 트랜스연결망은 국경을 넘은 이주의 주체가 기원지와 정착지를 모두 아우르는 쌍방향적 흐름이라고 할 수 있다. 특히 가족구성원의 일부가 초국가적인 이주를 단행하여 공간적인 측면에서 원격화가 이루어진다 할지라도, 혈연적 연계에 기반한 가족의 관계는 필연적으로 네트워크를 통해 그대로 유지되고, 그 회로를 통한 다양한 교류가 일어나게 된다.

이영민 등 연구에 따르면, 연길이란 도시뿐만 아니라 연변지역의 마을이라는 지연 공동체의 측면에서도 이주 주체와 고향에 남겨진 주체들 간의 관계는 네트워크를 통해 긴밀하게 연결되고 있다. 특히 남겨진 가족들을 돌보기 위한 경제적 송금이나 지역사회의 변화 발전을 야기하는 사회적 송금 등을 통해 기원지와 목적지 양쪽 간에는 긴밀한 유대가 형성되는 것으로 결과와 나왔다.[23]

---

22 박광성, 『세계화 시대 중국조선족의 초국적 이동과 사회변화』, 한국학술정보, 2008.
23 이영민 · 이은하 · 이화용, 「중국 조선족의 글로벌 이주 네트워크와 연변지역의 사회-공

7. 국경도시 연길을 회고하면서

조선족의 이주와 함께 연길이라는 도시의 형성과 발전과정이란 시공간의 확장을 따라서 연길의 트랜스로컬리티를 관찰하고자 하였다. 1860년대 북간도지역을 중심으로 장기간 빈공간은 조선인들의 이주에 적합한 공간이었으며, 그들이 자연스럽게 조선의 로컬리티의 원형들이 그대로 잘 유지될 수 있는 "토착 로컬리티"의 장소이기도 하였다. 이는 1970년대 원주민이 있는 공간에 이주민들이 이주하여 함께 형성되는 트랜스로컬리티와 사뭇 다른 양식을 갖고 있다는 점을 본 연구에서 재확인 할 수 있다.

하지만 연길이라는 도시의 형성으로 볼 때, 연길시의 초기형성 때 인구는 만 명 정도였으며, 국자가란 시가지 중심에는 여전히 국가주권을 상징하는 행정기구와 그 주변에 부유한 계층들이 생활하고, 상업활동에 종사하는 대표적인 건물들이 도시경관을 형성하였다는 점에서 도시의 형성은 근대적이며, 국가주도의 형태에서 형성되기에 내셔널리즘을 떠난 로컬리티의 형성은 매우 힘든 사례를 살펴 볼 수 있다.

다른 하나는 연길의 조선족의 국경을 넘는 이주와 현지화과정은 긴 시간을 거쳤으며, 그 공간의 형성은 단순히 종족공간으로 보기도 힘들고, 장기간 역사과정에서 형성되면서 일본, 청나라, 중화민국, 러시아, 조선 등 다양한 다국적 요인들이 함께 연길이란 도시에 녹아나면서 연길의 도시공간이 특수한 지정학적 원인으로, 초창기부터 트랜스로컬적인 공간이라는 것을 확인 할 수 있다.

간적 변화」, 『한국도시지리학회지』 제16권 3호, 한국도시지리학회, 2013.

또한 연길이라는 도시 공간은 냉전이란 시대상황, 중국의 문혁이란 특수한 정치배경하에서 "탈종족화"가 일어났으며, "탈모국화"과정과 함께 강제적, 자발적 다양한 차원에서 중국으로 융합되면서 트랜스로컬리티가 형성하고 확장될 수 있는 "상상의 공간"이 축소되면서 연길시는 변두리 도시의 하나로 인식되게 되었다는 점이다.

세상은 항상 변화되는 듯이, 연길이 갖고 있는 백두산, 두만강 등 트랜스로컬적인 상징적인 공간들은 여전히 연길이 피동적이든, 강압적이든 세계화란 자본주의체계가 재편되었다. 거대한 자본주의 공간으로 재편되면서 이 도시가 갖고 있는 트랜스로컬리티는 부활되었으며, 한국요인, 북한요인들이 다양하게 도시 내부로 인입됨과 동시에 농촌을 포함한 대규모의 인구가 한국을 위수로 많은 국가의 도시로 송출되면서 초국가적 이민연결망이 형성되었다. 이민자들의 트랜스이주와 함께 트랜스로컬리티는 거대한 사회적 / 종족적 연결망을 형성하였고 연길의 트랜스로컬리티는 국제화, 글로벌화의 특징이 갈수록 짙어지고 있는 것을 본 연구에서 밝히고자 하였다.

마지막으로 연길의 도시화과정은 서구처럼 장시간의 과정이 아니라 압축성장의 과정을 거쳤고 농촌과 밀접한 연계를 갖고 있었다. 연길시와 주변의 농촌은 밀집한 문화적, 향토적, 종족적 관계를 유지하였으며, 연길은 여전히 향토성이 강한 조선인들이 남긴 문화적, 종족적 유산을 공유하였다. 이런 친족, 동향중심의 네트워크는 트랜스로컬리티의 부활과 확장, 글로벌화과정에서 여전히 심성적, 상상적으로 작동할 수 있는 것은 동양적 트랜스로컬리티의 장소성이 갖고 있는 독특한 점이란 점에 주목할 필요가 있다.

참고문헌

문재원, 「초국가적 상상력과 '옌벤거리'의 재현」, 『한국민족문화』(47), 부산대 한국민족문화연구소, 2013.

박규택, 「로컬리티 연구의 동향과 주요 쟁점」, 『로컬리티인문학』창간호, 부산대 한국민족문화연구소, 2009.

박배균, 「초국가적 이주와 정착을 바라보는 공간적 관점에 대한 연구－장소, 영역, 네트워크, 스케일의 4가지 공간적 차원을 중심으로」, 『한국지역지리학회지』제15권 제5호, 한국지역지리학회, 2009.

박정희·조명기, 「옌벤 조선족자치주의 공간 변화와 상상력」, 『국제지역연구』16(3), 한국외대 국제지역연구센터, 2012.

이영민, 「글로벌화와 공간질서의 재구성－로컬리티 개념과 문화연구」, 한국문화인류학회 하반기 학술대회, 2011.

이영민·이은하·이화용, 「중국 조선족의 글로벌 이주 네트워크와 연변지역의 사회－공간적 변화」, 『한국도시지리학회지』제16권 3호, 한국도시지리학회, 2013.

이용식, 「20세기 초 개방도시 연길의 발전과 다문화특성」, 『인천학연구』14, 인천대 인천학연구원, 2011.

예동근, 「종족성의 자원화와 도시 에스닉 커뮤니티의 재구성－북경왕징(望京)코리아타운 조선족 결사체를 중심으로」, 『동북아문화연구』제25집, 동북아문화학회, 2010.

_____, 「한국의 지역 다문화공간에 대한 비판적 접근」, 『동북아문화연구』27, 동북아문화학회, 2011.

박광성, 『세계화 시대 중국조선족의 초국적 이동과 사회변화』, 한국학술정보, 2008.

Yi-Fu Tuan, *Space and Place : The Perspective fo Experience*, University of Minnesota Press, 1977. 국토연구원, 『공간과 사회』, 2001,

Appadurai, Arjun, *Modernity at Large : Cultural Dimensions of Globalization*, University of Minnesota Press, 2004.

아르준 아파두라이, 차원현·채호석·배개화 역, 『고삐풀린 현대성』, 현실문화연구.

Massey, D., "The political place of locality Studies", *Space, Place and Gender*, University of

Minnesota Press, 1994.

Mandaville, Peter G., "Territory and Translocality : Discrepant Idioms of Political Identity",
　　　Millennium Vol.23(3), 1999.

Peleikis, Anja, "The emergence of translocal community : The case of a south Lebanese
　　　village and its migrant connections to Ivory coast", *Cahiers d'étudeset la Méditerranée*
　　　orientale et le monde turco-iranien No.30, 2000.

『在滿朝鮮人の現況』, 滿鐵庶務部調查課, 1923.

『間島事情梗槪』, 在間島日本总领事馆, 1932.

牛丸潤亮, 『最近間島事情』, 朝鮮及朝鮮人社出版, 1927.

朝鮮總督府內務局社會課 編, 『滿洲及西伯利亞に於ける朝鮮人事情』, 朝鮮總督府, 1927.

张泰显, 「解放前延吉工商业及金融业发展始末], 『延吉文史资料』 第一辑, 1992.

https://www.ishuo.cn/doc/nwiuanqf.html, 2017.3.1 검색.

3부

트랜스로컬리티와
이주민의 주체성

문재원 트랜스로컬리티와 정체성의 정치
이주민 문화활동가의 미디어 활동을 중심으로

이혜진 '불법 체류'라는 경험과 트랜스로컬리티

트랜스로컬리티와 정체성의 정치

이주민 문화활동가의 미디어 활동을 중심으로

문재원

1. 트랜스로컬리티를 어떻게 문제화할 것인가

최근 초국적 이주에 초점을 두고, 트랜스내셔널리티에서 트랜스로컬리티의 프레임으로 전환하여 설명하는(혹은 재현하는) 논의가 활발하다. 이 과정에서 많은 논자들은 글로벌 관계맥락 안에서 트랜스내셔널리티의 프레임으로 초국적 이주를 설명하면서 트랜스로컬리티와 연결짓고 있다. 트랜스내셔널리즘 연구 전통에 기반하되, 이를 극복하려는 시도와 함께 등장한 트랜스로컬리티는 국가 경계를 넘은 정체성 형성과 사회-공간적 역동성을 기술한다.[1] 국가의 경계를 넘나드는 이동을 설명하는 하나의 방식으로서 트랜스로컬리티는, 이동성mobility과 로컬

---

[1] Clemens Greiner, Patrick Sakdapolrak, "Translocality : Concepts, Applications and Emerging Research Perspectives", *Geography Compass* vol 7, 2013, p.373; Ulrike Freitag and Achim von Oppen eds., *Translocality : The Study of Globalizing Processes from a Southern Perspective*, Brill, 2010.

리티locality 사이의 긴장관계를 이해하는 방법적 기제로 나타나며 그리고 그것은 사회-공간적 역동성의 다양한 증가에 대한 이해를 촉구하는 방법론적 도구[2]라는 것이다.

트랜스내셔널리티와 트랜스로컬리티는 일차적으로 '경계 넘기transcend'라는 공통항을 내포한다. 초국적 이주에 대한 선행연구들은 트랜스내셔널리즘의 오랜 연구 전통을 축적하고 있다. 연구의 진폭은 일차적으로 국가의 경계를 넘는 이동mobility 현상에 초점을 맞춘 연구에서부터 담론으로서 트랜스내셔널리티를 주목하면서 트랜스-네이션의 관계를 질문하는 연구에 이른다. 그러나 트랜스내셔널리티가 국경을 넘는 행위 ―선적인 면― 현상에 초점을 맞추어져 있다면, 트랜스로컬리티는 경계를 넘은 이후의 과정에 초점을 맞추고, 로컬리티가 생성, 재구성되는 과정에 초국가적 실천이 어떻게 개입하고 있는가, 즉 로컬리티와 초국적 실천의 관계를 이어나가는데 주안점을 둔다고 할 수 있다.

이 두 영역은 특히 수행적인 면에서 복합적으로 얽혀 있음을 확인할 수 있다. 문제는 둘의 관계를 상대화시켜 나가면서 어떻게 교차하고 굴절되는가를 설명해 내는 일이 중요하다. 예를 들면, 이주민들의 상업공간은 이중적이다. 국가 경계를 넘어 만들어진 탈영토화된 공간이지만, 더욱 강화된 국민되기를 수행함으로써 자신들의 삶의 기반을 넓혀나간다. 또한 이러한 국민되기의 실천을 가로지르는 네트워크나, 주민들 간의 정서적 관계는 국민국가의 틀을 횡단하는 지점을 보여준다. 이러한 공간에서 발견되는 트랜스―국가―로컬의 관계착종을 어떻게 설명하고, 다시 글로벌로 환원되는 지점을 어떻게 경계할 것인가를 문제삼아야 한다는 것이다.

---

2 Clemens Greiner, Patrick Sakdapolrak, op.cit., p.380.

최근 트랜스로컬리티 연구의 경향성은 경계를 넘은 이주자들의 새로운 장소cultural sites[3]에 초점을 맞추고, 글로벌화의 결에 균열을 내는 전략적 실천을 맥락화함으로써 이주자들의 사회실천적 행위를 의미화 하는 작업으로 이어진다. 즉 초국적 실천으로 새로운 장소를 어떻게 만들어 나가는가를 설명하고 있다. 이때 장소를 주목하는 이유는 초국적 이주자들의 로컬화된 경험들에 의해 그들의 일상적인 사회적 실천들이 형성되기[4] 때문이다. 이러한 관찰은 위로부터 만들어지는 거대한 흐름으로서의 글로벌라이제이션에 대한 비판적인 담론을 형성할 수 있는 지점으로서의 트랜스로컬리티의 가능성을 제시할 수 있다.[5]

이때 '트랜스trans-'의 의미는 기존의 네이션에 대한 위반, 횡단의 담론으로 설명되기도 한다.[6] 임대근은 최근 한국 학계에서 '트랜스trans-' 담론의 형성 과정에서 접두사에 불과했던 용어가 특정한 가치 개념으로 진화하고 있다는 데 있다고 지적하면서, '트랜스'는 세계를 인식함에 있어서 특정한 대상을 공고한 분류체계 속에 위치시키려고 했던 가치 선택을 부정하면서, 새로운 가치로서 대상들 간의 횡단과 초월을 논의하는 것에 주목했다. 이러한 관점에서 논의되는 트랜스로컬리티는 물리적 공간 층위보다 인식적 층위에서 트랜스-로컬리티의 역학적 관계를 질문하고 재구성하면서 끊임없이 로컬리티 담론에 개입하고 있음을 알 수 있다.

---

3 Clemens Greiner, "Patterns of Translocality : Migration, Livelihoods and Identities in Northwest Namibia", *Sociologus* Vol. 60(2), 2010, p.136.
4 ibid., p.374.
5 이유혁, 「트랜스로컬리티의 개념에 대해서」, 『로컬리티 인문학』 13, 부산대 한국민족문화연구소, 2015, 270쪽.
6 임대근, 「트랜스 아이덴티티의 개념과 유형-캐릭터, 스토리텔링, 담론」, 『외국문학연구』 65, 한국외대 외국문학연구소, 2016, 139쪽.

이러한 선행연구의 맥락을 수용하면서 본 연구에서는 트랜스로컬리티가 국가 경계 안팎으로 연결된 사회 공간적 역동성과 정체성 형성과정에 긴밀하게 전제되어 있음을 전제하고, 지금 여기의 트랜스-수행성을 강조하는 담론으로서의 트랜스로컬리티를 주목하고자 한다.

사람과 문화가 장소 속에 어떻게 위치하는지를 다루는 것이 아니라, 어떻게 장소를 통하여 이동하는가에 주목하는 트랜스로컬리티는 이주지와 기원지 관계 사이에서 발생하는 거리두기의 동학(dynamics of distanciation)인 동시에 이주자들이 자신과 관련된 두 곳의 위치를 재조정하고 새롭게 만들어내는 과정이다.[7]

멘다빌은 트랜스로컬리티는 "사람과 문화가 어떻게 장소 안에in 존재하는가를 다루는 것이 아니라, 장소를 통하여 이동하는가move through를 다루는 것이며, 이러한 이동의 과정 안에서 정치적 정체성의 전통적인 구성을 해체하고 새로운 형식의 공간으로 옮겨"[8]간다고 했다. 그래서 이주자들은 기존의 로컬로부터 이탈하고 순환하면서, 국경을 넘어 확장된 공간과 관계들을 통해 새로운 경험이나 제도들과 접합하여 정체성을 재구성해 나간다. 이때 초국가적 이주자들은 과거 살았던 로컬로부터 이탈하고 순환하면서 국경을 넘어 확장된 공간과 관계들을 통하여 정체성을 재구성해 나간다. 그러나 이러한 이탈이 트랜스로컬 유토피아[9]를

7   Peter G. Mandaville, "Territory and Translocality : Discrepant Idioms of Political Identity", *Millennium* 28(3), 1999 p.668.
8   ibid., p.672.
9   Eric Kit-wai Ma, "Translocal spatiality", *International Journal of Culture Studies* 5(2), 2002, p.133.

상상하는 것은 아니다. 더욱이 특정 지역이나 국가의 제한적인 사회적, 지리적 공간 속에서 발생하는 점에서 끊임없는 충돌과 협상이 예견되어 있다. 그럼에도 이 경계지는 하나의 장field이고 여기에서는 기존의 시간과 공간이 융해하기 시작하며 새로운 공동성을 수행적으로 발견해 나가는 프로젝트가 등장할 수 있는[10] 장으로 열려 있다.

이러한 과정에서 기존의 로컬로부터 이동하여 국경을 넘어 복잡한 층위들이 횡단하는 지점에서 중층적으로 위치하고 있는 이주민들을 '트랜스로컬 주체성translocal subjectivity'[11]으로 설명할 수 있다. 국민국가의 경계를 넘나들며 상이한 시간적 틀과 스케일을 지속적으로 왕복하는[12] 트랜스로컬 주체성은 기존의 관행을 비틀고 자신들의 로컬과 관계에 대한 새로운 의미를 만들어내는 행위전략으로 드러난다. 이러한 과정은 경계적 불법성liminal illegality을 새로운 의미로 전환해 내면서 트랜스로컬리티의 공간을 확장시키고 있는 과정으로 의미화할 수 있다.

트랜스로컬 주체성은 로컬의 일상적 경험 차원에서 실천된다. 이주자들을 포함한 로컬 주민들은 자신들이 처한 로컬적 상황과 맥락 속에서 구조화된 정치적 저항, 경제적 전략들, 그리고 문화적 혼종성을 일상적으로 실천[13]하고, 이러한 반복적 수행은 로컬리티를 재구성한다. 그러므로 트랜스로컬리티는 지금 여기의 트랜스-수행성을 강조하는 담론이며, 트랜스로컬리티 주체들은 여전히 "이동 중인 존재situatedness

---

10 도마야마 이치로, 심정명 역, 『유착의 사상』, 글항아리, 2015, 92쪽.
11 David Conradson & Deirdre Mckay, "Translocal subjectivities : mobility, connection, emotion", *Mobilities* 2(2), 2007, pp.168~169.
12 도린 매시, 박경환 외역, 『공간을 위하여』, 심산, 2016, 269쪽.
13 박치완, 「탈영토화된 문화의 재영토화」, 『철학연구』 42, 대한철학회, 2011, 75쪽.

during mobility[14]이다. 이때 트랜스로컬 주체에 대한 이해는 '탈장소화된 주체의 거침없는 경계넘기에 초점을 맞출 것이 아니라, 장소화된 주체의 다중적인 소속감과 감정이 새겨진 트랜스로컬적인 경계넘기'[15]에 주목할 필요가 있다.[16]

일반적으로 이주지와 송출지의 연결망을 올려놓고 그 관계성을 사유할 수 있는 기제로 트랜스로컬리티를 전망한다. 그러나 현실적으로 이러한 관계망의 설명이 대부분 송금담론으로 치환되는 경우 다시 우리는 자본에 의한 전지구화의 맥락 안으로 갇힐 수 있는 한계가 농후하다. 왜냐하면, 오늘날 글로벌 이주 현상에서 이곳과 저곳은 대부분 불평등하고, 비대칭적인 관계에서 출발한다는 점을 상기해보면, 트랜스-주체성을 강조한 트랜스로컬리티 연구의 방향이 편집될 수 있는 여지 또한 다분하다. '정체성이란 생산물로서 과정 중에 있으며, 이러한 문화 정체성이라는 용어의 권위와 진정성을 문제화'[17]할 때, 정체성의 재구성에서 주요한 것은 교섭능력agency이다. 그런데 문제는 이주민들에게 교섭능력이 얼마나 확보되는가의 문제를 비판적으로 성찰하면서 한편으로는 또다시 형성되는 사회적 배제와 경계까지 사유해야 한다.

본 글에서는 이러한 트랜스로컬 주체의 실천적 수행성을 검토하기 위해 이주노동자에서 미디어활동가 / 현장활동가로 활동 지평을 넓히고

---

14 Clemens Greiner, Patrick Sakdapolrak, op.cit., p.376.

15 이영민, 「한국인의 교육이주와 트랜스로컬 주체성─미국 패어팩스 카운티를 사례로」, 『한국도시지리학회지』 15, 한국도시지리학회, 2012, 13쪽.

16 이러한 주체성의 변화에 대해 들뢰즈의 탈영토화─재영토화의 과정으로 설명될 수 있다. 이 방법론에 대해서는 Michael Rios, Joshua Watkins, "Beyond "Place" : Translocal Placemaking of the Hmong Diaspora Journal of Planning Education and Research, 2015 참조.

17 Stuart Hall, "Cultural Identity and Diaspora" J. Rutherford ed., Identity, Community, Culture, Difference, Lawrence & Wishart, 1990, p.222.

있는 이주민 A씨의 이동경로와[18]와 그의 정체성의 정치가 트랜스로컬 주체로서의 역능성을 어떻게 담보하는지 살펴보고자 한다.

2. 트랜스로컬 주체의 실천 전략과 정체성 정치

1) 합법 / 불법의 교차 혹은 공모관계

A씨는[19] 1998년 방글라데시 다카에서 한국으로 노동이주를 감행했다. 한국에서 A씨의 본격적인 거주지, 마석으로 온 것은 1998년, IMF 직후여서 가장 정점을 찍었던 시간을 지나고 있었지만, 상대적으로 당시 마석 성생가구공단은 성행 중이었고, 무엇보다 이주노동자들의 집거지라는 점은 심리적으로도 안전감을 주었다. 마석으로 들어오기 전

---

18 여기에서 이동경로는 단지 물리적 선분을 지칭하는 것이 아니라, 사회-공간적 의미를 내포한다.
19 이주민 A씨의 이동경로 구성에는 전제사항이 있다. 필자가 연구대상자를 만났을 때, '이주민 문화활동가'라는 점을 우선 전제하였고, 이야기의 출발은 여기에서 시작했다. 향후, 이어진 만남에서 자연스럽게 여러 경로의 이야기들이 진행되었지만, 그의 발화지점에는 처음의 '이주민 문화활동가'라는 관점이 지배적으로 작용하고 있었고 이를 중심으로 선택과 배제에 의해 재구성될 수 있는 점이 농후하다. 그래서 이 구술 인터뷰는 '현재의 관점'에서 상대적으로 거리를 둔 특정 시점의 체험된 생애사를 재구성해야 하는 과제가 남아 있다. 그럼에도 현재의 관점에 재구성되고 해석된 과거 체험들을 통해 한편으로는 화자의 '생애사적 전략과 행위지향을 포착할 수 있다. 그는, 유년기를 보내왔던 저곳의 이야기를 잘 드러내지 않았다. 그는 노동자로 정착한 일이나, 10년을 넘게 보낸 마석에서의 경험보다는 아시아미디어컬쳐(AMC)에 들어온 이후 3~4년의 이야기에 적극적이었고, 이 과정에서 노동자의 위치보다 '꿈'이라는 단어를 반복하면서 본인의 꿈과 현재 영화감독의 필연적 관계성을 지속적으로 강조했다. 이를 보건대, A씨의 생애사적 전략과 연결된 행위지향점이 어디 있는지 짐작할 수 있다. 2013.3.15 / 2014. 6.29 / 2016.10.7, 8일 4회의 대면 인터뷰와 수차례의 e-메일, 전화 인터뷰를 병행했다. 그리고 방송매체, 잡지, 신문 등의 인쇄화된 인터뷰를 참조하면서 사실관계들을 재확인하고 상호 보완했다. 본문에서 별다른 인용이 없는 그의 개인사적 경험은 이러한 인터뷰의 내용을 정리한 것이다.

그의 첫 직장은 먼저 나와 있던 고향 삼촌의 소개로 남양주 호평동에 있는 중소규모의 원단 공장이었다. 그러나 숙식문제나 작업장 환경이 너무 열악하여[20] 힘들어 하였고, 귀국까지도 생각했으나, 다시 사촌형의 소개로 '고향 사람들이 많이 거주하고 있는' 마석으로 옮긴다. 이곳은 A씨에게 낯선 곳만은 아니었다. 왜냐하면 아버지가 장사를 하고 있는 시장 100여개의 가게 중 30개의 가게가 한국으로 이주했으며 이중 마석과 가장 많이 연결되어 있었기[21] 때문이다.

일반적으로 국경을 넘는 이주 노동의 경우, 이동경로를 결정하는 요인으로 선이주해 있는 고향, 친척 네트워크가 가장 높은 유인력을 가지고 있다. 초국가적으로 펼쳐진 네트워크망을 통해 사람들이 이동하지만, 이 네트워크는 동시에 특정 장소에서 국지화된 자신들의 네트워크를 통해 새로운 국가와 지역으로의 이주로 인해 직면하게 되는 각종 어려움을 보다 쉽게 극복할 수 있다. 가령 서울의 가리봉동이 중국 조선족들이 반드시 거쳐 가는 장소라면, A씨의 경우도 일단 마석을 거점으로 삼고, 이후 다시 새로운 네트워크에 의해 다른 곳으로 이동의 반경을 넓혀 가게 된다. 그러니까 낯선 나라에 들어온 A씨에게, 동향의 사람들이 모여 이미 다문화 인프라를 형성하고 있는 마석은 초국가적 점프를 하게 만들어 주는 '스프링 같은 장소'[22]이다.

---

20 10명 이상 수용하는 컨테이너 생활을 참을 수 없었다고 한다. 이때 그는 이주지에 대한 막연한 환상이 깨어지는 경험을 했다고 했다. 그래서 고향으로 돌아가겠다고 국제전화로 호소하였으나 주변 친지들의 반대에 부딪쳤다.(인터뷰 : 2016.10.17)

21 인터뷰(2016.10.7) 몇 차례 걸친 A씨와의 인터뷰는 중복되는 내용이 있다. 개인의 이동을 설명하는 과정에서 노조활동, 결혼, AMC활동, 영화제작 등을 반복적으로 강조했다. 이를 통해 이러한 사건들이 그에게 생애사적 중요한 포인트가 됨을 알 수 있었다.

22 로컬리티인문학 편집위원회, 「이동성과 로컬리티」, 『로컬리티 인문학』 6호, 부산대 한국민족문화연구소, 2011, 24~25쪽.

그런데 스프링 같은 장소, 마석에서 A씨는 13년을 거주했다. 더욱이 그가 결혼하기 전까지는 미등록이주노동자 신분이었다. 소위, '불법체류자'로 분류되는 A씨가 이렇게 오랫동안 한곳에 정착할 수 있었던 것은 '마석'이라는 지역적 특이성 때문이다. 마석성생가구공단은 1960년대 한센인들이 집단적으로 거주하면서 양계 및 양돈 등의 축산업을 중심으로 하는 농장에서 출발되었다. 1980년 말 상수도보호구역으로 지정되어 더 이상 축사를 운영할 수 없었던 이들은 그 이후 도시화과정을 겪으면서 축사를 가구 공장과 전시장 등으로 전환하였다. 이 과정에서 한센인 선주민들은 자영농업인에서 임대주로 전환하였고, 당초 무허가 건물이었던 축사를 공장 건물로 개조하고 변경하였다. 1989년 3개의 가구공장이 창업한 이후, 1990년대부터 많은 제조업체들이 입주하면서 '성생가구공단'을 형성하게 되었다. IMF 직전에는 400여개의 공장과 70여개의 가구판매장이 들어설 정도의 큰 규모를 이루었다.[23]

고령의 선주민들이 남아 있는 이곳에 싼 임금으로 노동력을 제공해 줄 외국인 노동자들이 이 지역에 유입되기 시작하면서 공단은 미등록이주자들의 집단 거주지가 된다. 가구공장과 외국인 유입은 한센인 선주민들에게 임대수입을 보장해 주었다. 임대수입으로 자본을 갖게 된 선주민은 자녀들과 함께 새로 건설된 주면의 아파트로 이사해 나갔고, 이들이 살던 집은 이주민들에게, 개조된 공장은 공장주에게 임대되었다. 2000년대 중반까지 1,500여 명의 이주민들이 거주했으며, 이 중

---

23 마석 성생가구공단의 초기 형성사에 대해서는 고광우, 「수도권 가구제조업체의 입지에 관한 연구—마석 성생가구공단을 사례지역으로」, 동국대 석사논문, 1998 참조: 김현미·류우선, 「미등록이주민의 사회적 관계와 지역재생산」, 『비교문화연구』 19-2, 서울대 비교문화연구소, 2013, 58~59쪽.

미등록이주민이 80% 이상을 차지했다. 가장 많은 수를 차지하는 것은 방글라데시와 필리핀 국적의 노동자들이며 각각 300명, 200명 정도다. 그 외 스리랑카인 50명, 네팔인 40명, 베트남 30명, 인도네시아 20명 정도가 있고, 나이지리아, 몽골에서 온 노동자들도 10명 안팎이다.[24] 그러니까 '이곳은 미등록 신분 이주민의 '불법성'과 사회적 격리 대상이었던 한센인 선주민의 '주변성' 그리고 소규모 자본과 싼 임금 의존적인 공장주의 '영세성'이 결합한 암묵적 합의에 의해[25] 가구산업이 유지되고 있었다. 이 공간을 움직이는 각 주체들의 역사적 맥락은 다르지만, 선주민(한센인), 미등록이주노동자, 영세공장주 등은 취약성이라는 공통성 안에서 관계를 재조정해 나갔다.

A씨와의 인터뷰에서도 나타나듯이, 정착지인 마석은 본국 네트워크도 어느 정도 형성되어 있었고, 이주지 내의 이주민-원주민 사회적 네트워크도 상대적으로 일찍 형성되었다.[26] 특히 눈여겨 볼 것은 미등록 노동자의 집단 거주지가 된 이곳이 단속의 표적이면서도, 여전히 이들의 노동력으로 공장이 운영되었다는 점이다. 이곳에 출입국단속반이 들어왔을 때, 공장주들이 앞장 서 바리케이트를 쳤다는 일화[27]에서 알

---

24 고영란·이영, 『우린 잘 있어요, 마석』, 클, 2013, 73쪽.

25 김현미·류우선, 앞의 글, 63쪽.

26 1964년에 설립된 성공회 남양주교회는 1991년부터 필리핀 외국인 노동자들을 위한 미사를 중심으로 외국인 노동자들이 직면하고 있는 문제들을 다루기 시작했고, 1997년 한센인 교우들은 외국인 노동자들이 겪고 있는 부당한 대우와 사회적 소외, 인권적으로 보호받지 못하는 현실을 보고 이들의 아픔을 자신의 아픔으로 여기면서, 이에 기도와 헌금으로 '외국인노동자 샬롬의 집'을 마련, 본격적인 활동을 시작하게 되었다. 이 과정에서 당시 사제였던 이정호 신부는 경기북부지역 외국인 노동자회 의장 선출이 되었고, 샬롬의 집 개원과 함께 필리핀 사제가 취임했다. 이후 지역 안팎으로 네트워크를 확대하면서 노동상담, 교육활동 등의 반경을 넓혀 갔다.(전혁진, 「외국인 노동자를 위한 사회선교 활동과 방향—성공회 남양주교회 "샬롬의 집"의 활동 비판적 고찰」, 성공회대 석사논문, 2002, 41~62쪽 참조)

27 고영란, 앞의 책, 2013.

수 있듯이, 이들은 실질적으로 마석의 지역경제를 이끌어 나가는 주요한 동력으로 작용함을 알 수 있다. 또한 이러한 부분은 경제적인 부분 외에도 일상적인 영역에서의 미시적인 갈등 양상도 다양하겠지만, 한편으로 추상화된 상위공간에서 삭제한 '아래로부터의 친밀감' 또한 상호 맞물리고 있음을 알 수 있다.[28]

그러나 한편, 실질적으로 노동이주자들이 마석의 지역경제를 이끌어 나가는 주요한 동력임을 미루어 볼 때, 이러한 암묵적 합의는 이곳에 들어온 이주노동자들이 '경제적으로 환원되는 글로벌이주 노동의 흐름과 협력, 공모하는 것을 우선적 전제로 가능하다. 그러나 한편으로 자본제적 공모의 결속 안으로 포섭되지 않는 정서적, 심리적 안정감은 선주민과 원주민의 정서적 친밀감에서 비롯된다는 점 역시 주목할 일이다. 이러한 지점은 이들이 이 장소를 매개하면서 오직 경제적 자원으로만 환원되지 않는 지점을 발견할 수 있는 영역이며, 이는 이주민의 위치를 새롭게 재조정할 수 있는 틈이 될 수 있다.

이들은 단지 이질적인 문화를 지닌 이주민들에 한정되지 않고, 중심성과 소수성이 어지럽게 혼재되어 있는 자신의 다중정체성 그리고 소수성 경험을 공유하고 있다는 사실을 통해 형성된 연대의식이 경계적 영역의 배타적 갈등과 협상하고 있다.[29] 이러한 관계 안에서 이들이 주 / 객, 선주민 / 이주민의 이분법을 넘어서 관계가 재조정될 수 있는 여

---

28 이런 사정들은 인터뷰에서도 잘 나타난다. "내가 일했던 마석은 공장 사장과 5~6명의 미등록이주노동자들과 일을 하는데 시간이 좀 지나면 서로 친하게 잘 지내요. 그리고 그곳 슈퍼나 한국 노동자 친구하고도 같이 밥 먹고 이해 잘하고 잘 지내는 친구도 있어요. 제 영화 〈파키〉에 보면 미등록노동자하고 민재라는 친구에서도 잘 나타나요."(2017.10.8)
29 조명기, 「로컬 주도적 다문화주의 의미와 가능성」, 『로컬리티 인문학』 12, 부산대 한국민족문화연구소, 2014, 69쪽.

지를 보인다는 것이다. 선주민과 이주민의 일상이 부딪치는 로컬은 자본·국가 주도의 다문화주의가 비로소 실천되고 발현되는 현장이기도 하지만, 차이·이질성의 추상화에 대한 의문을 유발하는 많은 이질적인 문화들이 인정의 주체를 직접 자극하는 공간이며 주류문화에 포함되지만 단일하지도 보편적이지도 않은 다양한 형태의 문화들이 계승되고 있는 공간이며 이미 존재하고 있었지만 다문화주의 담론에서는 배제되어버린 기존의 비주류문화들이 줄기차게 생멸하는 공간이다.[30]

이미 '미등록이주민의 집거지'라고 표적이 되어 있었던 곳이기 때문에 이 공단은 불법이주민에 대한 단속이 예고될 때마다 가장 큰 규모의 경찰/출입국의 합동단속이 일어나는 장소이기도 하다. 이런 불안에도 불구하고 미등록이주민들이 이곳을 떠나지 못하는 이유는 경제적 이유뿐만 아니라, 장소에 대한 귀속성 때문이다. 이곳에서 '미등록' 지위는 감추거나 숨겨야 할 조건도 아니고, 질문거리도 되지 않는다. 미등록 지위 때문에 이동이 제한되면서 장기적으로 이 공단에 거주한 이주민들은 가구 제조 공정의 모든 분야의 숙련된 노동자가 될 수 있었다. 이들이 제공하는 싼 임금과 한국 선주민을 능가하는 가구 공정의 기술은 공장주가 선호하는 조건이다. 이들 역시 이 공단이 유지되는 지속성에 자신들의 역할을 암묵적으로 알고 있다. '불법' 아래 이러한 공생, 공모의 관계는 미등록이주민들이 방을 구하거나 일자리를 구하는데 장애가 되지 않는다. 마석 성생공단에서는 국가가 규정하는 '불법'적 지위는 추상적이고 형식적인 규정이 되고, 이주민들의 노동자나 세입자로서의 위치가 이들의 실제적인 지위를 구성해 낸다.[31] 왜냐하면 이주민들은

---

30 조명기, 위의 글, 67쪽.

사업주들의 생산관계와 선주민들의 임대관계에서 중요한 파트너이며 이 공단의 지역재생산을 위해 필요한 행위자이기 때문이다. 그래서 이들은 국가 단위에서는 '불법'으로 규정되지만, 로컬 단위에서는 세 이해관계자들이 갖는 서로에 대한 상호의존성으로 각각의 불법성을 암묵적으로 인정하는 태도를 보임으로써 그 불법이 어떻게 무화되는가를 보여준다.

2) 사회적 연결망 확장을 통한 추방서사 폭로하기, 추방경로 전환하기

'스프링 같은 장소' 마식의 장소성과 A씨의 이주노동의 경험은 어떻게 연결되고 있는가. 우선 마석 안에서 그의 노동과정을 대략적으로 보면 다음과 같다. 그는 이곳에서 '가구제작'이라는 동일업종 안에서 몇 번의 직장 이동이 있었다. 처음 1년 정도 일한 곳에서 그곳 공장장의 퇴사로 공장장과 동반 퇴사한다. 마석의 경우, 노동자 10명 이하의 작업장이 90%이상을 차지할 정도로 영세한 규모이다. 인맥으로 취업을 한 경우 역시 그 인맥과 함께 이동하는 등의 가족적인 네트워크가 많이 작동한다. 이어 그는 다른 가구공장에 취업을 하게 된다. 여기에서 1년 6개월의 직장생활을 하였다. 작업을 하는 과정에서 일의 속도 조절 문제로 나이 많은 한국 노동자와 다툼이 있었고, 이것이 세대, 인종 등의 다툼으로 연결되면서 A씨는 그곳을 그만두었다고 한다. 공장에서 한국

---

31 김현미, 류우선, 앞의 글, 64쪽.

인 노동자와 이주노동자와의 갈등은 노동착취나 임금착취 등으로 인한 노사의 계급갈등의 문제보다 더욱 복잡한 인종, 민족적인 감정으로 확대되어 감정의 문제로 이어지는 경우가 많다.

그리고 세 번째 직장을 얻게 되었는데, 마석의 첫 직장에서 같이 일을 했던 공장장이 그에게 같이 일할 것을 제의했다. 그에게 이러한 제안을 했다는 것은, 사회적으로 3D 업종의 인력난이라는 구조적인 측면을 감안하더라도 '미등록'에 대한 위험성을 감수하면서 까지 제안을 했다는 점에서, 그가 직장에서 어떻게 일을 했는지 미루어 짐작해 볼 수 있다. 이 직장에서 이후 2004년까지 장기간 근무하게 된다. 이 공장장과의 네트워크는 이후에도 계속 이어지게 되는데, 2005년 이 공장장은 독립회사를 차려 나가게 되자, 그 역시 그 공장의 공장장으로 마석에서 일을 그만둘 때까지(2012)까지 일한다. 마석 가구공장에서 13년을 노동자로 보내면서 이직의 변동 폭은 높지 않다. 처음 관계를 맺었던 공장장과의 네트워크는 지속적으로 이어졌고, 업종 역시 '가구 제작'을 벗어나지 않았다. 한 업종에서 오랜 기간의 노동은 그를 숙련된 기술자로 만들었고, 한국노동자들과의 경쟁 안에서 공장장의 위치를 확보할 수 있도록 했다. 이후 마석을 벗어났을 때, '목공교실'이라는 문화교실을 만들어 운영할 수 있는 자원으로도 활용되었다.

그런데 주목할 것은, A씨가 마석에서 숙련된 노동자로 되어 가는 과정에서 그가 경험한 '특이한' 사건이다. 두 번째 퇴사 과정에서 사장은 퇴직금을 줄 수 없다며 '맘대로 법대로' 하라고 했다. 그러나 일반적으로 미등록인 경우, 퇴직금을 받지 못하더라도 선뜻 소위 '법대로'하기에는 미등록이라는 신분이 우선적인 약점으로 작용했다. '미등록'이라는 신체가 법적으로 물을 수 있는 것은 '법을 어기고 이에 대한 형법적 처벌'을 묻는 불법의 자리가 아니라, 적극적이고 대면적인 단속 / 추방의 선택지뿐이었다.

미등록이주민들에게 추방가능성deportability은 그들의 '불법성'으로 인한 단속이라는 가장 직접적인 방법으로 발현된다. 이러한 추방가능성은 비일상적이자 예측할 수 없는 모습으로 이들의 삶에 나타나고 직간접적인 경험들을 통해 일상적인 행동양식을 규제하는 조건이 된다.[32] 이러한 신체적 취약함은 상대방에게는 오히려 언제나 유리한 협상조건으로 작용할 수 있었다. 이때 마석에 있는 방글라데시 친구가 자신의 산재해결 경험을 이야기 하면서 서울경인 평등노조 이주지부를 소개해 주었다. 이 친구 역시 작업 중 산재를 당했고, 이때 이주지부를 통해 산재보험을 받은 경험이 있었기 때문이다. 노조의 '전화 한통'으로 간단하게 퇴직금 지급 문제는 해결되었다. 이를 계기로 그는 이주 노조에 가입하게 된다. 서울경인 평등노조 이주지부는[33] 그에게 또 다른 전환점을 제시하고 사회적 관계망이 점차 확장되는 경로로 안내한다.[34] 단속 / 추방의 서사에서 언제나 피해자의 위치에서 수동적으로 존재하고 있었다면, 이주노동조합과의 만남은 그를 가해자 / 피해자의 이분법적 경로에서 나오게 하고,

---

32 미등록이주노동자의 일상적 경험으로서의 '불법성'에 대한 논의는 강윤희, 「환영받지 못하는 천국의 시민-미국 내 인도네시아 미등록 이주민들의 체험된 경험으로서의 '불법성'」, 『비교문화연구』 18-2, 서울내 비교문화연구, 2012, 1 /~28쪽 참조.

33 현재 이주노동조합의 회원은 1,100여 명(초창기부터 누적수)이며 실제 적극적으로 활동하는 회원은 400여 명 된다.

34 사회적 연결망을 연계시켜 이주민의 정착과정을 고찰하는 시각은 연결망의 유형에 따라 행위전략이 다르게 표출됨을 지적하고 있다. 주요 연구로 황정미, 「결혼이주 여성의 사회연결망과 행위전략의 다양성」, 『한국여성학』 26-4, 한국여성학회, 2010, 1~38쪽; 이은정・이용승, 「이주민 사회자본에 관한 연구」, 『OUGHTOPIA』, 경희대 인류사회재건연구원, 2015, 93~134쪽 참조)

노동자로서의 정체성에 대한 인식에 다가가게 되는 계기가 되었다. 그래서 이 사건은 그의 생애 아주 중요한 터닝 포인트가 되었다.

퇴직금을 달라고 요청하였지만, 사장은 줄 수 없다고 했고, 마음대로 하라고 했어요. 그런데 나는 미등록상태에 있었고 할 수 있는 것은 없었어요. (…중략…) 노조 활동가 분이 전화를 하자 바로 다음날 퇴직금 수령했어요. 그러면서 나도 아 이일(노조활동) 열심히 해야 한다 생각했어요. 그래서 그 이후 토, 일요일 매주 노조활동하고…….

지금까지 제가 계속 인권에 대한 생각을 놓치지 않는 계기가 되었어요.[35]

A씨는 노조를 소개해 준 친구도 고마웠고, 자기를 도와준 노조가 더없이 고마웠다고 회상했다. 무엇보다 노조에 가니 '사람대접'을 받는 것 같았다고 했다. 여태 공장에서 기계처럼 일하던 자신을 되돌아보는 계기가 되었고, 다른 사람을 챙겨주고 도와주는 사람들을 보면서 "이런 곳이 있었구나"를 체감하면서 본인도 이들과 함께 의미있는 일을 함께 해야겠다고 다짐했다고 한다. 그때부터 주말이면 지하철을 타고 서울로 나오고, 마석에 있는 사람들뿐만 아니라, 다른 지역에 있는 사람들도 만날 수 있는 계기가 되었다. 특히 A씨의 경우 미등록이주민이었기 때문에 그의 물리적 행동반경은 소위 '안전'을 보장하는 마석의 집과 일터로 제한되어 있었고, 만나는 사람들도 제한적일 수밖에 없었다. 그

---

35 인터뷰.(2014.3.15 / 2016.10.8. 최근 이주노동희망센터에서 이주노동 인권영상 "알면 문제 없어요"를 배포 제작했는데, 여기에 A씨가 적극적으로 참여하였다. 그리고 현재 이주노조에서 간부를 맡고 있으며, 이주노동자 인권과 관련한 문제가 발생하는 곳에 적극적으로 개입하고 있다)

의 퇴직금 문제에서도 보듯이, '미등록'이라는 존재조건은 예측 불가능한 단속 / 추방의 위험성에 노출되어 있다. 이러한 예측 불가능한 위험을 피하기 위해서 안전한 이동경로를 확보할 수밖에 없다. 그런데 A씨가 익숙하고 안전한 이동경로를 벗어나 낯선 곳으로 이동을 감행할 수 있었던 것은, 그의 경험에 바탕한 이주노조에 대한 확고한 신뢰가 있었기 때문이고, 여기에 참여하는 것이 오히려 본인의 예측 불가능한 단속 / 추방의 불안함에서 벗어날 수 있다고 여겼기 때문이다.

이전에는 취직을 한다거나, 어려운 일을 당했을 때 상담네트워크가 주로 고향집, 이주친척, 고향친구 등 사적 가족체계를 이루고 있었다면, 평등노조 이주지부와의 연결은 한국의 노동자들과 연대망을 경험하게 하고, 방글라데시뿐만 아니라, 아시아 노동자들과의 네트워크를 경험하게 한다. 이 과정에서 그가 직간접적으로 경험했던 노사, 송속, 국가, 외국인 등등으로 포획된 폭력적 경험과 감정들을 조직적으로 가시화하는 경험의 폭을 넓혀 나간다. 이를 집약적으로 보여주는 것이 2003년~2004년의 명동성당 농성[36]이다.

명동성당 이주노동자 농성은 정부가 미등록 이주노동자 선별적 합법화 정책을 시작하면서 불거졌다. 당시 정부는 4년 미만 체류자에 대해서는 고용주의 확인을 거쳐 취업을 허락해 줬다. 반면, 4년 이상 체류자는 출국하지 않을 경우 11월 16일부터 강력한 단속에 나서겠다고 천명

---

36 이들이 내세운 의제는 다음과 같다. ① 불법체류 미등록 노동자에게 노동비자 부여 ② 1년 내 추방 획책하는 '자진신고' 반대, 추방정책 중단 ③ 고용허가제 반대, 사업장 이동의 자유, 노동3권 보장 ④ 집회·결사·표현의 자유 보장 ⑤ 이주노동자 인권침해 및 차별 철폐 ⑥불법체류 미등록 노동자에게 최소 5년 체류 보장
(http://v.media.daum.net/v/20170211102103801?d=y)

했다. 이에, '불법체류외국인노동자'에 대한 한국 정부의 강제출국조치에 항의하면서 민주노총 서울경인지역 평등노동조합 이주노동자 지부는 2003년 11월 15일부터 2004년 1월 29일까지 380일간 명동성당에서 농성을 벌였다. 여기에 A씨도 적극 가담한다.[37] 농성이 장기화되면서 노학연대나 다른 노조들과 연대가 이루어지면서 규모가 점차 커졌다. 그런데 장기화되면서 외국인노동조합이 분리되어 나가는 등 규모가 축소되면서 해단했다. 제도적인 성과는 없었다 하더라도 이 농성 이후의 파장은 컸다. 사회문화적으로 큰 반향을 일으켰고, 이를 모델로 한 소설 『나마스테』는 대표적인 이주민소설로 출판되었고, 파편적으로 있던 이주노동자들의 연대를 확장시켰다. 현재 이주민방송MWTV은 당시 농성을 하면서 형성된 문화예술 네트워크가 그 기반이 되었다.

특히 A씨에게 명동성당 농성은 개인사적으로 새로운 인생의 변환점이 되었다. 농성 중에 연대농성에 참여한 현재의 아내를 만났다. 농성 해단식이 있기 전 2004년 8월 혼인신고를 하였다. 그가 혼인신고를 하게 된 가장 큰 이유가 추방에 대한 두려움이었다. 명동성당 농성 당시 거리 농성에 나섰다가 단속에 걸렸다. 마침 현장에서 탈출할 수 있었지만, 단속, 탈출의 과정에서 몸에 부상을 입게 되고, 이러한 폭력적 현장에 대한 공포와 두려움에 여자 친구는 혼인신고를 할 것을 강하게 요구했다. 이후 그는 여자 친구와 혼인신고를 하였다. 혼인신고 이후 그의 위치는 미등록노동자의 불법적 영역에서 합법의 영역으로 이동한다. 그리고 2009년 귀화했다. 그런데 귀화로서 이주민 A씨의 정체성을 종

---

37 명동성당 농성 당시 A씨의 발언은 당시를 기록화한 다큐멘터리 〈Which is illegal?〉(나두경 감독. 2004 제작) 참조.

결지을 수는 없다. 이후 그가 다시 어떠한 문화, 사회적 자본을 형성하는가에 따라 그의 사회적 위치는 '재위치화'되는데[38] 그의 신체를 둘러싼 법과 제도는 달라졌지만, 그의 사회실천적 행위전략은 동일한 관점이 유지되고 있기 때문이다.

그렇잖아도 당시 미등록이라는 '불법성' 안에서 예측불가능의 '추방가능성'으로부터 자유로울 수 없었던 A씨는 '노동자 농성'이라는 또 다른 불법 공간을 자발적으로 선택했다.(이는 이미 그 이전 이주노동조합 가입에서부터 시작된다) 이러한 선택에는 노동현장에서 체험한 반인권적 행태에 대한 분노와 저항이라는 적극적 발언을 포함하고 있다. 이러한 그의 행위는 글로벌 이주의 흐름에 수동적으로 배치되기만 하는 이주의 형식을 벗어나, 신자유주의가 강제하는 이주의 경로를 벗어날 수 있는 계기로 작동할 수 있다. 이는 단순히 경제적으로 환원되는 위치에서 '자기 목소리를 드러내는' 노동자로 전환되는, 소위 위치이동성을 내포하고 있다. 이주노조의 경험은 이후 지속적이고 적극적으로 자기의 위치를 현재화하는 작업의 계기로 연속된다. 즉, 현재 그는 결혼으로 인한 합법의 공간으로 들어왔지만, 여전히 노조활동가로 노동인권에 개입하면서 미등록이주민들과 네트워킹을 하거나, 이러한 현실을 영화화하는 작업을 지속적으로 한다.

---

38 귀화를 문화적 동화의 증거나 귀결로 이해하는 주류 관점은 외국인 귀화자의 문화적 권리에 대한 논의를 진전시키지 못하는 한계를 지닌다.(김현미, 「귀화 이주민과 문화적 권리」, 『한국문화인류학』48-1, 한국문화인류학회, 2015, 92~94쪽); 뿐만 아니라, 그는 귀화를 했지만, 개명하지 않았다. 그 이유에 대해서, "그냥 부모님이 주신 것이기 때문"이라고 대답하고 있지만, 귀화이주민의 명명이 개인적인 차원보다는 공적 제도의 상징성을 보여준다고 할 때, 이는 과거와 현재, 저곳과 이곳을 단절하지 않고 지속적으로 이어나가고 있는 행위전략이라고 볼 수도 있다.

이 과정에서 이주민 사회적 연결망이 '그들만의 결속'에서 벗어나 주류사회와의 접촉을 넓혀 나가고, 뿐만 아니라 주류 사회의 규칙 변경에도 관여하는[39] 모습을 확인할 수 있다. 주류 사회의 '그들만의 결속'을 거부하고 죽음으로 내모는 이주민노동자의 폭력적 현실을 드러내고 이에 대한 저항의 목소리를 조직화하는 행위는 세계 경제적 위계(국가와 자본이 결탁하여 조장하는 글로벌 이주)에 저항하고 균열을 내는 '트랜스'의 의미실천화 작업으로 설명할 수 있다. 송금과 귀환으로 완성되는 초국가적 가족의 프레임이 근대 가족주의에 다시 갇힐 수 있는 한계에 봉착하듯이, 국가 경계를 넘나들며 형성한 사회적 장에서 중요한 것은 트랜스를 어떻게 내적형식으로 담아내는가의 문제이다. 이런 측면에서 이주지의 인권 사각지대의 경험과 폭로, 저항, 연대로 이어지는 일련의 과정들은 이곳과 저곳을 새롭게 잇는 계기를 만들어 주기도 한다.

전제했듯이, 트랜스로컬의 주체에 대한 이해는 '탈장소화된 주체의 트랜스국가적인 거침없는 경계 넘기에 초점을 맞출 것이 아니라, 장소화된 주체의 다중적인 소속감과 감정이 새겨진 경계 넘기'에 주목할 필요가 있다. 현재 시점까지도 이어지는 이주자 인권문제에 대한 그의 행보는 이주지에서 맞닥뜨린 경계에 대한 '경계 넘기'의 지속적인 실천으로 의미화할 수 있다. 다시 말해 로컬의 스케일이나 로컬 안에 잔존하는 젠더, 세대, 민족, 계급, 로컬 등등이 재구축하는 무수한 경계들을 해결하지 않고는 트랜스의 의미실천은 허구에 그칠 공산이 크다는 것이다.

---

39 이은정·이용승, 앞의 글, 125쪽.

3) 미디어활동을 통한 트랜스 주체의 실천과 의미

그런데, A씨가 10년 가까이 일한 마석 가구공장을 떠나 '아시아미디어컬처팩토리AMC[40]에서 문화활동가로 전환하게 되는 과정은 현재 그의 활동무대와 연결된 주요한 터닝 포인트이다. 아내의 강력한 요구로 공장을 퇴사한지 얼마 되지 않아 그의 고향친구인 B씨가 홍대 주변에서 문을 열게 될 문화공간 AMC 인테리어를 부탁하였다.(이 부분은 현재 영화감독 마문을 설명하는 핵심적인 전환점이 된다. 그래서 마문의 인터뷰에서 제일 많이 언급되는 부분이다)[41] B씨는 이미 이주민방송에서 활동한 경험이 있고, 그 이전 영화 등에서 활동경험이 있었다. 2012년 아름다운재단사업인 '변화의 시나리오-단체 인큐베이팅'에 선정되어 지원을 받게 되었고, 당시 문화적 여건이 형성되어 있었던 홍대 앞에 공간을 마련하였다. 넉넉하지 않은 지원비를 절감하는 차원에서 이미 알고 있던 A씨에게 도움을 요청하였고, 그는 기꺼이 허락하였다. 아마 그가 마석의 공장에 계속 다니고 있었더라면 불가능했을 것이라고 말했다. 당시 고향친구 B씨와 한

---

40 홍대 앞의 AMC는 2015년 문래동으로 이전한다.(1960년대 말 철강단지로 조성된 문래동은 1990년대 이후 공장들이 옮겨가면서 빈 곳에 예술가들이 하나 둘 들어오기 시작했다. 지금 현재 이곳은 철강소와 문화창작소가 섞여 독특한 경관을 만들어 내고 있다. 최근 이곳은 홍대 앞의 젠트리피케이션의 영향으로 홍대 주변에서 활동하던 예술인들의 이동경로가 감지되는 곳이다) 아름다운재단의 지원은 끝이 났고, 100여명의 후원으로 이 공간을 꾸려나가기에는 월세(200만원)부담이 컸다. 그래서 문래동으로 옮겨갔다. 공간을 이전할 때, 이주민들이 집단적으로 거주하고 있는 안산이나 경기도 지역으로 가는 것도 적극 고려의 대상이 되었다. 그런데 문래동으로 자리를 옮긴 큰 이유는 '영역주의'에 대한 거부가 첫 번째 이유였다고 했다. '시선'에서 훨씬 자유로울 수 있는 안산 등 이주민 집거지 대신 현재 서울의 대안 문화예술공간으로 부상하고 있는 문래동의 네트워크와 이주민을 연결시켜 이 공간을 더욱 가시화하고자 했다. 현재는 이주민방송(Migrant World Television)과 공간세어를 하면서 공간적 의미효과를 더욱 확대하고 있다.

41 이 공간의 프로그램이나 경과과정은 홈페이지(http://www.amcfactory.org/)참조.

국인 활동가 정○○씨 그리고 A씨. 이렇게 세 사람은 의기투합해 공간을 만들었고, 이 프로그램 안에는 A씨가 운영하는 '아기자기 목공교실'도 포함되었다. 동시에 그는 AMC에서 진행하는 이주민미디어교실에 적극적으로 참여하였다.

> 비자도 받고 자유로워졌는데, 뭔가 답답해졌어요. '내 목소리'를 내지 못하는 것에 대한 답답했어요. 노조 아니라, 집회발언 뿐만 아니라, 너가 알고 있는 에피소드도 많고 하니 예술을 통해서 해라고 주변 동료들도 이렇게 이야기 해 주었어요.[42]

그는 이미 고향에 있을 때부터 연극, 영화에 대한 꿈이 있었지만, 당시 사회적인 분위기와 집안의 반대로 경영학과에 진학하면서 꿈을 접을 수밖에 없었다고 했다. 미디어 교실에 참여하면서 접었던 그의 꿈과 열정이 되살아난 셈이다. 이주노동자에서 미디어활동가로의 변신, 이는 단순히 개인의 꿈을 이루었다거나, 직업의 변화만으로 읽을 수 없다. A씨는 이후 AMC와 같은 이주민문화공간뿐만 아니라, 학술장, 영화제, 지역현장, 방송, 언론매체 등 여러 공간들에 행위 주체로 참여하면서 사회적 네트워크를 확장해나갔고, 이주민담론을 적극적으로 생산하는 주체로의 위치전환을 수반한다. 이러한 지점은 전제한 경계적 불법성을 새로운 의미로 전환해 내면서 트랜스로컬리티의 공간을 확장시키고 있는 과정으로 의미화 할 수 있다.

---

42 인터뷰.(2013.3.15)

〈표 1〉 영화감독 A씨의 필모그래피

작품	초청 영화제
〈파키(Paki)〉 극영화/ 29분/ HD/ 2013년 제작/ 연출	제39회 서울독립영화제 2013
	제5회 부산평화영화제 2014
	디아스포라영화제 2013
	영화 속에 살아 숨쉬는 인권, 다문화, 어울림(안산, 외국인주민센터) 2016
〈굿바이〉 다큐멘터리/ 21분/ HD/ 2014년 제작/연출	제40회 서울독립영화제 2014
	제15회 광주국제영화제 2014
	제3회 서울이주민예술제 2014
	성북구 제 8회 이주민 영화제 2014
	제15회 인디다큐페스티발 2015
	제20회 인디포럼 2015
	제16회 대구단편영화제 2015
〈밀리언 리마〉 다큐멘터리/ 18분/ HD / 2016년 제작/연출	제3회 서울 구로 국제어린이 영화제 2016
	다카시 공공도서관 초청 상영 2016
〈하루 또 하루〉 다큐멘터리/ 25분/ HD/ 2016년 제작/연출	제21회 인디포럼 2016
	제21회 서울 인권영화제
	제17회 대구단편영화제 2016
〈피난〉 극영화/ 22분/ HD/ 2016년 제작 /연출	제10회 이주민 영화제 개막작
	이주민과 함께하는 인권센터, 감사와 동행
	2016 서울 노인 영화제

영화감독이 되고 나서 가장 많이 바뀐 것은, 영화를 만들기 이전에는 눈에 들어오지 않던 것들이 눈에 들어오기 시작하는 거예요. '이건 문제 있구나'하고 고민하는 시간이 늘었어요. 이전에는 생각하지 않던 것들이 영화를 하면서 보는 시야가 넓어진 것 같아요.[43]

다음해(2013) AMC에서 주관하는 영화제작 프로그램에 참여하여,

---

[43] 인터뷰.(2016.10.7)

〈파키〉라는 작품을 발표하였다. 이후 그는 현재까지 지속적으로 영화 작업을 진행 중이며, 현재 그의 공식적 직함은 '영화감독'이다. 그의 필모그래피는 위의 〈표 1〉과 같다.[44]

그가 영화감독으로 데뷔하던 전후 사회문화적으로 타자의 시선에 갇힌 이주민 재현 형식에 대한 비판적 목소리들이 제기되기 시작했고, 주류사회에서 강제한 이주민들의 이미지를 벗어나고자 하는 문화적 실천들이 일어나기 시작했다. 구체적인 방법적 전략으로 이주민들이 직접 자신의 이야기를 할 수 있도록 하는 이주민영상교육이 진행되었는데, 같은 맥락에서 AMC의 영화제작 프로그램을 이해할 수 있다. 그렇다면 당사자성이 담보된 재현은 어떻게 가능한 것일까? 이 문제에 접근하기 위해 그의 작품을 예로 보자. 첫 작품인 〈파키〉는 마석에서 그의 체험이 그대로 반영되어 있으며, 단속 / 추방의 불안한 신체를 재현함으로써 역설을 말하고 있다.[45]

영화 〈파키〉는 배우의 꿈을 가진 이주 노동자가 결국은 단속에 쫓겨 꿈도 일터도 잃게 되는 이야기이다. 영화 안에서 이주노동자 파키는 '미

---

44 〈표 1〉의 목록은 소통의 측면에서 영화제 초청을 중심으로 구성하였다.

45 영화 〈하루 또 하루〉 역시 마찬가지다. 영화의 주인공은 테러리스트로 오인한 출입국직원을 피해 무작정 2층에서 뛰어내리다 양발 뒤꿈치 뼈가 으스러졌다. 당시 2013년 당시 세계적으로 무슬림과 테러리스트를 연결시키는 이미지들이 확산되었던 사회적 분위기와 연결되어 있다. 그가 테러리스트와는 무관함이 밝혀졌지만, 이 사고로 그의 인생은 "완전히 망가졌다." 정상적으로 걸을 수 없었고, 서 있기도 불편했다. 몇 번을 일어서려고 시도하지만 일어서지 못하는 장면이나, 그의 뒷모습을 카메라는 한참 응시하면서 관객들에게 동일한 응시를 요구하고 있다. 이 역시 방글라데시 이주노동자 S씨의 이야기를 모델로 하고 있다. 이 사건을 해결하는 데 A씨는 적극적으로 나섰다. 출입국사무소를 대상으로 소송을 제기했고, 최근 출입국의 사과를 받아내고, 근로복지공단에도 산재승인 신청을 진행했다. 이 사건은 최근에야 어느 정도 마무리되었음을 인터뷰를 통해 알 수 있었다. 그러나 문제는 이러한 보상으로 그의 몸은 이전으로 돌아올 수 없다는 점이다. 개별 텍스트에 대한 논의는 본 논문의 논의를 다소 복잡하게 할 수 있어 별도의 논문에서 자세히 서술할 것이다.

등록'이라는 이유로 신체적, 공간적, 시간적 '불법성'을 경험하고 있다. 병든 몸이라는 신체적 취약성, 오직 집과 공장으로만 연결된 '안전한' 공간경로, 비자가 만료된 그래서 늘 불안한 미래를 안고 있다. 영화의 마지막은 결국 추방당하는 그의 뒷모습을 보여준다. 익숙한 집과 공장을 벗어나 꿈을 실현하기 위해 파키는 영화 오디션장을 찾는다. 이 오디션장은 그가 경제적으로만 환원되는 신체를 변형시켜 나가는 과정이며 이를 통해 기존의 '안전한' 네트워크에서 벗어나는 길이기도 하다. 불안과 위험성을 감수하며 영화작업을 시작한 그에게 돌아온 것은 '불법체류자'라는 낙인과 추방명령 뿐이다.

> 파키 : 아까? 아까 단속 때문에
>
> 조감독 : 난속 뭐? 단속 똑바로 말 안해? 비자도 없었냐? 인제 어떡할래
>
> 민재 · 파키 : ······.
>
> 감독 : 무슨 일이야?
>
> 조감독 : 파키가 불법체류자랍니다.
>
> 감독 : 어이구 야, 박상민! 정신 안 차릴래? 촬영하다 문제 생기면 어떡할거야?

갑자기 들이닥친 단속으로 파키는 공장에서 일을 하다 도망을 치게 되고, 이 일로 대본연습 시간을 맞추지 못한다. 이 때문에 영화 현장에서 불법체류자임이 밝혀진다. 이들의 대화에서 주목할 것은 언어의 전환이다. 파키와 민재는 '단속'이라는 언어로 상황을 설명한다. 그런데 조감독의 입에서 그것은 '불법'으로 통역된다. 단속과 불법은 주체와 대

상을 역전시킨다. 불법이라는 단어는 그 담론적 효과를 볼 때 '범법자'에 가두어 버린다. 앞에서 전제했듯이, 이주민들의 '불법성'은 지배적 담론에 따라 관념적으로 상상되고 구성되는 사회적 구성물인데, 체류국의 지배담론에서 미등록 외국인은 끊임없이 타자화, 범법자화가 되고 감시의 대상이 된다.

파키가 일하는 공장이나 그의 친구인 민재는 그가 미등록신분이라는 사실을 이미 알고 있으며, 그럼에도 단속이 뜨면 피신을 도와주었다. 그와 함께 일하고 친구가 되었던 '마석'과는 달리, 영화현장은 그의 신분이 알려지자 단박에 추방명령을 내린다. 이러한 상황은 미등록노동자의 위험 / 안전한 공간을 분류하고, 파키가 확보할 수 있는 '안전한' 경로의 크기를 보여주는 대목이다. 파키가 배가 아파도 병원에 가지 못하는 사정에서도 나타난다. 공장에서 일을 하다 배를 움켜쥐고 주저앉는 파키에게 민재는 병원에 가보라고 하지만, 파키는 "병원에 어떻게 가냐? 병원 앞이 단속인데" 라고 응수한다. 출입국사무소의 단속반이 왔다는 말에 파키는 하던 일을 멈추고 공장 밖으로 도망쳐야 한다.

"공장장님 이미그레이션 왔데요" "야 그럼 빨리 문 닫아" 라는 공장장과 노동자의 대화 속에서 "imigration"이라는 단어는 공장의 모든 동작을 일시 정지시키고, 순간 합법 / 불법, 등록 / 미등록, 감시 / 피감시의 체제로 급부상하게 하면서 긴장감을 유발한다. 5명의 노동자들이 함께 농담을 주고받고, 장난을 치던 작업장의 분위기는 '단속' 앞에서 더 이상 지속적인 힘을 갖지 못한다. 특히 사업주와의 공모관계에서 미등록노동자가 일을 할 수 있었고, 그래서 '불법의 일상화'가 유지될 수 있었지만, 국가의 힘이 폭력적으로 다가오는 경우 결국 이 공모관계의 균형성은 깨어지고 국민 / 비국민으로 재편된다. 이러한 재편은 비국민에 대한 추방을 정당화시킨다. 이처럼 외국인 체류자에 대한 단속은 단순한 국경지대의 문제가 아니라, '일상적인 모든 곳에서 나타나는 국경 ─ 그리고 국경의 강화 ─ 의 문제가 되었다. 물론 일상적인 생활공간에서 맞닥뜨리는 현실은 단속과 추방만이 있는 것이 아니라, 관심과 염려의 정서적인 측면도 존재하고 있고, 공모관계 하에 체류를 장기화할 수 있는 방법도 모색한다. 그러나 이러한 측면은 단속이 강제되고, 불법이 명시화 되는 현장을 넘어서기 힘들다. 막다른 골목에 이르자, 그나마 안전했던 공장 역시, 강화된 단속 앞에 파키를 더 이상 받아들일 수 없게 된다.

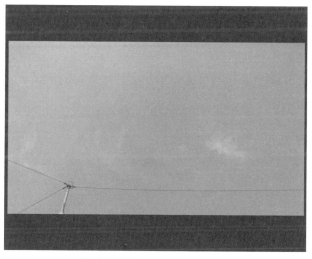

〈그림 1〉 영화 〈파키〉의 인트로 장면

민재 : 파키야, 너 이름 무슨 뜻이야?

파키 : 파키는 새라는 말이거든 그래서 아빠가 새처럼 날아다니라고 내
      이름 파키라고 지었어.

그러나 영화는 국가적 경계를 벗어나지 못하고 있는 이주노동자의 현실에 대한 고발로 그치지 않는다. 영화의 인트로 장면에서 오랫동안 보여주는 '저 푸른 하늘'은 현실공간의 파키의 현실에 대한 대안적이고 희망적인 공간으로 재현되었다. 방글라데시 언어로 '자유롭게 날아다니는 새'라는 뜻을 가진 '파키'라는 영화 제목이 암시하듯이, 이 영화는 경계의 현실을 넘어서는 공간에 대한 역설을 담아내고 있다.

이 영화를 미적 텍스트에 주목하는 것이 아니라, 감독의 자기 발화형식으로서의 의미에 무게중심을 둘 때, 이 영화가 전달하는 메시지는 더욱 분명하다. 영화 〈파키〉 주인공의 서사는 영화 밖의 미등록 이주노동자의 일상과 겹친다. 오디션에 합격했지만 미등록신분이 밝혀지면서 결국 영화배우의 꿈을 실현할 수 없는 일이나, 아파도 병원에 가지 못하고, 어디로 갔는지 알 수조차 없는 서사는 실제 2003년 명동성당 농성 당시 공단에 남아 있던 고향친구의 일화이며 그는 끝내 주검으로 발견되었다.[46]

트랜스가 함의하는 것이 서로 간섭하고, 침투하고 영향을 미치면서 개별 요소들의 변화와 공동체의 아이덴티티의 변화를 함께 일으킨다고 본다면[47] 일차적으로 선주민활동가와 이주민활동가뿐만 아니라, 아시아의 다양한 지역 이주민들과의 공동체 활동은, 특히 문화예술을 매개

---

46 "당초 영화의 뒷부분은 파키가 죽는 것으로 설정되었어요. 민재는 파키가 죽은 사실을 모르는 체 함께 술을 마시고 노래를 불렀던 동네 슈퍼 평상에서 파키를 하염없이 기다리는 것으로 설정했어요. 그런데 그 부분을 제가 기술적으로 잘 처리하지 못해서 그냥 지금처럼 영화를 마무리 했어요. 오디션에 합격했지만, 미등록이라는 이유로 최종적으로 불합격되는 것도 제 주변의 실화이고, 배가 아파도 병원에 가지 못해 죽음으로 끝난 것도 2003년 당시 자카리아라는 친구 이야기예요"(감독 인터뷰, 2013.3.15)

47 조윤경, 「접두어 'trans-의 인문학적 함의－탈경계의 인문학 연구를 위한 개념 고찰을 중심으로」, 『탈경계의 인문학』 3, 이화여대 이화인문과학원, 2010, 8쪽.

로 하는 활동은 이전의 농성장의 경험과는 또 다른 경험을 가능하게 했다. 이주민미디어 작업은 일종의 '자기 목소리 내기'와 밀접한 관련을 가진다. 당초 이주민방송에서 이주민미디어교육을 실시한 목적을 살펴보면, "이주노동자를 재현하는 매체의 시선에 대한 불만에서 출발한다"라고 명시하고 있다. 이주민 활동가들에 의해 제작된 작품들은 그동안 주류 미디어에서 재현되었던 방식과 달리 1인칭 다큐멘터리 제작과 상영을 통해 이들은 그동안 숨겨져 있거나 보이지 않았던 이들의 경험과 이야기를 공론화하며 경험의 주체로서 자신의 언어와 목소리를 찾아가는 계기를 마련한다. 다문화담론이 2000년 중반에 국가화되면서 정책적으로 진행되었고, 역설적이게도 이러한 정책적 지원을 통한 프로그램들이 진행되면서 의도치 않은 일들이 동시에 일어난다. 다시 말해 이주민 미니어 교육의 효과의 양가성을 주목해 볼 필요가 있다. 초창기 이주민 미디어교육의 선두주자인 김이찬의 발언을 주목해 보자.

이주민 자신이 자신의 삶에 대해서 표현할 수 있다면 그와 같은 터무니없는 불공평한 상황이 다소 완화될 수 있을 것입니다. 따라서 모든 이가, 특히 사회적 소수자가 직접 자기의 생각과 삶을 기록하고 이것을 사회에 알리는 활동은 매우 중요합니다. (…중략…) '소수자가 주류 미디어에 의존하지 않고 직접 자기 목소리를 전달하는 구조를 만드는 것'과 '미디어 활동을 통해 자신의 삶과 환경에 변화를 일으키는 것'이 풀뿌리 미디어 활동의 주요 목표라고 볼 수 있습니다.

— 김이찬, 지구인의 정류장 대표

A씨가 작업한 영화들 중 〈파키〉, 〈머신〉, 〈피난〉을 제외한 〈굿바이〉, 〈밀리언 리마〉, 〈하루 또 하루〉의 장르는 다큐멘터리이다.(현재 작업하고 있는 〈그들은 어떻게 이곳에 오는가〉도 다큐멘터리이다) 특히 1인칭 다큐멘터리 작업을 하고 있다. 1인칭 다큐멘터리란 카메라를 든 사람이 화자가 되어 자신의 시선으로 자신, 혹은 주변의 이야기를 기록하는 것을 말하는데, 이는 결과적으로 자신의 경험을 통해 완곡하지만 의미있는 사회적, 정치적 발언의 장이 된다.

자기의 스토리를 말한다는 것이 정치적 주체를 만드는 전제이고 공적 공간에서 위치를 획득해 나가는 과정이라면, 대리되거나 전유되지 않은 당사자성을 전제한 다문화 주체들의 이야기야말로 이 공간성을 획득할 수 있는 동력이 된다. 자기 스토리를 말하는 주체만이 세계 내의 행위자이자 참여자가 될 수 있다. 그런데 문제는 누구나 자기 스토리를 말할 수 있는 것은 아니라는 데 있다. 공식적인 언어를 사용하는데 무능하거나, 하나의 스토리로 자기를 설명할 수 없을 때 또는 지배 권력에 의해 침묵을 강요당하거나 발화의 공간을 박탈당할 때 그 개인은 주체로 인정받지 못한다. 말할 수 있는 권리와 공간을 되찾고 자기 스토리를 말함으로써 세계로 나올 수 있다.[48]

주관적 시점으로 기록된 그(들)의 경험은 객관적 진실로서의 권위를 부정하는 대신 현실에 다양한 해석을 가능케 하며, 주류 미디어에서 재현되었던 사회적 소수자로서 자신들의 모습에 이의를 제기하고 그(들)의 시선에 맞춘 새로운 이미지를 제안한다.[49] 이러한 작업을 통해 그는

48 김애령, 「다른 목소리 듣기-말하는 주체와 들리지 않는 이방성」, 『한국여성철학』 17, 한국여성철학회, 2012, 36쪽.

그동안 숨겨져 있거나 드러나지 않았던 그들의 경험과 이야기를 공론화하며 경험의 주체로서 자신의 언어와 목소리를 찾아간다.

> 아직도 이주노동자들을 바라보는 대다수 한국인의 시선은 매우 단편적입니다. 무관심하거나, 우리 국민의 일자리를 빼앗고 있다고 성토하거나, 불쌍하다고 동정하거나, 때로는 합법적으로 노동비자를 받아 한국에서 일하고 있는 모든 이주노동자들까지도 미등록(불법) 체류자로 매도하고 멸시하고 있습니다. 이 작품은 단순하게 이주노동자들의 삶을 들여다보는 것이 아니라 외국 현지에서 고용허가제 시험이 어떻게 진행되는지, 어떤 노력을 하는지의 모습과 목소리를 직접 담으려했습니다. 촬영 장소는 방글라데시 70% 한국 30% 이며 주 타겟층은 한국인 관객입니다. 이주노동자들이 어떤 꿈을 갖고 이주했는지 포커스를 맞추고 있는데 많은 관람을 바랍니다.
>
> ─EBS 다큐멘터리영화 〈피칭〉에서, 2016.8.27.

3. 트랜스 주체의 문화번역을 기대하며

기존의 로컬로부터 이동하여 국경을 넘어 복잡한 층위들이 횡단하는 지점에서, 중층적으로 위치하고 있는 이주민들의 실천적 행위를 트랜스로컬 주체성으로 설명할 수 있다. 이때 트랜스로컬 주체성은 국민국가의 경계를 넘나들며, 기존의 관행을 비틀고 자신들의 로컬과 관계

---

49 홍지아, 앞의 글, 156~157쪽 참조.

에 대한 새로운 의미를 만들어내면서 트랜스로컬리티의 공간을 확장시켜 나가는 과정으로 드러난다. 이러한 관점을 전제하고, 본 글에서는 국경을 넘어온 이주노동자 A씨가 자신의 이동경로 위에서 부딪치는 다양한 사건들과 갈등, 협상하면서 자신의 위치를 재조정해나가는 행위실천 전략을 트랜스로컬 주체성으로 재의미화 했다.

전제했듯이, 트랜스로컬 주체에 대한 이해는 '탈장소화'된 주체의 트랜스국가적인 거침없는 경계 넘기에 초점을 맞출 것이 아니라, 장소화된 주체의 다중적인 소속감과 감정이 새겨진 경계 넘기에 주목할 필요가 있다. 이런 점에서 A씨의 행보에서 주목할 사건은 노동운동과 미디어활동이다. 이러한 사건은 그에게 글로벌 이주의 흐름에 수동적으로 배치되기만 하는 이주의 경로를 벗어날 수 있는 계기로 작동했다고 볼 수 있다. 왜냐하면 단순히 경제적으로 환원되는 위치에서 자기 목소리를 드러내는 이주민으로 전환되는, 소위 위치이동성을 내포하고 있기 때문이다.

호미 바바는 제3의 혼종공간인 문화공간이 갖는 의미를 규명하기 위해, 서로 다른 문화들을 번역대상으로 놓고 분석하는 문화들의 번역 대신 '문화번역'[50]이라는 개념을 제시한다. 여기에서 그는 제3세계 토착민이 새로운 이주자가 되어 자신의 문화를 새 주인 공동체 속에into 번역해 넣는 과정을 주목한다. 바바에게 문화의 변형주체는 이주민이며 이

---

50 여기에서 문화번역(cultural translation)은 '문화의 혼종성과 문화 사이 공간이 만들어낸 '과정'이자 '행위'로서 주목한다. 바바는 '제3의 영역' 개념을 도입하면서 번역의 과정성을 설명한다. 즉 제3의 영역에서는 서로 다른 이해관계를 가진 주체들이 갈등관계를 형성하게 되는데 이러한 상황은 곧바로 주체 간의 협상을 유도하게 된다. 따라서 주체들은 새로운 위치를 갖게 되는데 이는 바로 장의 구조적 변화를 의미하는 것이다.(Homi Bhabha, *The location of culture*, Routledge, 1994, pp.212~235) 이러한 역동적 장을 트랜스-이주공간에서 적용해 볼 수 있다.

제 지배문화가 이주민에 의해 문화적으로 번역된다고 보았다. 다시 말해 이주민의 문화번역은 이주민에 의해 대면되는 헤게모니 문화에 개입하는 것이다. 거기에서 일어나는 혼종화는 상충하는 당대 문화들의 권력 역학 내부에서 개입하고 상호작용하는 행위능력적인 과정을 포함한다. 그렇다면 이주민 문화번역의 핵심적인 양식으로서 '혼종화'는 포스트식민 시대의 새로운 주체형성을, 정체성뿐만 아니라 행위능력과도 결부시킨다. 그럼 점에서 바바의 문화번역은 '차연의 형식' 또는 은유로서의 반역이라는 지평을 넘어설 뿐만 아니라, 이주민의 주체화 양식에 그치지 않고 지구화 시대의 서발턴, 다중, 프레카라이트와 같은 주체화 및 그 행위 양식들로 확장될 수 있을 것이다.[51]

물론 현실적 공간은 언제나 국가경계의 감시와 착종하고 있고, 그래서 이러한 '문화변역'의 의미를 적극적으로 인용하여 곧바로 '반역'으로 전치되는 일은 지나친 낭만화가 될 수 있다. 다만 주류의 헤게모니에 대해 포섭되지 않고 이질적 접합을 통한 균열과 틈을 생산할 수 있는 혼종적 주체로서의 가능성을 놓치지 않는다는 의미이며, 이를 적극적으로 수행해 나가는 과정을 '트랜스 주체'로 매개하고 의미화하고자 한다. 이런 점에서 이주노동자에서 문화활동가로 전환한 A씨가 정착한 공동체에 자신의 문화를 번역하고, 그의 경험과 생활세계를 문화적으로 재현하면서 공동체와 소통하고자 하는 것은, 이주민이 놓여 있는 사회적 공간에 대한 적극적인 개입으로 볼 수 있으며, 이러한 개입의 주체로서 의미를 갖는다.

---

51 태혜숙, 「문화연구의 방법론으로서의 '젠더번역'에 대한 탐색」, 『젠더와 문화』 6-1, 계명대 여성학연구소, 2013, 92~93쪽.

참고문헌

고영란·이영, 『우린 잘 있어요, 마석』, 클, 2013.

김애령, 「다른 목소리 듣기-말하는 주체와 들리지 않는 이방성」, 『한국여성철학』 17, 한국여성철학회, 2012.

김현미, 「귀화 이주민과 문화적 권리」, 『한국문화인류학』 48-1, 한국문화인류학회, 2015.

김현미·류우선, 「미등록이주민의 사회적 관계와 지역재생산」, 『비교문화연구』 19-2, 서울대 비교문화연구소, 2013.

문재원, 「고착되는 경계, 트랜스로컬리티의 불가능성-한국영화에 재현된 조선족을 중심으로」, 『한일민족문제연구』 28, 한일민족문제학회, 2015.

박치완, 「탈영토화된 문화의 재영토화」, 『철학연구』 42, 대한철학회, 2011.

이영민, 「한국인의 교육이주와 트랜스로컬 주체성-미국 페어팩스 카운티를 사례로」, 『한국도시지리학회지』 15, 한국도시지리학회, 2012.

이유혁, 「트랜스로컬리티의 개념에 대해서」, 『로컬리티 인문학』 13, 부산대 한국민족문화연구소, 2015.

임대근, 「트랜스 아이덴티티의 개념과 유형-캐릭터, 스토리텔링, 담론」, 『외국문학연구』 65, 한국외대 외국문화연구소, 2016.

이은정·이용승, 「이주민 사회자본에 관한 연구」, 『OUGHTOPIA』, 경희대 인류사회재건연구원, 2015.

정성신, 「미등록 이주노동자에서 이주민 미디어 활동가로」, 『비교문화연구』 18, 서울대 비교문화연구소, 2012.

조윤경, 「접두어 'trans-의 인문학적 함의-탈경계의 인문학 연구를 위한 개념 고찰을 중심으로」, 『탈경계의 인문학』 3, 이화여대 이화인문과학원, 2010.

홍지아, 「1인칭 다큐멘터리에 드러난 결혼이주여성들의 자기재현과 정체성의 자리매김」, 『미디어, 젠더&문화』 18, 한국여성커뮤니케이션학회, 2011.

황정미, 「결혼이주 여성의 사회연결망과 행위전략의 다양성」, 『한국여성학』 26-4, 한국여성학회, 2010.

아르준 아파두라이, 차원현·배호석 역, 『고삐풀린 현대성』, 현실문화연구, 2004.

도마야마 이치로, 심정명 역, 『유착의 사상』, 글항아리, 2015.

도린 매시, 정현주 역, 『공간, 장소, 젠더』, 서울대 출판문화원, 2015.

Clemens Greiner, Patrick Sakdapolrak, "Translocality : Concepts, Applications and Emerging Research Perspectives", *Geography Compass* vol.7, 2013.

Clemens Greiner, "Patterns of Translocality : Migration, Livelihoods and Identities in Northwest Namibia", *Sociologus* Vol.60(2), 2010.

David Conradson & Deirdre Mckay, "Translocal subjectivities : mobility, connection, emotion", *Mobilities* 2(2), 2007.

Eric Kit-wai Ma, "Translocal spatiality", *International Journal of Culture Studies* 5(2), 2002.

Peter G. Mandaville, "Territory and Translocality : Discrepant Idioms of Political Identity", *Millennium* 28(3), 1999.

Michael Rios, Joshua Watkins, "Beyond "Place" : Translocal Placemaking of the Hmong Diaspora *Journal of Planning Education and Research* 35(2), 2015.

'불법 체류'라는 경험과 트랜스로컬리티*

이혜진

1. 이주노동의 의미

인간은 이동과 정착을 되풀이하며 삶을 영위한다. 영원한 이동도 영속적인 정착도 없다. 이동은 또 다른 정착이며, 정착은 이동의 시발점에 해당한다. 계절의 변화에 따라 자유로이 이동을 하는 철새들과는 달리, 인간의 이동과 정착에는 수 겹의 제한이 동반된다. 국민국가의 성립이후로 인간의 이동과 정착에 대한 구속력이 다양한 형태의 제도와 함께 인간의 삶을 규정하면서 더욱 견고해졌다. 해협, 산맥 등의 물리적 자연환경으로 인한 경계 보다 강력한 경계체계인 국경이라는 경계선이 인

---

* 이 글은 박사논문 『現代日本における韓国人出稼ぎ労働者の社会学的分析ー〈移動〉実践の中での寿町とコミュニティ・ユニオンー』의 第四章 「寿町を生きる韓国人出稼ぎ労働者の生活世界」의 일부분을 기초로 재구성한 것이다.

간들을 규율하기 시작했다. 국가통치체제는 외부와의 경계를 명확히 드러내는 국경관리에 몰입하면서, 내부 구성원에 대한 질quality 관리를 통한 영역의 공간관리를 수행해 오고 있다. 이것은 기존의 이주연구가 출입국관리정책이나 이주자들의 수용국 정착과 관련한 정책을 중심으로 검토되어 온 것과 중첩된다. 이는 곧 이주연구가 이주자에 대한 국가통치체제에 관한 연구에 편중되어 있다는 사실을 드러낸다. 경계를 넘는, 경계를 만드는 인간의 이동이 주요 연구주제로 다뤄지는 경우는 드물었으며, 연구대상의 주변에 머물러 있었다. 그 이유는 이제껏 인간의 이동을 어디까지나 일시적이고 예외적인 사건으로 취급해 왔으며, 이동 그 자체는 '정상' 범주로부터의 일탈로 여겨져 왔기 때문이다.[1] 이렇듯 이동 자체가 일탈, 예외, 비일상의 영역으로 여겨져 오는 맥락 속에서 연구지는 다음과 같은 질문을 준비해 본다. 이동하는 신체가 '불법성illegality'을 담지한 채 트랜스로컬적 삶을 살아가는 이야기를 어떻게 해석해낼 수 있을까.

아감벤(2008)은 '불법 체류' 이주자에 대해, 현대의 '벌거벗은 생명(호모 사케르)'이라고 명명한 바 있다. 예외 상태는 벌거벗은 생명을 법적·정치적 질서로부터 배제하는 동시에 포섭하면서 바로 그것이 분리되어 있는 상태 속에서 정치 체제 전체가 의존하고 있는 숨겨진 토대를 실제적으로 수립하고 있다고 밝히면서, 예외가 규칙에서 벗어나는 것이 아니라 오히려 규칙이 스스로의 효력을 정지시킴으로써 예외를 창출한다고 지적했다. 따라서 '불법성'은 시민권citizenship과 흡사하게도, 국가와의 사회적 관계를 내포하는 사법적인 지위의 하나라고 할 수 있으며, 이

---

1   伊豫谷登士翁編, 『移動から場所を問う 一現代移民研究の課題』, 有信堂, 2007, 3쪽.

주자의 '불법성'은 현저히 정치적인 정체성이라고 할 수 있다.[2]

이동하는 신체 ― 즉 이 글에서는 이주자로 상정하고 있다 ― 의 '불법성'은 강제추방 가능성의 뚜렷한 감각을 통해 살아 있다. '강제추방 가능성deportability'이란 다시 말해, 국민국가의 영토로부터 제거될 수 있는 가능성을 말한다. 더욱이, '불법성'의 공간화된 조건은 이주자를 받아들이는 국가의 내부 상황을 관통하여 일상생활의 무수한 장소들에서 국민국가의 물리적인 경계를 재창출한다. 따라서 미등록 이주자들의 명백하게 공간화되고 전형적으로 인종화되어 있는 사회적 조건으로서의 '불법성'의 합법적인 생산은 그들을 취약하고 취급이 간편한 노동자의 위치로 고착시킨다.[3] 고조된 '강제추방 가능성'은 훈육 및 자발적 복종의 효과를 가지는데, "그것은 수 년 동안 신입의 상태로 머물게 하고, 신참 상태의 월급을 받고, 아주 긴 시간 노동을 하고, 며칠 정도도 노동에서 떠나지 못하게 하는 상태에 기꺼이 머물게 한다." '불법체류' 이주자의 노동구조는 이들이 "착취되거나 스스로를 착취하는 능력"을 증가시켜, 사업생산량과 이익을 증가시키는 '강제추방 가능성'과 교차한다.[4]

이 글의 주제인 '불법 체류'라는 경험을 채집한 구술 자료는 엘리트 중심으로 기록되던 역사에서 "기록되지 않을 뿐만 아니라 실제로 침묵되어진"[5] 사적인 삶의 경험을 반영하기에 적절한 소재라고 할 수 있다.

---

2   De Genova, Nicholas., "Migrant "illegality" and deportability in everyday life", *Annual review of anthropology*, 2002, p.422.

3   Ibid., p.439.

4   Harrison, J. L., & Lloyd, S. E., "Illegality at work : Deportability and the productive new era of immigration enforcement", *Antipode*, 44(2), 2012, p.380.

5   Popular Memory Group., "Popular Memory : Theory, Politics, Method", in R. Johnson et. al. (eds.), *Making Histories*, University of Minnesota Press, 1982, p.210; 김성례, 「여성주의 구술사의 방법론적 성찰」, 『한국문화인류학』 35(2), 2002, 32쪽에서 재인용함.

뿐만 아니라 거대담론에 대한 도전을 중요한 과정으로 삼는 비판적 로컬리티 연구[6]에 적합하다고 할 수 있다.

연구자는 이러한 '불법성'을 살아가는 이주자의 생활세계를 살펴보기 위해, 일본에서 이주노동을 했던 한국인 김씨의 생애이야기life story로부터 풀어보고자 한다. 생애이야기 방법론은 인터뷰어interviewer와 인터뷰이interviewee가 공동으로 사회적 현실을 구축하는 하나의 방법이며, 그 방법은 '사실'이라는 것이 사회적으로 구축된다는 인식론을 가지는 것으로 해석될 수 있다. 여기서는 구술이 엮여 나오는 사회적 맥락을 밝혀낸 뒤, 구술을 어떻게 해석하여 분석해 가야 하는지에 대한 '맥락 의존성'이 중요한 과제가 되기 때문에, 사회적 맥락의 다양성에 대응한 다양한 표상이 재현된다. 따라서 구술 자료의 사례 수는 그다지 큰 문제가 되지 않는다. 여기서 말하는 사회적 맥락이란 직접적으로는 인터뷰어의 맞장구나 유도에 따른 방향성 제시로 내용이 만들어지는 것일 뿐만 아니라, 인터뷰이와 인터뷰어의 상호행위이며, 인터뷰이의 구술 속에 그 이전에 인터뷰어가 말한 정보와 해석이 반영되는 '상호반영성'도 있어서, 구술은 '공동 제작'이 된다.[7] 이와 같이, 생애이야기 방법론이 밝혀내고자 하는 삶의 현실은 "다른 누구에게도 공통되는 혹은 어떤 사람들에게만 공통되는 현실일 뿐만 아니라, 다른 누구일 수도 있는 존재"의 근거가 되는 현실 의미를 해명하는 것이기도 하다. 따라서 '단 한 사람의 구술'이라고 해도 그 현실의 의미 해명은 가능하다고 할 수 있다.[8]

---

6 조명기, 「로컬리티의 주체성―지배적 인식 층위에 대한 도전」, 『로컬리티의 인문학』 54, 부산대 한국민족문화연구소, 2016, 6~7쪽.
7 桜井厚, 『ライフストーリー論』, 弘文堂, 2012, 140~141쪽.
8 桜井, 앞의 글, 139쪽.

이 글에 등장하는 이름과 한국 지역명은 가명으로 처리했으며, 인용하고 있는 구술내용은 일본에서 이주노동을 하던 한국인노동자의 지역성과 신체화된 이주의 흔적을 드러내고 있으므로 일본어 표현이나 문법적으로 옳지 않은 문장이라도 가능한 한 인터뷰이가 발화한 그대로를 기록하여 인용하였다.

2. 한국에서의 노동적 삶

한국전쟁이 끝난 이듬해 전라북도의 남부 산간지대의 어느 마을에서 김씨는 태어났다. 김씨는 2남 4녀 중 차남으로 그의 양친은 도작을 하면서 정미소를 운영하고 있었다. 그 때문에 마을에서는 '부자집'이었다고 한다. 고향에서 중학교를 졸업한 뒤에는 변변찮은 직장에 취업도 못한 채 1974년부터 1977년까지 육군에 복무했다. 김씨가 소년기와 청년기를 보낸 1970년대는 한국의 격동의 시대였는데 그는 그 당시를 이렇게 기억하고 있었다.

> 김씨 : 70년대는 박정희 대통령 시대. 새마을운동으로 시골의 마을길도 넓히고 집도 뜯고, 첫째 도로를 넓히고 다듬어서 차가 다닐 수 있도록 했고, 둘째 초가집을 없애고, 함석, 슬레이트집으로 다 바꿨다. 이것은 정부 보조로 정부에서 무이자로 빌려서 집을 다 고쳤다. 셋째는 나락, 벼로 통일벼의 생산이다. 200평에 보통 벼가 열 가마니가 난다면 통일벼는 스무 가마니의 생산을 볼 수 있게 되어 생산성이 2배 가량 증가했지. 하지만

통일벼는 밥맛이 없기 때문에 보통 벼의 절반 값이었고 이것으론 쌀막걸리, 쌀과자를 만들지.(2009/9/12)

'박정희 대통령 시대' 새마을운동은 한국의 1970년대의 특징을 잘 나타내는 사건이었다. 새마을운동은 1970년부터 시작된 '범국민적 지역사회 개발운동'이라고 할 수 있다.[9] 농촌개발사업에서 시작되어 물질적, 정신적 성과를 만들어 내었으며, 점차 비농촌 지역, 즉 도시, 직장, 공장 등지로 확산되어 '근면·자조·협동'을 생활화하는 의식개혁운동으로 발전했다고 평가되지만 그것은 기존의 마을 공동체를 작위적인 공동체구성으로 탈바꿈시켰으며, 주민들의 의식과 생활방식까지도 국가의 관리 하에 포섭시켰고 필요에 따라 움직여주는 전국민동원체제까지도 가능하게 했다. 쿠데타로 정권을 장악한 박정희대통령은 새마을운동이라는 통치 장치를 통해 자신의 유약한 정통성을 보강할 수 있었다.[10] 새마을운동 덕분에 한국이 단시간에 경제성장을 이룰 수 있었다고 추앙되었으며, 군부독재라는 비난과 저항에도 불구하고 박정희정권 유지의 원동력이 될 수 있었다.

이러한 새마을운동으로 김씨의 고향마을 풍경도 근대적으로 변화해 갔다. 그러나 김씨가 체험한 새마을운동에 의한 구체적인 변화는 김씨 자신의 취업환경을 변화시키지는 못했다. 김씨는 가업인 농업을 이을 생각이 없었고 근대화하는 한국사회에 적응할 수 있는 직업훈련을 받은 적도 없었기 때문에 중졸학력인 그에게 있어서 취업의 문턱은 높기만 했다.

9   김대환·김유혁, 「새마을운동의 보편성과 특수성」, 『새마을운동의 이념과 실제-새마을운동 국제학술회의 논문집』, 서울대 새마을운동연구소, 1981.
10 박진도·한도현, 「새마을운동과 유신체제」, 『역사비평』 47, 역사비평사, 1999.

제대 후에도 고향과 서울을 오가면서 김씨는 "그냥 놀았다"고 한다. 1980년대에 들어서면서 친척 인맥으로 사우디아라비아의 건설현장에 노동자로 일했다. 처음 계약은 1년이었으나 그 후 3개월씩 두 번 연장하여, 1년 6개월 동안 일했다. 1980년대 초반 한국사회는 중동의 건설 붐을 기회로 오일달러를 벌어들이기 위해 많은 건설 회사들이 중동의 건설현장으로 투입되고 있었다. 그 흐름을 타고 김씨도 중동으로 갔다. 그러나 중동에서 돌아와서도 정규직에는 취업을 못한 채 몇 년이 지났다. 그 당시 예전부터 교제하던 여성과 결혼한다.

김씨는 결혼을 계기로 서울로 살림을 옮긴다. 큰손윗동서가 경영하던 부동산에서 일을 하게 되지만 성격이 안 맞아서 일한 지 일 년 만에 그만둔다. 그 후 큰손윗동서의 소개로 동네에 있는 카바레에서 보조웨이터로 일하게 되지만, 큰손윗동서로 부터 "동네에서 내 체면이 깎이니까 다른 데로 옮겨라"는 말을 듣게 되고, 다른 카바레로 옮기게 된다. 김씨는 그 곳에서 "보조웨이터 기간 1년과 그 후 웨이터 기간 2개월을 거쳐 직원으로 채용되어 약 9년간 근무했다." 장기간의 카바레 경력은 현재 김씨의 신체에 각인되어 있다. 김씨는 여느 남성노동자들 보다 훨씬 등이 곧고 바른 자세를 유지하고 있었다. 그것은 상당히 돋보이는 신체적 특징이었으며, 일본 도항 전의 경력에서 유래하는 '과거의 흔적'이다.

1990년 6월, 김씨는 같은 직장의 웨이터의 소개에 의해 일본 도항을 결심한다. 그 웨이터의 숙부는 여행사를 경영하고 있었고, 그 여행사는 일본에서의 취직도 알선해주고 있었다. 김씨는 "일본에 가면 돈을 많이 벌 수 있는데 일본에 일하러 가지 않겠냐"는 제안을 받고 일본 도항을 결심했다. 김씨는 "서울에 있으면 설날에 고향에 내려가야 되고, 경조사 때는 돈이 많이 들어가기 때문에 돈을 전혀 모을 수가 없었지. 지금을 할 수 없었기 때문에 일본에 가기로 했다"며 도항 당시 상황을 술회했다. 또한 다른 인터뷰 기회에서 김씨는 자신의 일본 도항에 대해 다음과 같이 설명했다.

김씨 : 후회는 없어. 내가 한국에서 배움도 뚜렷치 못하지, 직장도 없으니까 일본 오길 잘했다는 생각이 들지.

연구자 : 어떤 면에서 잘했다는 생각이 드세요?

김씨 : 예를 들어서 카바레에 더 있어 봐도 별 진전도 없고 오래 있을 수도 없단 말이야. 나이도 있고 그러니까. 일본 오니까 오히려 일은 맘대로 할 수 있고 돈은 맘대로 벌 수 있으니까 한국보다 훨씬 낫다 생각 들지.

연구자 : 한국에선 일을 맘대로 돈 맘대로 못 벌어요 아저씨?

김씨 : 못 벌지. 노가다 같은 것도 아무나 들어가는 게 아니라, 인맥이 있어야 들어가지. 못 들어가.

연구자 : 일본에서는 인맥없이 다 들어갈 수 있었어요?

김씨 : 지금은 고토부키에서 다 들어갈 수 있지. 딴 지역 가면 몰라도. 고토부키에선 내가 일을 하기 싫어서 안 하는 거지.

연구자 : 그러면, 아저씨 인생에서 전환점이 되었다고 할 수 있겠네요. 일본에서……?

김씨 : 여기 왔으니까 집도 사고 그랬지. 한국에 있었으면 집도 못 사고 아주 어려웠지.(2010/6/24)

김씨가 인식하고 있던 한국사회는 학력 또는 인맥이 없으면 취직할 수 없는 '폐쇄된 사회'라고 할 수 있다. 실제로 도항 전에 김씨가 취직하고 있던 직장을 훑어보면 거의 대부분이 인맥에 의한 취직이었다고 할 수 있다. 한국사회의 경제성장의 일꾼으로 칭송받았던 중동의 건설 노동자라는 경력은 그 후 그의 직업적 인생에 그다지 영향을 끼치지 않았으며 카바레에서의 근무 또한 친척의 체면에 해가 될 정도로 사회적 지위가 낮았다. 그 상황에서 김씨가 선택한 일본으로의 이주노동은 그의 인생에서 전환점이 되는 가장 큰 사건이었으며 김씨 자신의 합리적인 판단 아래에서 행해졌다고 추측할 수 있다. 이주노동의 결과, "일본에서 번 돈으로 서울에 집도 사고 아들 둘을 대학까지 보낼 수 있었"기에 지금 김씨의 자존감이 유지되는 것이기도 하다.

그렇다면 다음 절에서는 김씨가 말한 "일본 오니까 오히려 일은 맘대로 할 수 있었다"는 이야기를 면밀히 살펴보기로 하자.

3. 일본에서의 노동적 삶

1) 이주노동 '간보기'

김씨는 1990년 6월에 다른 손윗동서 두 사람과 함께 3개월 관광비자로 일본으로 들어온다. 여행사에서 양어장으로 소개받은 직장은 실제로 가보니 해체작업이었다. 해체현장의 사장은 일본사람, 그의 부인은 한국 사람이었다. 김씨 일행을 소개한 여행사 사장은 그녀의 친척이었다. 일당은 7천 엔이었고, 숙박비와 식사비는 지급해주지 않았다. 1개월에

22~23일간 일했다. 당시 환율이 100엔에 500원이었다고 김씨는 기억하고 있었다. 어렵게 일본에 와서 일했는데 "한 달에 150만 원 정도 벌수 있다는 말을 듣고 실제로 거기서 일한 봉급은 100만 원이 채 되지 않았지. 카바레에서 일할 때도 100만 원 정도는 벌고 있었거든"이라며 조금은 억울해 했다. 그곳에서 일한 지 딱 한 달이 되던 때에 김씨 일행은 어떤 청년을 우연히 만나게 된다.

> 김씨 : 국제전화를 하러 사가미하라역[相模原駅][11]에 있는 공중전화를 이용하러 갔지. (우리들이) 한국말로 말하고 있었기 때문에 어떤 청년이 말을 걸어오는 거야. 그 청년은 유학생이었고 일본어를 아주 잘했어…….
> 곧 친해졌지. 그 때 그 유학생이 용접 일을 소개해줬어. 식사랑 숙박 제공으로 12,000엔이라고. 그 때 일하고 있던 곳과 비교해 보면 훨씬 대우가 좋았기 때문에 다음날 바로 그 현장으로 들어가게 되었지.(2008/10/7)

한국에 전화하기 위해서 공중전화를 사용하려고 사가미하라역까지 외출했던 김씨 일행은, 동일한 목적으로 그곳에 온 유학생을 만나게 된다. 1990년대 초반은 현재와 같이 휴대전화가 상용화되어 있지 않던 시기로 국제전화를 할 수 있는 공중전화 주변에는 외국인들이 모여있는 것을 자주 발견할 수 있었다고 한다. 김씨 일행도 가족에게 연락하기 위해서 외출했을 때, 일자리 정보를 얻어 보다 더 돈을 벌 수 있는 현장 일자리로 옮기게 된다. 외국이라는 장소에서 동일한 언어를 사용

---

11 사가미하라역은 가나가와현[神奈川県] 사가미하라시[相模原市] 츄오구[中央区] 사가미하라 1쵸메[丁目]에 있는 요코하마선[横浜線]이 통과하는 역이다.

함으로써, 그것이 표식이 되어 그들은 연결되었다. 일자리를 옮기겠다고 사장의 부인에게 말하자, 그녀는 화를 내면서 "다들 당장 나가"라고 소리쳤다고 한다. 그것은 사장의 부인이 저렴한 이주노동자를 공급할 파이프라인을 가지고 있었기 때문에 가능한 말이었다고 생각된다. 저렴한 이주노동을 감수하는 한국인노동자들은 그녀의 한국에 있는 친척이 경영하고 있는 여행사를 통해 얼마든지 공급받을 수 있기 때문이다.

1989년 한국에서 해외여행자유화가 실시된 이후로 한국인의 일본 유입은 급격히 증가했다. 공식적으로는 관광목적의 방문이라는 형식을 취했지만 상당수의 한국인들은 일본에서의 이주노동을 시도했다. 당시 여행사에서는 여권발급수속, 항공권 판매업무 이외에도 비밀리에 현지에서의 일자리 알선까지도 하고 있었다. 타국에서의 이주노동을 희망하는 사람들에게 일자리 알선은 미지 세계로의 모험을 도와준다. 바로 취업할 수 있는 일자리가 확보되어 있는 상태에서 일본에 들어가는 것은 도항 당사자들에게 더할 나위 없는 안심감을 준다. 그러나 그 안심감은 점차 값싼 봉급과 힘든 노동을 감수하는 것으로 전치된다. 여행사는 취업을 소개하면서 도항자들에게 브로커 비용을 받고, 노동력 제공에 의해 취업처에서도 소개비를 받아 챙긴다. 그들을 고용한 회사들은 이미 지불한 소개비의 지출분을 메꾸기 위해서 보다 싼 임금으로 노동자들에게 일을 시킨다.

일본에서의 생활이 하루하루 계속됨에 따라 한국인노동자들은 일본에서의 일자리 정보, 숙식정보 등을 입수하여 자신 나름의 합리적인 판단에 의해 이동해 간다.

2) 이주노동의 궤도 속으로

김씨는 3개월간의 체류기간이 끝나기 직전에 귀국하여 2개월 후 다시 일본으로 들어왔다.

> 김씨 : 한국으로 전화 왔어. 사장은 일본사람이고, 오야카타인 유학생이 전화
> 왔어. 젊어. 학생인데. 그 사람이 일본말도 그 당시에 잘해. 베라베라[ペラペラ,
> 유창하게] 하는 거라. 한국 사람이 일을 잘하는 거 아니까 이바라키에다가 차려
> 놓았으니까. 사람 몇 사람 데리고 오라고 하더라고. 네 명 데리고 왔어. 나까지
> 다섯 명. 오니까. 나리타로 마중 나왔더라고, 자기 차 가지고. (2010/6/24)

김씨는 처음에 일본에서 3개월간의 이주노동을 끝내고 귀국했으나 용접 일을 하는 유학생 오야카타(공사현장 인부들의 감독하거나 관리하는 역할을 맡은 사람으로, 한국 십장에 해당)로부터 다시 일본에 일하러 오도록 부탁을 받았다. 첫 번째 도항이 일본의 노동 상황이 어떤 것인지 예비조사 차원으로 온 것이라면, 두 번째 도항은 장기에 걸친 이주노동을 각오한 도항이었다. 용접 일에서는 만족할 만한 봉급을 획득할 수 있었으며 "한국 사람이 일을 잘하는 거 (고용주가) 아니까" 김씨는 다시 그 현장으로 들어가게 된다. 이러한 경험들은 그에게 상당한 자신감을 느끼게 했으리라 쉽게 짐작된다. 김씨는 부인과 아들 둘을 서울에 남겨둔 채 1990년 11월, 용접회사의 요청으로 한국인 4명을 데리고 다시 일본으로 들어온다. 유학생 오야카타가 나리타공항까지 차로 마중을 나와서 김씨 일행은 공장 기숙사로 향했다. 그 기숙사에는 방이 두 개였고, 이미 다른 한국인노동

자들이 살고 있었다. 김씨 일행도 합쳐져서 모두 열 명의 한국인이 함께 생활하게 되었다. 지방의 중소도시에 위치한 작은 용접회사에서 열 명의 한국인노동자를 고용하고 있었던 것을 보면 당시 일본의 영세 노동시장에서의 한국인노동자의 유입 상황이 활발했음을 알 수 있다.

이 용접공장은 이바라키현의 츠치우라시土浦市 근처에 위치하고 있었지만, 김씨는 정확한 지명까지는 기억하질 못했다. 일의 내용은 빠칭코장과 역 앞의 2층짜리 주차장 설치였다. 김씨는 일당 15,000엔으로 1개월 22~23일간 일했으며, 기숙사와 식사가 무료로 제공되고 있었기 때문에 봉급을 거의 통째로(매월 30만 엔 정도) 서울에 있는 부인에게 송금했다. 김씨는 송금을 하기 위해서 신주쿠까지 갔다고 한다.

> 김씨 : 옛날에 처음에 이바라키 있을 때, 돈 부치려면 은행으로 가서 부치는 것이 아니라 신주쿠 서울기획이라고 있어요. 신주쿠까지 돈 부치러 나왔어. 그 먼데를. 여러 사람 꺼 같이 송금하러.(2010/6/24)

김씨는 받은 임금을 은행을 이용해서 송금하는 것이 아니라 다른 루트를 통해서 한국 가족에게 보내고 있었다. 실제로 은행을 통해 송금을 하게 되면 신분증이 있어야 하고, 송금액이 한정되어 있으며, 환전수수료가 들고, 송금 속도 또한 더뎠기 때문에 비정규 체류 상태의 사람들에게는 간편한 송금방법이 아니었다. 김씨는 한국계 상점이 집중하고 있는 신주쿠로 가서 송금하고, 거기에 많이 모여 있는 한국인들과 만나서 교류하고 있었다.

김씨는 용접회사에서 2년 정도 일했지만, 신설 주차장에 대한 수요가 적어지면서 용접공장이 경영부진 상태에 이르러 부도가 났다. 사장에게서 "회사를 넘기니까 일자리 찾아라"는 말을 듣고 김씨 일행은 신주쿠에서 입수한 일자리 정보에 따라 우에노[上野] 부근의 노가다 현장으로 옮겨가게 된다.

김씨 : 우에노라도 고탄노[五反野]라고 하지, 기타센쥬. 기타센쥬라도 그냥 우에노라고 그러지. 기타센쥬에서 노가다일하고 카이타이[解体 : 해체작업]일 두 군데가 있더라고. 여기 첨에 오기는 노가다로 왔지. 그 옆에 갔는데 고탄노에키[駅 : 역]에 카이타이하는 한국사람 두 사람이 있더라고.

연구자 : 그럼 그 사람들은 어떻게 만났어요?

김씨 : 그거야 뭐 에기 옆에 빠칭코 장 오니까. 나 사는 동네는 빠칭코 장이 없거든. 고탄노에끼까지 버스타고 오는 거라. 빠칭코 장으로 오니까 낮이고 서넉이고 만나서.

연구자 : 딱 보면 한국사람인 거 알고 말 거는 거에요?

김씨 : 그렇지. 그 후로 일을 한참 했어. 노가다에서 오랫동안 했지. 그러다가 카이타이로 갔는데, 노가다일 보다 돈을 일이천엔 더 주더라고. 노가다일은 사장이 어려워가지고 봉급을 제때 안주더라고. 카이타이는 제때 제날짜에 줬고. 오라 그러더라고. 카이타이에서도 오래있었어. 4, 5년. 노가다는 한 2년 있었지. 노가다는 전부 한국 사람이라. 노가다에는 사장은 일본사람, 노가다 하는 사람은 한국사람. 노가다에는 오야카타가 없어. 카이타이도 나까지 서이(셋이)니까, 오야카타라고 하나 책임자가 있지, 한국사람. 방을 한 칸 주는데, 서이 자는 거라. 목욕탕도 있고. 카이타이는 3년 이상 했을꺼야. 봉급도 제때 주고. 사장은 어디서나 일본사람이야. 거기서 오래했지.(2010/6/24)

김씨는 "우에노라도 고탄노라고 하지, 기타센쥬. 기타센쥬라도 그냥 우에노라고 그러지"라고 말한다. 실제로 우에노역에서 고탄노까지는 직선거리로 약 7km, 기타센쥬와 우에노 사이는 5km, 고탄노와 기타센쥬 사이는 2.5km 정도 떨어져 있다. 우에노역과 고탄노까지의 거리를 부산지역을 기준으로 예를 든다면 부산대학교에서 양정까지의 거리, 서울지역을 예로 든다면 광화문에서 여의도 정도의 거리에 해당된다. 같은 동네로 인식하기에는 다소 거리가 떨어져 있음에도 불구하고 김씨는 우에노, 기타센쥬, 고탄노를 같은 지역공간으로 인지하고 있었다.

그의 생활권은 우에노 근처로, 고탄노나 기타센쥬 등의 지역들을 포함하고 있었으며, 명확한 지명에 대한 인식보다는 신체로 체감하는 구체적인 공간의 기억—몇 번 버스를 타고 가면 빠칭코장이 있다는 식의 인식—이 보다 유효하게 타국에서의 생활을 지탱하고 있었음을 위에서 인용한 인터뷰 내용에서 판단해볼 수 있다. 만약 일본인이라면 그들이 주로 생활하는 지역공간을 이차원의 세계로 상상할 수 있으며, 그것이 구현화된 공간지도가 인식체계 속에 들어있을 것이다. 그러나 김씨를 포함한 대부분의 이주자들의 경우는 이차원 상태의 일본지도가 미리 배태되어embeded 있지 않다.

〈그림 1〉 지도 상의 고탄노-기타센쥬-우에노 위치

출처 : YAHOO JAPAN

그렇기 때문에 그들은 어느 정도 인식에 의존한 머릿속 지도를 따라서 이동하는 것이 아니라, 그들이 이동하는 경험 자체가 바로 그들의 생활세계 속에서 지도를 형성하고 있는 것이다. 따라서 구체적으로 그 장소를 살아가고, 노동하는 것을 통해 '자신들의 세계'에 관한 지도를 구성해 내는 것이다. 이주자들은 선주민들과는 구별되는 위치감각을 토대로 구체적인 '장소에 대한 상상력'을 구동하고 있다.

또한 그 구체적인 공간에서 다른 한국인과 만나고, 일과 생활에 관한 대부분의 정보를 교환하며 네트워크를 확산시키면서 타국에서의 생활이 점차 '안정'되어 가는 것이다. 이 '안정'이라는 것은 결코 '정규직'으로 대표되는 안정적인 일자리, 합법적인 체류자격, 호스트사회의 공적인 사회서비스에 대한 접근도를 의미하는 것이 아니다. 그들에게 생활이 '안정'되어산다는 것은 "낮이고 저녁이고 만나"질 수 있는 같은 나라 사람이 어느 장소에 있는지, 그리고 어떻게 연결될 수 있는지에 대해 비공식적으로informal 확산되는 네트워크로부터 생존의 식량을 얻을 수 있다는 것을 의미한다. 김씨는 빠칭코장에서 만난 한국 사람들의 소개로 수입과 생활면에서 보다 '괜찮은' 일자리로 옮겨갈 수 있었다.

그리고 "사장은 어디서나 일본사람"이란 말에서는 대부분의 한국인 노동자를 고용하는 것은 재일교포라기보다는 일본인이라는 것을 나타내며, 건설현장에서는 한국인노동자의 수요가 상당히 높았음을 반증하는 것이다. 국적은 둘째 치고 노동력을 보충하기 위해서, 특히 일본인이 기피하는 3D업종인 건설현장의 경우는 이주노동자의 유입이 두드러졌다. 그러나 이주노동자의 경우, 노동자로서의 지위보장이 대부분 지켜지지 않았다. 약한 입장에 놓인 채로 고용과 해고를 반복하고 있었다.

김씨의 경우도 "카이타이 사장은 잔소리가 많고, 일을 무리하게 시켰어. 사장이 융보(포크레인)로 집을 엉망으로 해체하니까 그 밑에서 일하는 사람들은 힘들었어. 2년 이상 일했는데 한국 사람은 이제 안 쓴다고 해서 딴 데 가라"고 해서 다른 일자리를 찾기 위해서 또 이동했다.

그 후 취직하게 된 직장은 오오후나大船에 있는 건설공사현장이었다. "산을 깎고 그 토지를 분양하기 위한 작업. 그 밑 작업으로 토지를 평평하게 해서 배수로를 만드는 작업"을 한국인 6명이 해내고 있었다. 그곳의 일당은 13,000엔이었다. 번 돈은 간나이역関内駅까지 가서 이세사키쵸伊勢崎町에 있는 '서울기획'이라는 가게에서 송금했다. 간나이에 송금하러 가서는 고토부키쵸寿町[12]에 살고 있는 친구를 만났다. 그 친구는 김씨가 용접공장에 데려갔던 4명 중 하나였는데, 용접공장이 도산하고 모두 흩어 졌을 때 그 사람은 고토부키쵸로 와서 정착했다고 한다.

김씨: 이 전에는 돈 부치러 갈 때는 저녁에 갈 때는, 그런 동네라고만 알았지, 뭐 많다 어떻다는 전혀 몰랐지. 카이타이 오래하다보니까, 요코하마 고토부키쵸에서, 내가 옛날에 데려왔던 아이인데, 전라도 사람인데, 손가락 잘린 애, 서울에서 공장에서 일을 하다가 열손가락이 다 잘린 애인데, 내가 데려왔는데, 나도 처음에 일본에 데리고 올 때는 몰랐어요. (손가락이) 잘렸는지. 근데 일은 잘한단 말이여. 카바레 있을 때 보조 했는데, 보조 친구더라고. 나보다 어리지. 기계 하다보면 다 잘린다고 하더

---

12 고토부키쵸[寿町]는 요코하마시 나카구의 한 지명이지만, 이곳은 1950년대 후반부터 생겨난 일용노동시장과 일용노동자들의 간이숙박소와 밀집하여 형성된 곳으로 상징적인 의미를 가진다. 고토부키쵸에 대한 자세한 설명은 이혜진(2014)을 참조하라.

라고. 그 사람이 거기서 하수도 하는데. 그 애가 거기 있으니 내가 한번씩 통화를 했거든. 그 때 부도가 나서 헤어졌을 때 개는 고토부키쵸로 온거라. 연락은 되니까 가끔 통화는 한번씩 했지. 돈 부치러 가면 만나고 했단 말이야. 하수일에 한국사람 혼자 있다고 하더라고……. 자꾸 통화를 하니까, "형님 고토부키 오쇼 오쇼" 자꾸 그러더라고. 왜 그러니까 "돈을 많이 주니까 여기 와서 일합시다, 같이 합시다", 가니까 진짜 16,000엔인가 일당을 주는 거라. 매일 매일 돈 주고, 밥은 내가 사먹고, 방은 내가 얻고, 돈은 매일 16,000엔인가 주더라고. 편하고, 계속 했지 거기서. 편하더라.(2010/6/24)

그래서 김씨는 그 지인의 제안으로 인해 "돈을 많이" 주는 곳으로 다시 이동했다. 김씨에게는 일본이라는 미시의 세계 ─ 자신의 체험석인 '지도'를 만들어가며 이동 ─ 에서 '돈'이라는 가장 명확한 기준, 즉 어느 정도 공유되어 있는 객관적인 지표에 따라서 이동하는 것은 가장 합리적인 행동이라고 할 수 있다.

김씨는 고토부키쵸에 관해 '다른 곳 보다 임금이 높은 곳'이라는 정보 이외에는 아무것도 모른 채 유입하게 되지만, 그 정보야말로 이주노동자의 이동 실천에 있어 최선의 판단기준이 되는 것이며, 그것은 합리적인 판단에 의한 이동이었다고 할 수 있다.

3) 에스닉 엔클레이브 고토부키쵸 생활권

"진짜 16,000엔인가 일당을 주는 거라, 매일 매일 돈 주고, 밥은 내가 사먹고, 방은 내가 얻고, 돈은 매일 16,000엔인가 주더라고. 편하고, 계속 했지 거기서. 편하더라"라며 김씨는 고토부키쵸에 처음 들어갔을 때의 감상을 말했다. 이전 일자리에서 받았던 임금 보다 높은 임금, 한국 식료품을 팔고 있는 상점과 한국식당들, 외국인이라도 자신이 흥정하여 거주할 수 있는 간이숙박소, "그 주위에는 항상 한국인이 가득 찬 공간"에서 김씨는 일본의 타 지역보다도 고토부키를 "편한" 공간으로 생각하고 있었다.

김씨를 고토부키쵸로 오도록 한 지인이 소개해 준 하수공사현장에 들어가서 일을 하고 있던 도중 어떤 사건으로 김씨는 해고된다.

김씨 : 일 년 넘게 하다가 한 번씩 아르바이트가 필요하다고 그러더라고. 그래서 내가 아는 타이루[타일]기술자라고 오래된 사람인데, 고토부키 와서 만난 사람이라. 타이루 붙이는 사람이 일이 좀 없을 때도 있잖아. 일이 없으니까 아르바이트 가자고 하더라고, 그래서 한국 사람한테 얘길 했더니 한번 데리고 오라고 하더라고. 인바리 한단 말이야. 캉 같은거 인바리, 콩그리[콘크리트]로 아시바[足場]로. 깡을 깨어 놓으면 깃시리 잘라가지고 물이 안 새게, 똑같이…… 인바리를 잘 모를 거야. (페트병을 들고 시범을 보이면서)예를 들어서 이렇게 캉이 있잖아. 여기에 구멍을 뚫잖아. 뚫으면 이 안이 텅 비었잖아. 그러면 이 안에를 콩구리로 깨끗이 다듬질을 한단 말이야.(2010/6/24)

김씨는 하수일에 대해 연구자가 이해할 수 있도록 몇 번씩이나 설명을 반복했다. 고토부키쵸의 첫 직장에서 왜 해고되었는가에 대한 연구자의 질문에 대해 그들 당시 하고 있던 노동에 관하여 설명한 후 다시 본래 주제로 돌아와서 설명을 이어갔다.

김씨 : 하루 아르바이트를 데려간거라. 근데 하필 그날따라 내 친구하고 갸하고 둘이 같이 가는거라. 나는 일본사람하고 같이 현장을 다리 갔단 말이야. 콩구리를 이치렌샤[이륜차]로 버무린단 말이야. 조그만한 거 리어카 같은 거. 바퀴하나 달린 거, 작은 거, 네코구루만[네코구루마 : 이륜차]가 그것에 다가 넣고 물 넣고 모래 조금 넣고 세멘트 넣고 삽으로 머무린단 말이야. 평상시엔 이런 도로란 말이야. 이런 도론데 도로에다 코너에서 콩구리 버무리다가 떨어진 것은 빗자루로 쓸어버리면 상관없는데, 일을 빨리 하려고 타이루 기술자가 함부로 하다보니까, 콩구리가 좀 떨어진 모양이라. 갸가 있던 애가 뭐라 그런 모양이야. 도로에 콩그리 떨어지면 안된다고. 첨엔 야가 알았다고 이야기 했겠지, 계속하다 보니까 재차 떨어지니 뭐라 그런 모양이야. 근데, 타이루 기술자이다 보니까 돈도 많이 번 놈인디, 어쩌다 아르바이트 와서 나이도 어린놈이 말 함부로 하니까 거기서 기분 나빠서 말다툼한 모양이라. 큰소리로 오오고에[큰 소리]는 싸움은 아니지만, 그날 일을 끝냈어요. 돈을 주더라고 나도 주고 그 사람두 주고. 내일 아르바이트 안 쓴다고 그러더라고. 그 다음날 나는 일하러 나왔어. 그런데 일을 다 끝내고 돈 주면서 나한테 사장이 하는 말이, 김상도 아시타카라 다메데스[내일부터 안되요], 다메[안돼] 왜 그러냐고 하니까, 야메루[끝낸다] 한다고 그러는거라. 그래서 쟈한테 물어봤거든. 야가 그냥 "나

는 몰라요, 사장이 뭐 야메루하라고 하면 해야죠" 그러는 거라. 그래서 나도 일 못나가는 거지, 그 담날부터 알아봤어, 싸웠다는 이야기는 들었는데, 그 이튿날 가만히 생각해보니 이놈이 사장한테 이야기를 한 거라. 그날 가가지고 김상 친구라고 말이야, 그래서 한국사람 나까지 잘려 버린거라. 내가 쟈한테 샤바샤바 해야 하는디, 나하고 갸하고는 친하니까 타이루기술자, 아니꼬우니까 나까지 잘려 분거야.(2010/6/24)

실제로 "이 놈이 사장한테 이야기를 한 거라"서 김씨가 "잘려 버렸"는 지는 확실치 않다. 하지만 그가 인식하고 있는 현실에서는 인간관계라는 것이 그들의 생활을 상당히 크게 좌우하고 있음을 알 수 있다. 누군가의 신경을 건들이면 곧 자신의 생활에 지장이 생기게 되는 사안들이 고토부키라는 공간의 한국인 사이에서는 노골적으로 드러났다. 그것을 몸으로 기억하면서 김씨는 그곳에서의 생활에 적응하고 있었다. 공간과 시간을 경험한 흔적들이 신체의 기억으로 남아지는 것이다.

하수현장에서 해고된 후 김씨는 '타이루기술자'와 함께 타일 붙이는 일을 하게 된다. 당시 타일 작업도 단가가 높았기 때문에 '노가다' 만큼 돈을 벌 수 있었다. 그러나 '타이루기술자'는 그의 부인이 일본으로 찾아와서 함께 귀국해버렸기 때문에 김씨는 타일 작업도 1년 정도 밖에 할 수 없었다.

그 후 김씨에게 정해진 일은 없었으나 매일 아르바이트로 여러 현장에 일을 하러 다녔다. 한국인 지인이 소개해주는 아르바이트가 없을 경우는 자동적으로 그 날은 쉬는 날이 되어 버렸다. 시간적으로 여유가 생기면 대부분의 고토부키쵸의 한국인들이 그런 것처럼 김씨도 빠칭코

장에 가서 시간을 보냈다. 빠칭코장에서 어떤 조선족남성과 알게 되어 그가 일하고 있는 회사에서 아르바이트를 하게 된다. 단 하루 뿐인 아르바이트였지만 일하는 것이 마음에 들었는지 그 작업장에서는 김씨에게 다음날도 일하러 오도록 요청했다. 그 후로 김씨는 조선족 오야카타가 맡고 있는 현장에서 키마리(決まり) : '결정'이라는 뜻으로 여기서는 고정적으로 일하는 것을 의미)로 일하게 된다. "한국인이든 중국인이든 괜찮으니 4, 5명 정도 모아서 히라츠카平塚 현장으로 매일 올 수 있는지"를 제안 받고 노동자들을 데리고 히라츠카로 갔다. 일당은 12,000엔으로 교통비는 별도로 지급되었다. 그 회사는 건설·토목공사를 하는 곳이었다. 그러나 김씨는 그 일이 "몇 명이 같이 일을 하려니까 여러 가지 귀찮아서 그만뒀다"고 했다. 귀찮은 이유를 물어보니 다음과 같았다.

김씨 : 히라츠카 쪽에 오야카타 한 사람 있고, 조선족. 그 현장에 회사에 조선족이 4명이었어. 그 쪽 조선족 오야카타가 매일 나한테 부탁을 하지. 공구리 3명, 4명 이런 식으로 매일 부탁을 하지. 그러면 몇 명 있다고 하면 내가 한국사람이고 중국사람이고 데리고 가지.

연구자 : 그럼 아저씨한테 돈을 좀 더 줘요?

김씨 : 한 앞에 500엔씩 떨어지지. 한 앞에 1,000엔씩인데, 일인당 그쪽 (조선족 오야카타) 500엔 먹고, 내가 500엔 먹어. 한 2, 3년 한 것 같아. 정확히 기억은 안 나는데. 2, 3년 잡으면 돼. 하는데 에잇 머리가 아파버리는 거라. 골치가 아파서 머리가 허여지는 거라. 한 2, 3년 하니까. 5명 6명 아침에 데리고 가면은 저녁에 딱 이야기를 해놓았지 내일 나오라고, 그럼 아침에 안 나온단 말이야. 시간이 되었는데도 전화도 안 받고, 받으면 "아

이고 내가 어제 술을 많이 먹어서 못나간다" 그러고, "배가 아파서 못나간다" 그러고, "이빨 아파서 못나간다" 그런 핑계를 대요. 그럼 '센터'[고토부키쵸 종합노동복지회관 주변 공터를 센터로 지칭]에 가서 또 한 사람을 데리고 가요. 부랴부랴. 그럼 이제 히라츠카까지 무조건 출퇴근을 해야 되니까, 사무실이 거기니까 그럼 에끼[駅 : 역]에 딱 도착한단 말이야. 그럼 "담배 사러 가야됩니다", "아침밥 안 먹었으니 밥 먹으러 가야 됩니다", "커피 먹어야 됩니다", "화장실 가야 됩니다……." 차는 지금, 봉고버스가 와서 기다리고 있어. 에끼 옆에서…….(2010/6/24)

김씨는 히라츠카 현장에서 조선족 오야카타에게 부탁을 받아 노동자 인원수를 확보하여 현장으로 출근한다. 그것은 현장에서 일이 끝난 뒤에 부탁받을 경우도 있고, 밤에 조선족 오야카타가 전화로 부탁할 경우도 있다. 짧은 시간에 노동자를 확보하는 것은 '고토부키'의 특수성 ─ 고토부키쵸에서는 협소한 공간에 한국인노동자와 중국인노동자들이 모여 살고 있었다 ─ 때문에 아주 어려운 임무라고는 할 수 없으나, 김씨의 말에서 알 수 있듯이 "골치가 아파서 머리가 허여지는" 정도의 일이었으며, 인부를 알선하는 일은 결코 간단한 일이 아니었을 것이다.

노동자의 확보와 인솔은 좀처럼 매끄럽게 진행되지 않았기에 김씨는 이 일을 몹시 부담스러워 했다. 사전에 인부들을 확보해 두더라도 당일 갑자기 못나오는 경우가 빈번했다. 그럴 때마다 김씨는 서둘러서 고토부키의 '센터'로 가서 함께 일을 할 노동자를 찾아 헤맸다. 연구자는 '센터'에서 어떤 사람들을 선택하여 일에 데려가는지 물었다. 김씨는 다음과 같은 흥미로운 발언을 했다.

김씨 : 한국 사람이든 중국 사람이든 막 데려가. 급하니까. 일본 사람은 안 데려가지.

연구자 : 왜 일본사람은 안 데려가요?

김씨 : 일본 사람은 별로 없어. 일본사람이 들어가면 만약에 그 사람이 키마리가 될 수도 있단 말이야. 일본말을 잘 하니까. 일본사람은 데리고 가면, 거기서 사장이나 센무[專務 : 전무]한테 이야기해서 (키마리로) 들어 가버리는 수가 있으니까, 안 데리고 가지. 한국 사람이나 중국 사람만 데려가지.(2010/6/24)

김씨는 갑자기 결원이 생겼을 경우 그것을 메꾸기 위해 '센터' 앞에 서있는 노동자를 뽑아서 현장에 데려가는데, 아무리 사람이 없을 경우에도 일본인은 데려가지 않는다고 한다. 인부 확보를 부탁 받을 정도의 입지에 있던 김씨가 아무리 일손이 부족하더라도 일본인은 절대로 데려가지 않는다는 것은 노동현장에서의 자신의 입지를 스스로 유지시켜가기 위한 실천이었다. 때문에, 김씨는 자신의 지위를 위협하지 않을 노동자만을 선별하여 공사현장으로 데려갔다.

이런 방식으로 노동자들을 힘겹게 모은 뒤에는 현장까지의 인솔 작업이 남아있었다. 자신이 생각하는 대로 움직여주지 않는 노동자들에 대해서 짜증을 느끼고 있던 김씨는 자신이 데려간 노동자에 대해 수고비 명목으로 한 사람당 500엔을 얻고 있었지만, 그의 고생에 비하면 전혀 납득할 수 없는 금액이었다. 얻는 소득에 비해 고생이 컸던 히라츠카 현장은 2, 3년 정도로 그만두었다.

그 후 김씨는 니노미야(원래 지명은 니노미야二宮지만, 김씨는, 미노미야라는 발음으로 인식) 현장으로 가게 된다. 김씨는 니노미야의 하수일에 어떻게 들어가게 되었는지 다음과 같이 설명했다.

김씨 : 아시아비루[아시아빌딩] 같이 사는 사람이 거기 한번 아르바이트를 갔어요. 거기 호소[包裝 : 포장]를 친다고 사람이 많이 필요하다고 그날 아르바이트를 가자고 하더라고. 그래서 한번 갔거든. 호소를 하루에 못 끝났어요. 호소 알아요?

연구자 : 도로포장 아스팔트

김씨 : 그래서 그 담날 또 오라고 그러더라고. 그 담날 일 끝나고 호소가 끝났거든. 한방에서 같이 살던 부산사람 옆방은 조씨 아저씨. 일이 끝났으니까, 오야카타랑 그 두 사람이 사이가 안 좋아요. 한 사람이 영 사이가 안 좋아요. 나랑 같이 사는 사람이랑 그 사람이 상당히 친하단 말이야. 그 오야카타는 말이 없어. 그 사람이 그만두면 자기도 그만둔데. 이 사람이 그만둔데, 각시도 있는 사람이, 돈을 적게 준다고. 오봉야스미[일본의 여름 명절] 들어가니까 남자가 그만둔데. 한 달 정도 있다가 오봉야스미가 들어간거야. 그러니까 내가 니노미야 내가 4, 5년 들어갔단 말이야. 한 사람이 오봉야스미 들어가면서 그만둔다니까 한 사람도 그만둔다고 해서 두 사람이 그만뒀는데 그 오야카타가 나보고 같이 일하자는 거야. 그래서 나는 그 당시 일이 없으니까, 하겠다고 해서 또 한사람은 누구더라 한국사람 쓰긴 썼는데 좀 일을 못하는 사람이라. 그래서 내가 그 담날 일을 나갔지. 나갔다 와서 그 사람한테 이야기를 했지. 니노미야에 일을 나간다고 그랬더니, 그 사람은 오해를 한 거라. 오야카타를 야구방망이로 갖다가 때려죽여버린다고.

연구자 : 왜 오해를 했어요?

김씨 : 같이 사는 사람이 왜 나는 쓰고 자기는 안 쓴다고. 자기한테는 전화를 안 했다고. 한 사람한테는 전화하니까 안 한다고. 나랑 같이 사는 사람은 젤 늦게 들어갔으니까 서열이 세 번째라. 두 번째 사람이 세 번째 사람이랑 다 그만두겠다고 했는데, 나랑 같이 사는 사람은 그 자리에 내가 들어갈 줄은 몰랐단 말이야. 그러니까 야구방망이로 때려죽이겠다고 하는 거야. 자기가 그만두겠다고 했지만 그래도 분하다고 그래서 내가 그냥 오야카타한테 좋게 말하라고 해서 오야카타랑 만나서 이야기를 한 모양이라. 그래서 계속 일을 다니는 거라. 그 사람은 안 다니고. 세 명이서. 한 사람은 자꾸 바껴. 일을 잘 못하니까. 그러다가 니노미야에서 계속 일을 다닌 거야.(2010/7/31)

김씨는 동거인의 소개로 니노미야 현장에 아르바이트로 들어가게 되었다. 그것이 계기가 되어 니노미야 오야카타의 눈에 들었다. 갑자기 두 명의 노동자가 그 현장을 그만뒀을 때 김씨를 기억해낸 오야카타가 김씨를 이 일자리로 불러 들였다. 동거인이었던 그 노동자는 스스로가 일을 그만둔다고는 했으나, 김씨가 자신의 일자리로 들어간다는 사실을 알고서는 강하게 반발했다. 일자리 다툼으로 비롯된 사건과 사고들은 고토부키쵸의 한국인 사이에서 자주 발생하고 있었다. 김씨의 동거인은 오야카타가 일에서 자신을 빼버렸다고 생각해서 "야구방망이로 갔다가 때려죽여버린다"고 말하며 흥분했지만 다행히도 그 일은 말만으로 끝났다고 한다.

니노미야에서 일하고 있던 두 명의 노동자가 "돈을 적게 준다고"해서 "그만두겠다"고 말한 것에 대해 좀 더 자세히 물었다.

김씨 : 14,000엔에서 1,000엔 올려서 15,000엔 안 준다고 기분 나쁘다고 그만둔다더라고. 원래 18,000엔 나오는데 14,000엔밖에 안 줘. 그 사람도 14,000엔, 이 사람도 14,000엔, 아르바이트도 14,000엔. 부산오야카타가 다 따먹지. 두 사람 꺼 따먹지. 18,000엔에다가, 사람들 돈 따먹고, 겐바[現場 : 현장] 들어가면 3, 4개월 하면, 끝나면 수당을 보너스를 줘요. 우린 안 주고 보너스를 사장이 준데요. 그리고 연말, 오봉야스미 보너스를 준데요. 보너스로 얼마를 준다고 이야기를 안 하니까 모르지만, 사장이 준다고 그러대. 교통비도 다 주고……. (2010/7/31)

김씨의 예상에 의하면 오야카타가 당시 받고 있던 돈은 "1개월에 100만 엔 정도"라고 한다. 다른 노동자들은 오야카타의 수입과 비교해서 자신들의 일당은 너무 적다고 느꼈을 것이다. 두 명의 노동자는 모든 수익을 독점하고 있는 오야카타가 자신들에게 조금도 일당을 올려 주지 않는 사실에 화가 나 있었다. 그래서 둘 다 일을 그만두는 것으로 오야카타에게 타격을 주려고 했지만 자신이 빠져나간 곳에 곧바로 대체노동력으로 자신의 동거인이 들어오게 된 것을 알게 된다. 그것은 오야카타에 대한 그들의 '소극적 저항'의 의미를 무화시킨 사건이었다. 김씨의 말에서 나온 '오해'라는 표현은 액면 그대로의 '오해'가 아니라 자신들의 저항이 유명무실해진 것에서 오는 허무함까지도 포함한 단어였음이 추측된다.

김씨가 자신의 생활권을 충실히 만들어 가는 과정에서 자신의 동거인의 직장으로 이동하게 되고, 그것은 결과적으로 주변화되어 있는 다른 한국인노동자의 생활권과 충돌하게 된다. 자본 — 위의 이야기로는 니노미야 오야카타의 권력에 대한 서술로 보일 수도 있겠으나 그 후 그 오야카타도 회사에서 해고된다―의 시각으로 본다면 단순히 대체 가능한 노동자 A에서 노동자 B로의 전환 구도가 보여질 것이다. 그들은 자신들이 대체 불가능한 '고유한 자아'로서 인정받을 것을 요구했으나 자본에게 그들은 여전히 얼마든지 대체 가능한 교환물에 불과했다.

김씨도 그만둔 두 명의 노동자와 같은 상황에서 일했다. 김씨는 니노미아에서 일을 시작한 지 일 년이 지날 즈음 오야카타에게 14,000엔에서 1,000엔을 올려줄 것을 요구했고, 그것은 순조롭게 받아들여졌다. 또 다른 한 명의 노동자의 경우는 그대로 14,000엔만 받았다. 김씨보다는 "일도 못하고 들어온 지 얼마 안 되었기에" 자신의 일당이 안 오르는 것에 대해 거부감 없이 받아들였다고 한다. 회사에서 원래 정해져 있는 18,000엔이라는 일당은 일의 기술과 그 현장에 들어온 시기에 따라 한국인노동자들 사이에서는 한국인 오야카타가 새롭게 설정했다.

> 김씨: 오야카타가 돈 주는데 우리가 사장한테 가서 따지지도 못해요. 따졌다간 잘못하면 모가지가 나가는데, 오야카타가 "너 내일부터 나오지마" 그럼 끝나는 거라.(2010/7/31)

그 오야카타는 "워낙 일을 잘하고 오래 있었으니까", "오야카타 없으면 일이 안돌아"간다고 여겨졌기 때문에 매일 자신들에게 배정된 일당의 일부를 가져가더라도 그것에 대해 불평도 못하고 그대로 받아들일 수밖에 없었다. 노동자들도 오야카타의 '특권'에 대한 타당성을 나름 인정하고, 그것을 납득한 상황에서 일을 계속해왔다. 김씨는 2007년 가을에 허벅지를 다치는 산재를 당할 때까지 이 일을 계속해 왔다. 그의 기억에 의하면 4, 5년간 이 일을 계속했다고 한다.

4. '단속'을 살아내기

김씨의 산재 입은 몸은 노동법의 보호 아래에 놓여 있지만, '불법체류' 상태인 김씨는 항상 경찰 혹은 출입국관리소의 표적이 될 수 있다는 사실을 의식한 채 고토부키쵸에 살고 있었다. 연구자도 당시 김씨와의 인터뷰를 위해 그리고 또 다른 한국인노동자와 만나기 위해서 고토부키쵸를 방문하고 있었다. 김씨는 고토부키쵸에 살고 있는 한국인노동자를 몇 사람 소개시켜 주었다. 2008년 11월 2일. 일요일. 연구자는 그날도 김씨를 만날 약속을 하고 고토부키쵸를 찾아갔다. 고토부키쵸에 만나는 장소는 항상 '센터' 앞이었다. '센터' 계단에 앉아서 김씨가 가져온 과일, 음료수 등을 먹으면서 고토부키의 현실을 듣곤 했다. '센터' 계단에서 '고토부키' 마을을 내려다보면서 "저기 화장실 앞에 앉아 있는 영감 보이지? 저 영감은 제주도영감인데 돈도 전혀 없고 힘도 없으니까 일도 못하고 제주도도 못 돌아가고 있지"라든지, "지금 센터 옆을 지나간 여자 봤지? 저 여자는 자전거 타고 당당하게 지나가고 있지? 큰 소리로 말하면서. 저 여자는 일본사람이랑 결혼했기 때문에 비자를 가지고 있지. 그러니까 저렇게 당당한 거야" 등 그때 그때 '센터'에서 눈에 띄는 한국사람에 대해서 설명했다. 일요일이었지만 10분에 한 대 꼴로 경찰차가 '센터' 주위를 돌고 있었다. 그 광경을 보고 김씨는 "요 2, 3년 동안 고토부키에 백차(경찰차)가 자주 다녀"라고 말했다. '센터' 계단에서 조금 이야기를 나눈 뒤에 식사를 하고 다른 한국인노동자를 만나러 가기로 했다. 점심을 먹으러 식당으로 가던 도중 또 '백차'가 샛길에서 나오고 있었다. 그 '백차'의 존재를 알아챈 김씨는 돌연 "빠칭코장 옆에서 보자"고 말하며 그대로 뛰어가 버렸다. 몇 분 후에 합류하여 "정말 최근에는 백차가 자주 다녀. 자주 잡혀가"라 말하며 헐떡이는 숨을 진정시켰다.

이야기로는 최근 단속이 심해졌다는 것을 자주 듣고 있었던 연구자는 평상시와 다름없이 이야기를 나누고 있던 김씨가 갑자기 도망가는 광경을 눈으로 확인하고 충격을 받았다. 비정규 체류자로서 사는 것은 이런 것인가라고 조금은 실감할 수 있었다. 솔직히 말하면, 도망가는 김씨를 보면서 도망가지 않아도 되는 자신의 신분에 안심하고 있는 자신을 발견할 수 있었다. 그 당시 자신의 속물스러움을 자각하면서 이렇게 인간을 자의적으로 선별하는, 혹은 그런 선별에 복종하도록 하는, 감정이 어디서부터 비롯되는지에 대해 생각에 잠겼던 것을 기억한다.

김씨는 자신의 달력에 하루의 일과를 기록했고, 연구자는 그 달력을 얻어서 연구 자료로 삼았다. 경찰 단속을 피한 김씨의 감상은 달력 곳곳에 적혀져 있었다. 단속에 걸리지 않고 하루를 "잘 살아낸" 김씨의 2009년 12월 18일의 달력에는 다음과 같이 기록되어 있었다.

2009년 12월 18일
콜프장 앞←경찰차량 경찰 꿈만 같다 콜프장 신호등 사거리 이것 기적이다.
+성부와 성자와 성신에 이름으로 아멘

위의 기록에서 보이는 것과 같이 김씨가 경찰, 출입국관리소직원으로부터 도망갈 수 있었던 것은 '신의 가호'이며, "꿈만 같다"고 표현할 정도로 "운이 좋았"던 사건이었다. 김씨처럼 단속에서 빠져 나갈 수 없었던 동료들의 뒤처리를 도와주며, 한국이나 외국인수용소(한국의 외국인보호소에 해당)로 짐을 싸서 보내거나 귀국 여비가 없는 동료들을 위해 비행기 삯을 대신 내주었다는 기록도 그의 달력 곳곳에서 발견된다.

가까운 사람들이 잡혀서 점점 그곳에서 사라지는 것에 대해 어떻게 생각하는지 대한 연구자의 질문에 대해 다음과 같은 대답이 돌아왔다.

김씨: 잽힌 사람들은 자기들이 작업복 입고 다니고 나 잡아가라 하고 가방 들고 다니니까, 그렇게 잽히는 거라. 작업복, 운동화 신거나 안전구츠[靴: 신] 신고 작업복입고 가방 메고 다니니까 나잡아가시오나 마찬가지지. 난 일하러 갈 때도, 가방도 이만한 거(허리에 차는 작은 백) 사서 메고 가고. 우선 완전히 일하러 가는 표시가 전혀 안나. 몇 사람은 그렇게 해서 가고 몇 사람은 자기 집 앞에서 택시 타고 가서 내린단 말이야. 자기가 오야 가타니까. 집 앞으로 우리 보고 오라고 그런다고.

연구자: 택시타고?

김씨: 아니, 그냥 자기 집 앞으로 오라고 그래. 가면 택시가 딱 집 앞에 서니까. 올 때도 집 앞에 딱 서버리니까, 그 사람들은 그대로 들어가면 되니까. 집 앞에 그대로 서니까, 그 사람들은 잽힐 염려가 없어. 나는 항상 옷을 깨끗이 입고 다니고 항상. 구두신고 다니고, 가방. 쿠루마랏싱(자동차 수출입시 배에서 자동차를 고정시키거나 해체시키는 작업) 갈 때는 아무것도 안 들고 가지. 현장에다가 운동화 신발도 다 놓고, 전혀 일하러 가는

표시가 안 나지. 가방 들고 가면 일하러 가는 게 표시가 나지. 그래서 아무 것도 안 들고 그냥 걸어가면 그냥 지나가는 사람인가보다 그렇게 생각하지. 잽힐 염려는 거의 없어. 집으로 들이닥치면 어쩔 수 없지만. 집으로 와도 문을 안 열어주니까.(2010/7/10)

김씨는 다른 한국인노동자들처럼 "잽히"는 일이 없도록 나름 최선의 노력하고 있었다. '운'과 '신의 가호'와 자신의 '노력'에 의해 경찰, 출입국관리소 직원들로부터 '도망'칠 수 있었다. 강제송환 되어버린 김씨의 동료들은 '운도 나빴지만' 그런 노력을 기울이지 않은 결과 "잽힌" 것이라고 김씨는 이해하고 있었다.

고토부키쵸에서 데라시네déraciné로서 살아가고 있는 그들에게 '고토부키'는 하루하루를 운에 맞기며 살아갈 수밖에 없는 부조리한 장소이다. 그러나 위의 이야기에서는 그러한 부조리한 상황을 자신의 노력에 의해 주체적으로 살아가고자 하는 인간의 모습들이 엿보인다.

한편 2009년 11월과 12월의 달력에는 연구자의 이름도 눈에 띈다. 그 부분을 좀 더 자세히 기술해보기로 하자.

이전 김씨에게 소개받아 인터뷰를 한 적이 있던 제주도 부부는 2009년 10월 25일에 경찰에게 단속되었다. 김씨는 산재신청 후 이사를 하기 전까지 제주도 부부와 한 집에서 살고 있었다. 제주도 부부는 재일교포로부터 아파트를 빌려, 방이 두 칸이었기 때문에 한 방을 다른 한국인노동자에게 빌려주고 있었다. 거기에서 김씨는 몇 년간 그들과 함께 살고 있었다. 제주도 부부는 김씨가 산재로 곤란했을 당시 업고 병원으로 가거나, 노동조합에 대해 알려준 사람들로서 김씨와는 아주 친한 사이였다. 김씨가 이사한 후에 새로 이사 들어온 사람이 '모자(항상 모자를 쓰고 있기에 붙은 별명)형님'이었다. 사건이 있던 날 아침, '모자형님'은 담배를 사기 위해서 몇 번씩이나 아파트를 들락날락했다고 한다. 그것을 유심히 보던 경찰이 그에게 여권을 제시할 것을 요구했고, 경찰들과 함께 집까지 와서 제주도 부부까지도 경찰서에 연행된 것이었다.

이 이야기를 들은 김씨로부터 전화가 왔다. "형님이랑 누나가 잽혔는데 지금 어디 경찰서에 있는지 모르겠어"라고 걱정스런 말투로 그는 말했다. 연구자는 인터뷰에 몇 번씩이고 응답해 준 은혜에 보답해야 한다는 생각과, 어떻게 하여 강제송환이 되는지에 대해서도 알고 싶었기 때문에 제주도 부부를 면회하러 가볼 것을 약속했다. "아저씨? 모자아저씨는 어떻게 할까요?"하고 물었더니, 김씨는 "모자는 괜찮으니까 형님, 누나만 알아봐줘"라고 대답했다. 김씨의 판단으로는, '모자'의 부주의로 인해, 제주도 부부까지 "잽힌" 것은 용서할 수 없는 일이었다. 연구자는 그 이후로도 몇 번이고 "모자아저씨는 어떻게 할까요?"라 물었으나 김씨는 같은 대답만 되풀이할 뿐이었다. "모자에 대해서는 잘 모르고 별로 친하지도 않기 때문에 신경 안 써"라고 말하는 것이다. 실제로 실명을 알지 못하면 찾을 수도 없기 때문에 연구자도 '모자아저씨' 건은 포기하고 있었다.

그 후 몇 번인가 경찰서와 외국인수용소에 면회하러 가서, 제주도 부부를 만났다. '누님'이 '형님'보다 빨리 외국인수용소로 보내졌다. '누님'을 면회하러 가서 만났을 때 처음에는 연구자를 기억하지 못했다. 이야기를 하는 과정에서 점차 연구자를 기억하고 몇 번이나 "고마워요, 고마워요"라고 말했다. '누님'은 "다른 것은 아무것도 필요 없어요. 내 수첩만 좀 전해주세요. 그 수첩이 없으면 나는 한국에 있는 가족들과 만날 수 없어요. 아이들 전화번호가 적혀져 있는 그 메모장만이라도 들고 와 주세요"라며 눈물을 글썽이며 부탁했다. 한편 '형님'을 면회하러 경찰서에 가니 '형님'은 초췌하고 여윈 모습이었다. 그는 연구자에게 '간이숙박소 세 곳의 청소 일을 했는데(주로 청소 일을 한 것은 '누님'이었고, '형님'은 가끔 돕고 있었다고 한다) 이달 봉급을 좀 받아줄 것과 집주인에게 연락해서 집을 빼도록 부탁해 줄 것과 부인의 안부에 대해 세 가지 사항을 부탁했다.

부탁 받은 일을 처리하기 위해서 연구자는 외국인수용소와 고토부키쵸의 아파트를 오갔다. 그것을 본 김씨는 연구자의 행동도 그의 달력에 기록하고 있었다. 지금까지의 생활이 "잽힌" 순간 새롭게 편성된다. 자신의 짐도 자신이 정리할 수 있는 권리를 못 가진 채 자신이 살아온 흔적이 타인에 의해 정리되면서 그 장소에서 강제적으로 사라지게 된다.

5. 현재진행형의 이동성

김씨는 산재보험 처리가 끝나면 귀국할 것이라며 "이제 돌아가니까 달력 기록은 별로 안해"라고 말했다.

> 김씨 : 지금 생각으로선 한국 나갔다가, 정 할 일없고 어려우면, 다시 고토부키에 들어와서 혼자 몸뚱이니까 일 할 수 있다고 생각하고 있지.
> 연구자 : 그러면 아저씨는 돌아가지만 다시 돌아올 수 있다는 전제를 가지고 가시는 거네요?

김씨 : 그렇지 그렇지. (한국 가는 거) 두렵지. 가서 무엇을 해야 돼. 첫째
는. 가서 직장이 있어야 되는데, 직업이 없으니까. 가는 생각도 추석 전에
간다고는 했는데, 생각해볼 문제라는 거야. 형님(한국에 강제송환된 제주
도 '형님') 하는 말이 한국에 와보니 할 일도 없고, 돈 때문에 참 큰일 났
다, 잘 생각해라 잘 생각해라, 돈 아껴야 된다. 또, 한국가면 물가도 비싸
고, 뭐 봉급도 이 나이에 가면, 할 수 있는 게 경비 밖에 더 있나, 경비해봐
야 돈 100만 원 준다는 거야, 돈 100만 원도 안준다. 그래봐야 돈 100만
원인데, 그럼 여기 돈으로 10만 엔 밖에 안 되는데, 그것 받고 가만 생각해
보니까 10만 엔으로 무엇을 하난 말이야. 9월 달에 간다고 했더라도 좀 다
시 생각을 해보려고. 컨테이너가 일이 여름철엔 조금 없는데, 가을부터 내
년 봄까지 일이 많거든. 내 실력가지고 한 달에 한 4~50만 엔 벌 수 있단
말이야. 간다고는 했지만은 생각해볼 문제라는 거야.(2010/6/24)

김씨 : 사실은 귀국한 사람들이 가능하면 한국에 안 오는 것이 좋다고 말
해. 귀국해도 일자리가 없다고……. 지금 일이 바쁘니까 꽤 돈을 벌 수 있
어. 그래서 귀국할지 안 할지 망설여져.(2010/8/21)

김씨는 산재를 입었음에도 김씨를 고용했던 사장은 산재보험의 적
용을 하지 않았고 결국 해고를 당하게 된다. 이를 계기로 김씨는 노동
조합에 가입하게 되어, 산재보험의 적용을 받게 된다. 산재보험 처리
중에 항상 "산재가 끝나면 한국에 돌아가겠다"고 했던 김씨는 산재보
험이 끝나도 좀처럼 한국으로의 귀국을 결정하지 못했다. 산재보험의
수급을 받던 2, 3년 정도의 기간 동안 김씨는 몰래 아르바이트를 다녔

고, 수급이 종료된 후 약 6년간 고토부키쵸 주변 동네에 머무르면서 컨테이너 적재·하역작업을 하다가, 2016년 여름이 시작될 무렵, 일본입관(한국 출입국관리사무소에 해당)에 자진 신고하여 27년 만에 한국으로 귀국했다. 위에서 인용한 인터뷰를 한 지 6년 만에 어렵게 결심한 귀국이다. 귀국 두어 달 전쯤 연구자는 김씨를 만나서 귀국에 대한 소회를 물어 보았다.

김씨: 마지막이나 마나 이제 갈 준비하고 있는디, 다. 한국에서, 뭐⋯⋯.

연구자: 두려우세요?

김씨: 두려울 건 없어. 가도 바로 좀 있다가 시골 산소도 있고 하니까. 시골에 누나도 여동생도 있고 하니까. "오빠 와서 일, 할 일 없으면⋯⋯. 소를 120마리 키우거든, 매형하고. 전라도에서. 나 사는 동네하고 조금 떨어져 있어. 면은 다른데. 약초도 재배하고 그러고 있는 모양이라. 그러면서 누나가 하는 말이 (다른 사람에게) 인건비 주느니 와서 일하라고 그러더라고. 그래서 속으로 생각해봤어. 갈까 말까. 1년 내내 하는 것이 아니라, 1년에 3~4개월 정도 바쁜 모양이라. 그때 도와달란 말이지. 인건비 남 주느니. 도와 달라 그 뜻인데, 그러니 우리 동네 아니니까 상관없어요. 창피하고 그런 건 뭐 없어.

연구자: 아저씨 당분간은 집에 계세요. 왔다 갔다 하지 말고.

김씨: 그래 집에 있어야지. 집에 가 있고 지금 아는 사람들이 있어가지고, 서울은 아니고, 지방에 가서 일하는 사람들 많이 있어요. 그룹으로 가가지고, 여기 있는 사람들이.

연구자: 저번에 짐은 부쳤어요 아저씨?

김씨 : 그래서 짐을 여기 있는데, 저 가방에다 작업복 새 거, 새 거라도 한 번씩 입고, 입은 것은 한 번씩 웬만하면 내가 안 입어도 시골에 농사꾼들 있잖아. 내가 서울 가면 갖다 주려고 챙겨놓은 거라. 이런 것은 내가 다 버리려고 그러는데, 버릴꺼라. 이것만 가지고 갈 거라. 이것은 입을만하니까. 작업복은 넣어놓고, 보통작업복은 시골에 갖다 주려고, 나는 안 입어도 시골에 갖다 주려고.(2016/4/9)

한국으로 귀국하게 되면서, 김씨는 27년 만에 가족과 함께 살게 되는데, 두 달이 채 되지 않아 경기도의 어느 도로공사현장에서 일하기 위해 옮겨간다. 김씨가 '시골'에 갖다 주려고 가지고 온 작업복은 서울 집에 도착하지마자, 부인이 "모두 내다 버렸다." 서울 집에 있으면서 한국의 생활환경을 적응하려고 했지만, 부인은 홀로 자녀를 키우고 살아온 지난 세월동안의 울분을 자주 터트렸다. 부인이 "남들에게 부끄러우니까"라고 하니 경기도의 일터로 옮겨간 김씨는 임금으로 받은 돈을 모아서 가끔 서울 집에 가 부인에게 준다고 한다.[13]

김씨는 귀국 전에 여동생이나 누나가 있는 시골에서 일해도 "우리 동네"가 아니니 창피할 것 없고, 예전에 일본에서 함께 일했던 사람들처럼 "지방에 가서 일"하면 되기 때문에 "두려울 건 없어"라고 답했다. 주위 사람들의 눈을 의식하지 않고 일할 수 있는 곳, 김씨 자신의 과거 이력을 잘 모르는 곳에서 일을 하는 것은 "창피"하지도 않고, "두려울" 것도 없는 일이었다. 이것은 바로 김씨가 이주노동을 선택하게 되던 27

---

13 물론, 남편의 장기간의 이주노동으로 인해, 자녀 돌봄이나 가정을 혼자서 꾸려온 부인의 삶에 대한 치밀한 분석이 중요하고 필요하지만, 이 글에서는 다루지 않는다.

년 전의 상황과 지금의 상황이 중첩된다. 일본에서의 이주노동은 '불법성'을 담지하고 있었으며, 한국 내에서의 '체면'으로 구동되는 이주노동은 '시선의 지옥'[14] 속에서 이루어진 실천이다.

김씨의 이동 실천은 그가 자발적으로 자신의 세계를 만들어 가는 행위이기도 하지만, 그를 둘러싼 사회구조에서 이동은 그 구조를 강화하거나 보완하는 정도의 모듈module에 지나지 않았다는 것이 확인된다. 위의 사례는 일상적인 삶의 실천이 구조를 재생산하는 역할을 담당했음을 명시하고 있으며 그런 회로는 기존의 사회제도와 관습—그것이 한국사회이든 일본사회이든—을 참조하면서 만들어지는 것임을 증명한다. 사실은 그곳에 구조적 제약이 유지되고 있는 것이며, 김씨는 바로 그 구조적 제약 속에서 이동하며 살아가고 있는 것이다. 이를 통해 트랜스로컬 주체로서의 실제적 삶이 극명하게 드러난다. 그것은 과도하게 해석된 소수성이나, 기존의 질서나 위계에 대한 저항정신의 발로일 것이라는 기대에 대한 거리두기의 계기를 제공한다.

---

14 見田宗介, 『まなざしの地獄』, 河出書房新社, 2008.

참고문헌

김대환 · 김유혁, 「새마을운동의 보편성과 특수성」, 『새마을운동의 이념과 실제-새마을운동 국
　　제학술회의 논문집』, 서울대 새마을운동연구소, 1981.

김성례, 「여성주의 구술사의 방법론적 성찰」, 『한국문화인류학』 35(2), 한국문화인류학회, 2002.

박진도 · 한도현, 「새마을운동과 유신체제」, 『역사비평』 47, 역사비평사, 1999.

이혜진, 「이주과정을 통해 본 에스닉 네트워크와 노동경험-일본 요코하마 고토부키쵸의 한국인
　　미등록노동자를 중심으로」, 『탐라문화』 47, 제주대 탐라문화연구소, 2014.

조르조 아감벤, 박진우 역, 『호모 사케르-주권 권력과 벌거벗은 생명』, 새물결출판사, 2008.

조명기, 「로컬리티의 주체성-지배적 인식 층위에 대한 도전」, 『로컬리티의 인문학』 54, 부산대
　　한국민족문화연구소, 2016.

伊豫谷登士翁編, 『移動から場所を問う―現代移民研究の課題』, 有信堂, 2007.

桜井厚, 『ライフストーリー論』, 弘文堂. 2012.

見田宗介, 『まなざしの地獄』, 河出書房新社, 2008.

De Genova, Nicholas., "Migrant "illegality" and deportability in everyday life", *Annual review
　　of anthropology*, 2002.

Greiner, C., & Sakdapolrak, P., "Translocality—Concepts, applications and emerging
　　research perspectives", *Geography Compass* 7(5), 2013.

Harrison, J. L., & Lloyd, S. E., "Illegality at work : Deportability and the productive new
　　era of immigration enforcement", *Antipode* 44(2), 2012.

Popular Memory Group, "Popular Memory : Theory, Politics, Method", in R. Johnson et,
　　al. (eds.), *Making Histories*, University of Minnesota Press, 1982.